SMA 路面就地热再生关键技术

马　涛　黄晓明　赵永利　著

科学出版社

北京

内 容 简 介

　　本书基于就地热再生技术的发展现状与技术原理,重点阐述了就地热再生技术在 SMA 路面养护维修中的应用。本书内容包括 SMA 的性能老化特性,再生剂的机理分析与开发,就地热再生 SMA 的设计与评价,SMA路面就地热再生的关键工艺分析与优化,以及 SMA 路面就地热再生的工程实践等。

　　本书可供从事道路工程的科研、养护、施工与建设管理技术人员参考,也可作为高等院校、科研机构相关专业技术人员、教师、研究生的学习用书。

图书在版编目(CIP)数据

SMA 路面就地热再生关键技术/马涛,黄晓明,赵永利著. —北京:科学出版社,2016.1

　ISBN 978-7-03-046412-5

　Ⅰ.①S… Ⅱ.①马… ②黄… ③赵… Ⅲ.①沥青路面-再生路面-道路施工 Ⅳ.①U416.217

中国版本图书馆 CIP 数据核字(2015)第 275713 号

责任编辑:周　炜 / 责任校对:郭瑞芝
责任印制:张　倩 / 封面设计:陈　敬

科 学 出 版 社 出版

北京东黄城根北街 16 号
邮政编码:100717
http://www.sciencep.com

中国科学院印刷厂 印刷
科学出版社发行　各地新华书店经销
*

2016 年 1 月第 一 版　　开本:720×1000 1/16
2016 年 1 月第一次印刷　　印张:19 1/2
字数:382 000

定价:128.00 元
(如有印装质量问题,我社负责调换)

前　　言

至 2015 年年底,我国高速公路总里程已超过 12 万 km,位居世界第一位,高速公路网体系基本形成,其中 90% 以上使用了沥青路面。随着使用年限的增加,我国目前已经进入沥青路面的大规模养护维修期,道路工作的重心也由建设转为养护。在我国可持续发展战略的指导下,沥青路面的再生利用也相应地成为路面养护维修工程中重点推广的技术之一。

沥青玛蹄脂碎石混合料(SMA)具有突出的综合路用性能,能够适应重载交通及复杂的环境条件,因此在我国得到了大力推广应用。SMA 独特的材料组成与骨架结构导致其再生利用一直是当前再生技术中的难点。而作为一种高性能和高造价混合料,如果在养护维修过程中直接将其废弃,将造成很大的资源浪费,同时会带来一系列环保问题。针对处于上面层的 SMA,就地热再生无疑是一种高效的再生利用方式,然而如何高质量地完成 SMA 路面的就地热再生,无论从再生原理、再生混合料设计,还是再生路面施工角度,都有较大的难度,也是在实体工程中需要考虑和解决的重要问题。

本书结合理论研究与工程应用实践,针对 SMA 路面就地热再生关键技术展开阐述。全书共 8 章,第 1 章、第 2 章由黄晓明撰写,第 3 章、第 8 章由赵永利撰写,第 4~7 章由马涛撰写,在撰写过程中吸收了课题组多位博士生及硕士生的研究成果,并借鉴了国内外相关研究成果的先进思想。在此要感谢李海军博士、王真博士、顾凡博士、马士杰博士、薛彦卿博士、李靖博士、祝谭雍博士、拾方治博士、张德育博士、符适硕士、侯睿硕士、张道义硕士、范庆国硕士、王均样硕士、胡林硕士、耿磊硕士、张苏龙硕士等,他们为本书的撰写作出了贡献。在本书撰写过程中同时得到了诸多研究人员和单位的大力支持和帮助,一并表示衷心感谢。

本书得到了国家自然科学基金项目(51008075、50878054、51378006、51378123)、教育部霍英东基金项目(141076)、东南大学青年教师资助计划项目(2242015R30027)和高性能土木工程材料国家重点实验室项目(2014CEM008)的资助,在此表示感谢。

限于作者水平,书中难免存在疏漏和不妥之处,敬请读者批评指正。

目　　录

第1章 绪 论

1.1 概 述

自 1988 年沈大高速公路建成通车以来,我国高速公路以前所未有的速度发展。截至 2015 年年底,我国高速公路通车里程已经超过 12 万 km,跃居世界第一位(图 1-1)。沥青路面由于具有平整度好、行车舒适、易维修等特点,在国内外得到了广泛推广应用[1,2],并在高等级公路中占据了主导地位,我国高速公路中 90% 以上均使用了沥青路面。

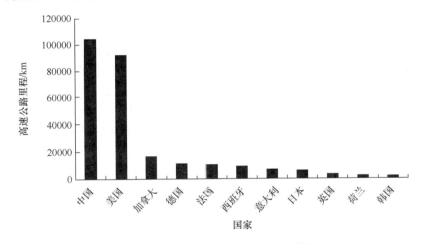

图 1-1 我国与主要发达国家高速公路规模的对比

作为一种综合路用性能优越的沥青路面材料,沥青玛蹄脂混合料(stone mastic asphalt,SMA)在世界范围内使用越来越广泛。以美国为例,1995 年亚特兰大市为举办奥运会对公路网进行了改建和新建,全部采用了 SMA 路面[3]。如图 1-2 所示,我国近年来新建的高速公路一半以上使用了 SMA 路面,尤其是在江苏省,近年来新建的高速公路,SMA 路面使用比例超过了 90%。不仅如此,城市道路也开始广泛推广使用 SMA 路面。

随着公路网体系的基本形成,我国道路工作的中心也逐渐由建设转向养护,养护维修过程中产生的大量旧路面材料及其再生利用问题得到了广泛关注。

图 1-2　我国近年新建高速公路 SMA 路面使用比例

1.2　沥青路面再生技术发展概况

1.2.1　沥青路面再生利用技术分类

旧沥青路面的再生利用,是指通过一定的工艺方式将旧沥青路面材料和新组分材料进行混合以获得满足路用性能要求的新沥青路面材料,并重新铺筑成为路面结构层。因此,沥青路面再生利用主要包括回收与分析旧沥青路面材料、形成与生产再生沥青路面材料、设计与施工新沥青路面结构层三部分。综合国内外的研究[4~6],按照工艺方式的不同,可将沥青路面再生利用技术分为厂拌热再生、就地热再生、厂拌冷再生和就地冷再生四类,有的技术分类中将全厚式再生单独列为一类,但是其实质仍然是冷再生技术的一种。

1. 厂拌热再生

厂拌热再生,是将经过翻挖(铣刨)回收的旧沥青路面材料(reclaimed asphalt pavement,RAP),根据需要进行破碎筛分预处理,再掺入一定比例的新骨料、新沥青、再生剂等,用改装的或特制的再生沥青混合料厂拌设备(图 1-3),进行加热拌和后,运至施工现场,热铺成为新的沥青路面结构层。

在厂拌热再生方法中,因添加了新骨料、新沥青和再生剂等新组分,故应针对再生沥青混合料拟用层面进行专门的材料配比设计和性能检验,以及进行相应的拌和及摊铺工艺设计。同时,沥青再生层的铺筑也可以和新沥青路面施工一样,分别按下面层、中面层、上面层(磨耗层)的不同技术要求进行。根据国外有关资料,厂拌热再生方法可处理的沥青路面旧料的掺配比例能够达到 50%~60%,但目前常用的比例通常为 20%~30%,通过适当设计,生产的厂拌热再生沥青混合料完全可以达到热拌沥青混合料技术标准的要求。

厂拌热再生方法在回收沥青路面旧料的同时,不仅能够减缓、消除路面病害,还能够改善和增强路面的承载能力。

图 1-3 厂拌热再生设备

2. 就地热再生

就地热再生,是将旧沥青路面表面层经过加热翻松(铣刨),并掺入一定比例的新骨料、新沥青和再生剂等,利用移动式现场拌和设备(图 1-4)进行就地拌和,然后热铺碾压成为新的沥青路面面层。

图 1-4 就地热再生

与厂拌热再生类似,由于添加了新骨料、新沥青和再生剂等新组分,故应针对就地热再生沥青混合料进行专门的材料配合比设计和性能检验,以及进行相应的施工工艺设计。由于就地热再生 100%利用了原路面旧料,现场可添加的新料用量有限,就地热再生混合料的配比和性能主要依赖于原路面的旧沥青混合料,调节余地相对较小。沥青路面就地热再生主要由就地热再生"列车"设备来实现,该设备结构复杂,自动化程度高,价格昂贵,且现场影响因素繁多,因此相比于厂拌热再生技术,就地热再生技术的实施更加复杂,施工质量变异性也较大。

就地热再生技术针对的主要是沥青路面表面层,多用于基层承载力良好,病害集中在面层且主要是表面层的路段,通过对表面层进行整型与性能恢复,改善沥青路面包括排水在内的功能性服务性能。

3. 厂拌冷再生

厂拌冷再生,是将旧沥青路面面层或基层,经过翻挖、回收、破碎、筛分,再掺入一定比例的新黏结剂(乳化沥青、泡沫沥青、水泥等)、新骨料等,利用工厂拌和设备(图 1-5)进行冷态拌和,常温碾压铺筑成为新的沥青路面结构层。

图 1-5　厂拌冷再生

冷再生方法是在自然环境温度下完成沥青路面的翻挖、破碎、新材料的添加、拌和、摊铺及压实成型,重新形成路面结构层的一种工艺方法。由于黏结剂是在冷态下拌和形成,其分布均匀性和黏结性并不理想,与粒料的黏结性也相对较差。所以,厂拌冷再生混合料主要用于沥青路面基层、底基层的铺筑,也可用于已铺好碎石和喷好油的低等级路面面层,很少用于高等级路面面层,但经过性能验证后也可以用于高等级路面的下面层。但是,利用厂拌冷再生方法,可掺用较大比例的沥青路面旧料。

4. 就地冷再生

就地冷再生,是将旧沥青路面面层或部分基层,经过就地冷破碎、翻松,再掺入一定比例的新骨料、新黏结剂(泡沫沥青、乳化沥青、水泥等)等,利用现场移动式拌和设备(图 1-6)进行冷态拌和,铺筑成为新的沥青路面结构层。

图 1-6 就地冷再生

与厂拌冷再生一样,就地冷再生也是在自然环境温度下完成沥青路面的翻挖、破碎、新材料的添加、拌和、摊铺及压实成型等工艺,但是其工艺环节均是在现场一次性完成,无需将旧路面材料回收至拌和厂,因此生产效率相对较高。就地冷再生可以 100%利用路面旧料,但是其质量相对也更加难以控制,因此就地冷再生混合料主要用于沥青混凝土路面基层、底基层的铺筑,其上面一般要进行沥青混合料面层的铺筑,或者用于较低等级沥青路面的面层。

5. 全厚式再生

全厚式再生严格意义上属于就地冷再生的一种,该工艺的再生深度通常为100~300mm。主要是指将所有的沥青层和沥青层下面部分基层材料一起稳定形成再生基层的冷再生技术(图 1-7)。常用的稳定剂有乳化沥青、泡沫沥青及化学添加剂(如氧化钙、水泥、炉灰及石灰等),通过添加这些稳定剂来获得一个性能改善的基层。全厚式再生的优点是可以处理多数的路面病害以及改善路面行使质量,尤其是能够处理结构性病害,显著改善结构性能(尤其是基层),同时能够解决材料的处理问题,将运输费用降至最低。其缺点是工艺复杂,再生材料质量难以控制。

图 1-7 全厚式再生

1.2.2 国内外沥青路面再生应用概况

1. 国外应用概况

沥青路面再生利用技术很早就在发达国家得以应用,20 世纪 80 年代之前主要采用的是厂拌再生方式;80 年代后,随着路面加热设备和现场材料试验检测技术的逐步完善,就地再生技术开始受到各国的重视和推广应用。其总体发展状况总结如下[7~16]。

相关资料和研究表明,美国是最早进行沥青路面再生利用,也是目前再生技术发展较为成熟的国家之一。早在 1915 年美国就有了关于旧沥青再利用的记录;1956 年以后,随着美国州际公路网络的初步形成以及原油价格的上涨,再生技术逐渐被重视起来;1973 年石油危机爆发后,美国联邦公路局(Federal Highway Administration,FHWA)开始大力资助再生技术的研究工作,包括交通运输研究委员会及材料与实验协会在内的各种组织协会均大力推动该项研究工作的进展与交流;1981 年美国 40 个州共使用了 350 万 t 再生沥青混合料,同年出版了《路面废料再生指南》及《沥青路面热拌再生技术手册》,1983 年又出版了《沥青路面冷拌再生技术手册》,1985 年,美国使用了近 2 亿 t 再生沥青混合料;20 世纪 90 年代,美国旧沥青混凝土的再生利用率达到 90% 以上,再生混合料用量占全部路用沥青混合料的近 50%;美国联邦公路局 1998 年公布的资料表明,所有 50 个州的政府公路局几乎都将沥青路面旧料作为骨料及黏结料的代替材料,用以生产与传统沥青混凝土品质相同的热拌再生沥青混凝土,其中旧料的添加量随各州政府规范而异,一般为 10%~50%,但主要在 20%~30%;2001 年美国沥青再生协会出版了《美国沥青再生指南》,从工程评价、方案比选到材料设计、施工与质量评定都进行了较为全面的阐述,标志着美国的再生技术研究已经达到了稳步应用的地步;目前美国沥青路面废弃材料的重复利用率稳定在 80% 以上,每年再生利用沥青混合料约 3 亿 t,仅材料费就节约近 20 亿美元。

欧洲国家经过近 30 年的研究,沥青路面再生技术也已经达到了相当高的规范化程度,这与国外沥青路面技术发展较早,且重视环境保护及资源节约密切相关。苏联早在 1966 年就出版了《沥青混凝土废料再生利用技术的建议》,并于 1979 年出版了《旧沥青混凝土再生混合料技术准则》,1984 年又出版了《再生路用沥青混凝土》,该书详细阐述了路拌再生和厂拌再生方法;德国在 1978 年沥青路面旧料回收利用率就已接近 100%,率先将再生沥青混合料应用于高速公路的路面维护,并于 1981 年编制了《热拌再生沥青混凝土施工规范》;在法国和芬兰,几乎所有的城镇都组织进行旧路面材料的收集和储存工作,再生沥青混合料也由主要用于低等级公路的面层和基层,逐渐发展到应用于重交通道路路面。欧洲沥青路面协会(European Asphalt Pavement Association,EAPA)已通过互联网宣布,其成员国的旧沥青路面材料 100% 通过再生进行重复利用。

日本从 1976 年开始对旧沥青路面材料进行再生利用;1984 年日本道路协会出版了《路面旧料再生利用技术指南》,并就有关厂拌再生技术编制了手册;1993 年,全日本旧沥青路面材料的再生利用率为 75%;2000 年再生利用率已达到 90%,全日本近两千台沥青混合料拌和设备中,一半以上可以生产再生沥青混合料;2002 年,日本再生的热拌沥青混合料达 4167 万 t,占路面沥青混合料应用量的 55%。

1997 年国际经济合作与发展组织对 14 个国家的路面材料再生利用情况进行了调查,如表 1-1 所示,并发表了《道路工程再生利用战略》白皮书,其中指出旧沥青路面材料的再生利用率为 75%~100%,热再生技术应用最为普遍,再生材料主要用于路面面层结构,少量用作回填材料和其他用途,相对来讲,无论是集中厂拌还是就地路拌,冷再生技术推广程度要低于热再生技术。

表 1-1　国际经济合作与发展组织调查结果

国家	澳大利亚	奥地利	比利时	加拿大	丹麦	芬兰	德国	日本	荷兰	瑞典	美国	英国
再生利用率/%	80	80	100	90	90	95	100	80	100	75	90	80
厂拌热再生	普遍	普遍	普遍	普遍	普遍	普遍	普遍	普遍	普遍		普遍	普遍
就地热再生	有限	有限		有限	普遍	普遍	普遍		普遍	普遍	有限	有限
厂拌冷再生		有限		有限			普遍			普遍	有限	有限
就地冷再生	有限			有限		普遍	普遍			有限		有限
基层沥青稳定再生		有限		有限		有限	普遍		有限	有限		
基层水泥稳定再生	普遍	普遍	普遍				普遍	普遍	普遍		普遍	
基层沥青水泥稳定再生		普遍					普遍		有限			

对于沥青路面材料再生利用的使用性能,1997 年澳大利亚在《沥青混凝土路面再生指南》中指出,含有 60% 再生料的沥青路面使用寿命与传统沥青路面相同,甚至有较优的抗车辙性能。美国在 20 世纪 80 年代中后期至今发表的系列研究报告表明,无论是路用性能还是使用寿命,再生路面和全新料沥青路面都没有明显的区别。日本道路协会对热拌再生沥青混合料应用于条件苛刻的重交通道路路面的调查结果表明,只要对热拌再生沥青混合料进行恰当的质量控制管理,铺装后性能与全新料路面基本没有区别。

纵观发达国家沥青路面再生技术的发展可以看出,这些国家的再生技术发展起步较早,非常注重再生沥青混合料技术实用性的研究,因此在再生沥青混合料的评价与设计以及相应的施工工艺及配套机械的研发等方面均取得了巨大的成就,经过数十年的不断完善,已经达到了规范化和标准化的成熟程度,不仅形成了多种再生技术,同时可以根据自身的实际条件和路面性能需要,合理地选择适用的再生技术。

2. 国内应用概况

我国沥青路面再生利用技术的发展可以大致分为三个阶段[17～23]:

20 世纪 50～70 年代,我国曾在轻交通道路、人行道或道路的垫层中不同程度上利用旧沥青材料。70 年代初期,山西、湖北、河南等省曾将回收利用的废旧渣油沥青路面材料用作道路养护维修时的基层材料。但当时我国的道路发展还比较落后,甚至还没有真正意义上的高速公路,因此也谈不上真正意义上的沥青混合料再生技术。

进入 20 世纪 80 年代,随着经济的迅速发展,交通量及重型车辆数的迅猛增长,同时公路建设投资有限,沥青路面再生技术开始在公路沥青路面维修养护中得到应用。1982 年,交通运输部设立沥青渣油路面再生利用课题,对沥青路面的再生机理、再生设计方法与工艺等进行研究。通过理论研究,对沥青的化学热力学和流变学性能,在老化过程中的流变行为变化规律以及沥青再生本质有了深刻的认识,并在此基础上初步提出了沥青混合料的再生设计方法。山西省及湖北省均结合各自省内的沥青路面维修工程修筑了 80 多千米的试验段。1983 年建设部下达的"废旧沥青混合料再生利用"项目研究中,把旧渣油路面加入适当的轻油使之软化,采用适当改装的普通设备进行混合料的拌和,并在苏州、武汉、天津、南京四个城市铺筑了 3 万多平方米的试验路。尽管试验路初步效果观测表明再生路面完全可以达到不低于常规热拌沥青路面的性能,但由于生产工艺不成熟,生产设备缺乏,实用性的再生技术不够完善,因而再生沥青混合料生产质量无法保证,沥青路面再生利用投资大、收益慢,因此并没有形成实质意义上比较成熟的再生沥青混合料技术。而 80 年代后期开始,我国进入了大规模的公路建设期,路面再生技术研究和应用基本处于停滞状态。

20 世纪 90 年代后期,随着早期修建的沥青路面进入大规模改建及修复阶段,沥青路面再生技术再次得到关注与探索。1996 年湖南省在低等级公路改造中使用废机油为再生剂进行了沥青路面再生利用的应用研究,1997 年江苏省淮阴市用乳化沥青冷拌再生旧料后铺筑了路面,但基本上都只是属于小规模的尝试性研究与应用。进入 21 世纪,沥青路面再生技术才真正意义上引起了国内的广泛重视与研究。2000 年,沈大高速公路营口段开展了旧沥青路面材料再生试验研究。2001

年,北京市采用沥青混合料再生技术铺筑了第一条环保沥青路,并于 2002 年推出《北京市路面沥青混凝土旧料再生利用管理办法》。2002 年同济大学和东南大学承担的国家高技术研究发展计划(863 计划)课题中首次将"再生沥青混合料技术"研究纳入高水平研究课题,对再生沥青混合料性能及再生配合比设计方法进行了深入系统的研究。2003 年,广佛高速公路路面大修中,首次引进美国 ASTEC 公司双滚筒沥青再生拌和设备进行了沥青路面的再生利用,再生沥青路面使用状况良好。经过不断的探索研究与应用证明了沥青路面再生利用技术在我国的可行性与必要性,2005 年以后沥青路面再生利用技术在我国得到了大规模的推广性研究与应用。江苏、广东、河北、河南、山东等省均引进了先进的再生设备,并已投入到实体工程应用中,取得了良好的实际应用效果,得到了较为广泛的认可。与此同时,国内的很多高校及科研机构均针对沥青路面再生技术开展了深入研究,并初步取得了很多颇富成效的科研成果。

总体而言与国外发达国家相比,我国无论是再生利用方式、再生材料设计与路用性能,还是实用施工技术及设备的研究,均处于起步阶段,且缺乏系统的理论指导和实用的核心技术。但是近年来,沥青路面再生技术已经成为我国沥青路面发展的热点及核心研究之一。交通运输部于 2008 年 4 月颁布的《公路沥青路面再生技术规范》(JTG F41—2008),不仅是我国近年来沥青路面再生技术发展的一个总结,更标志着我国沥青路面再生技术在近年来飞速发展和取得丰硕研究成果的基础上进入了跨越式发展的新时期,有了更加明确的发展目标与方向。

1.3 实施沥青路面再生利用的意义

1.3.1 沥青路面再生利用的必要性

与很多发达国家道路发展状况相比,我国公路建设起步较晚,技术基础相对薄弱,受经济迅猛发展的需要与影响,在一定程度上造成了技术完善程度相对滞后于建设速度的局面。同时由于交通气候状况以及管理水平与国外有较大差异,我国道路结构形式及使用状况都呈现出比较鲜明的特点。因此,我国公路尤其是高速公路的养护维修现状也与国外有较大的区别。

总结相关研究对我国沥青路面病害状况的调查结果发现[24~27],尽管我国沥青路面设计寿命为 15 年,但是部分路面在运营 2~3 年后就出现了不同程度的早期病害,且大部分重交通沥青路面在运营后 5~6 年,长的 7~8 年就进入大面积养护维修和改造期,图 1-8 所示为我国高速公路沥青路面的部分典型病害。我国沥青路面病害总体可分为两大类:一类为结构性损坏,包括路面结构整体或某一部分的破坏,使路面不能支承预定荷载,此类病害主要出现在早期修建的高速公路中;另一类为功能性损坏,主要是由于表面的局部损坏或者平整度和抗滑性能等的下降,使路面不再具有预定的使用功能,如车辙、泛油、推挤、开裂等,此类病害目前在我国比较普遍,除部分是由长期使用后沥青混合料性能老化造成的,很多病害都是由车流量的迅猛增长引发的重载超载以及材料、施工控制不当等造成的。

(a) 车辙　　　　　　　　　　　　　(b) 裂缝唧浆

(c) 网裂　　　　　　　　　　　　　(d) 坑槽

图 1-8　高速公路典型病害状况

就我国目前的实际状况而言,公路建设在飞速进行的同时,已经进入一个持续的大规模养护维修期,而且在很长一段时间以内,早期病害的防治也是必须要加以重视的。如果将范围扩大到整个公路网体系,包括规模庞大的城市道路体系,公路建设不仅是整个国民经济的基础支柱产业,同时也是资源和能源的消耗大户,在当今发展形势下,面临着资源节约和环境保护的艰巨任务。

如图 1-9 所示,我国常规的养护维修方法基本上是将旧沥青路面铣刨废弃再加铺新的沥青路面,这些废弃的旧沥青混合料不仅占用大量的土地,而且会造成生态环境的污染。与此同时,还需要生产大量的优质新沥青混合料用以替代废弃旧沥青混合料,不仅耗费大量建设资金,原材料的开采还会进一步加剧环境的破坏,如图 1-10 所示。而无论是从集料还是从沥青角度,我国沥青路面都具有良好的再生利用价值。根据国外经验,对旧沥青路面再生利用,节省费用一般在 6%～67%。美国每年再生利用废旧沥青混合料约为 3 亿 t,直接节约材料费就达 15 亿～20 亿美元。我国的使用经验也表明,与新沥青路面相比较,再生沥青路面材料费平均节约 45%～50%,整体工程造价可以降低 20%～25%。

图 1-9　铣刨维修造成的废弃旧料堆砌

图 1-10　集料开采带来的环境破坏

我国《交通运输"十二五"发展规划》在发展目标和发展任务中明确指出,必须树立绿色、低碳发展理念,以节能减排为重点,加快形成资源节约、环境友好的交通发展方式和消费模式,构建绿色交通运输体系,实现交通运输发展与资源环境的和谐统一。由于沥青路面是我国公路建设的主要路面结构形式,而无论是从集料还是从沥青角度,我国沥青路面都具有良好的再生利用价值,因此实现公路沥青路面的系统再生利用正是响应和落实交通运输发展目标和任务的重要技术途径。

2012 年 9 月交通运输部发布的《关于加快推进公路路面材料循环利用工作的指导意见》中指出:我国仅干线公路大中修工程,每年产生沥青路面旧料达 1.6 亿 t,而目前我国公路路面材料循环利用率不到 30%。并明确提出要求:到"十二五"末,全国基本实现公路路面旧料"零废弃",路面旧料回收率达到 95% 以上,循环利用率达到 50% 以上。其中高速公路路面旧料回收率达到 100%,循环利用率达到 90% 以上。

可以看出,在我国实现沥青路面的系统再生利用,不仅能大大节约资源,缓解公路建养资金短缺矛盾,同时能保护生态环境,符合目前可持续发展的趋势,已经势在必行。

1.3.2　SMA 路面就地热再生可行性

SMA 不仅具有优于普通沥青混合料的综合路用性能,同时其造价也比普通沥青混合料高出 30%～50%,如果在其养护维修中直接将其废弃或者是当成普通沥青混合料对待,不仅是一种性能浪费,同时也会造成很大的经济损失。与此同时,相比于普通沥青混合料,SMA 一般使用优质玄武岩集料和高油石比改性沥青,两种原材料不仅价格昂贵,更属于不可再生资源,其原材料的生产不仅消耗大量的资源和能源,同时不可避免地会造成对环境的进一步破坏。以江苏省为例,近年来随着 SMA 路面的大规模推广,优质玄武岩集料和改性沥青的价格不断攀升,更重要的是很多优质玄武岩矿几近开采完毕。

基于国外沥青路面应用经验结合我国的沥青路面发展趋势,随着沥青路面修筑和管理技术的不断完善,长寿命沥青路面是必然的发展方向[28,29],也即在以后的路面使用寿命过程中,路面结构及材料都会处于比较稳定的状态,仅需在使用过程中对路表材料进行定期的重复性养护维修。而 SMA 优良的结构性能和表面功能决定了其是长寿命沥青路面理想的路表材料之一。因此,无论是现阶段路面病害养护的需要还是长远技术发展的需求,针对 SMA 的性能特点,开展针对 SMA 路面的再生利用技术研究与推广应用都具有重要意义。既蕴含着巨大的社会经济效益,也顺应交通行业建设可持续发展的战略举措。

然而目前针对改性沥青再生的研究还不够系统,针对 SMA 的成熟再生技术研究更是处于初步的探索阶段。主要有两方面的原因:一是相对于普通沥青混合料,SMA 推广应用相对较晚,欧洲 20 世纪 80 年代开始推广应用,美国和我国均在 90 年代开始引进 SMA 路面,然而其真正的推广应用是在 2000 年以后,尤其 2005 年以后才得到大规模的广泛应用;另外一个更重要的原因是相比于普通的沥青混合料,SMA 不仅具有复杂的材料组成——复杂的骨架结构级配,使用改性沥青和纤维,同时对施工工艺控制尤其是施工温度的要求更高,这些都使得现有的再生利用技术很难直接应用到 SMA 中。然而,随着 SMA 路面的不断推广应用,尤其是早期修建的 SMA 路面进入大规模养护维修期,其再生利用开始引起广泛关注,必须针对 SMA 的性能特点展开深入研究,提出有针对性的再生利用技术。

与其他再生技术相比,就地热再生技术能够直接就地一次性完成路面修复层的加热、翻松、新材料添加、拌和、摊铺及碾压成型,不仅达到了旧料的 100% 利用,无需旧料的运输废弃,具有成本节约大、环保系数高的特点,同时还具有施工速度快、工期短、开放交通早、施工对交通的干扰小等优势,是路表功能性病害修复的最直接最有效的技术方式。基于我国目前的路面病害特点,路表的功能性病害占据了相当大的比例,因此,就地热再生技术是适合 SMA 路面再生利用的重要技术途径之一。然而,由于我国再生利用成套技术的研究起步较晚,以及设备复杂等因素的影响,相比于其他再生技术,就地热再生技术的成功实施也具有更高的难度。因此,本书在已有研究成果的基础上,重点针对 SMA 就地热再生技术展开叙述,以期为推动该技术的应用与推广打下良好基础,同时也为改性沥青路面再生利用成套技术的研究提供有价值的参考。

第 2 章　沥青路面就地热再生技术

2.1　概　　述

20 世纪 70 年代以来,欧洲、美国、日本等发达国家和地区为了在道路维修中充分利用旧沥青混合料,节约资源,相继推出了沥青混凝土路面就地热再生工艺。沥青路面就地热再生是指在原有沥青路面上通过加热软化、以机械方式翻松(铣刨)路面旧料,根据需要添加一定数量的沥青、再生剂、新沥青混合料或新骨料,然后进行热拌和,并将所形成的再生混合料现场重新摊铺压实,从而达到消除路面病害、恢复路面性能的道路养护维修过程。就地热再生可以现场维修损坏的道路,因此具有旧料利用率高、新料使用少、施工效率高等突出特点。

1997 年,国际经济合作与发展组织发表的白皮书指出,较多国家采用了就地热再生(hot in-place recycling,HIR)技术,但只有少数国家推广程度较高。其主要原因是相对其他再生技术,就地热再生设备庞大复杂,施工工艺尤其是对路面现场加热难以控制,因此相对于厂拌热再生技术,就地热再生技术起步较晚,技术成熟度和推广度也较低。然而随着高速公路快节奏高效率运行以及环境保护的需要,就地热再生 100% 利用旧路面材料,环保系数高,成本低,工期短,对交通运行影响小,完成后即可开放交通等其他再生方式难以比拟的优势,逐渐得到欧美国家的广泛重视。德国、芬兰、加拿大、美国、日本等国家均开发出了性能良好的就地热再生设备,进一步推动了就地热再生技术的实体工程应用。

在施工工艺及设备得到一定保障的情况下,就地热再生技术是修复路面上面层功能性病害最直接有效的手段。而就我国目前的高速公路实际状况而言,很多高速公路出现的早期病害状况很适合由就地热再生技术来修复。因此,2000 年以来就地热再生技术逐渐得到国内的认可和推广,陆续引进了多台就地热再生机组,并成功运用于多条高速公路的养护修复;近年来,一批自主研发的国产就地热再生列车不仅陆续投入到实体工程中,并且取得了良好的成效,更进一步推动了就地热再生技术在国内的发展与应用。

总体而言,我国对于就地热再生技术的研究起步较晚,直到 2000 年之后才有针对性地逐步开展就地热再生技术开发。目前,其理论基础与施工技术已经取得了长足的进步,但由于设备与工艺的限制,就地热再生技术的成熟度与应用规模还远不及新拌混合料技术和厂拌热再生技术。因此,结合就地再生设备的特点与水平,加快成套的适合我国路面实际状况的就地热再生技术系统研究依然是紧迫的。

2.2　就地热再生技术的工艺分类

基于国内外的相关研究与工程实践[3~34],根据路面的破损情况和对修复后路面质量等级的要求不同,就地热再生技术可以细分为三类:表面再生、复拌再生与加铺再生。

2.2.1　表面再生

表面再生是就地热再生工艺中最基础、最简单的工艺。其工艺原理如图 2-1 所示,首先用加热机加热软化沥青路面,然后用耙齿或铣刨滚筒翻松达到一定的处理厚度,视需要添加再生剂(添加剂),充分拌和松散的再生沥青混合料,然后摊铺整平压实,再生后的道路断面如图 2-2 所示。

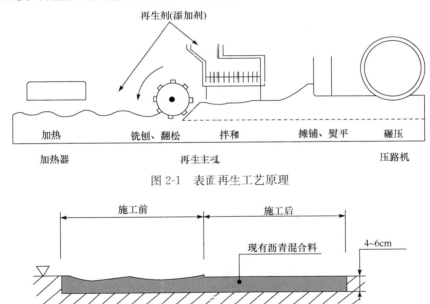

图 2-1　表面再生工艺原理

图 2-2　表面再生后的道路表面横断面

用于表面再生的设备主要包括加热设备、再生设备和压路机。一般至少使用两台加热机,首先由预热机将要修复的沥青路面预加热,后面的加热机进一步加热沥青路面,加热温度可以达到 100~150℃;紧接着使用铣刨滚筒或多排弹性耙松器将软化的旧路面均匀翻松,弹性的固定装置可以允许翻松装置通过路面障碍物,如检修口盖和混凝土硬块;为了消除沥青长期老化以及再生工艺中加热的影响,通常在翻松过程前或翻松过程中喷洒再生剂;然后将翻松的旧路面材料和再生剂一起拌和,并用熨平板整平;最后用压路机压实再生沥青混合料形成再生沥青层。

美国沥青路面回收与再生协会(Asphalt Recycling and Reclaiming Association,ARRA)将表面再生定义为整形再生,主要用于重新修整道路断面,恢复出现裂缝、发脆和不规则变形的路面,为最终加铺薄的磨耗层做准备。这种工艺理想的做法是用于基层稳定和强度足够的路面,虽然翻松的最大深度可达 60mm,20~25mm 的表面再生是比较普遍的做法。

表面再生工艺中一般不加入新集料或新沥青混合料,视需要加入再生剂用于恢复老化沥青的性能。因此,表面再生的主要目的是消除表面的不规则变形和裂缝,也可以用来恢复路表面至合理的线形、等级和横坡度以保证合适的排水,有限的和短期的表面摩阻力也可以得到改善。如果在进一步加铺前使用加热机先加热路面,则可以有效地改善路面结构层间的黏结性能,因此也有研究认为当使用热拌沥青混凝土加铺层时,表面再生可以有效缓解反射裂缝。

2.2.2　复拌再生

复拌再生是目前使用最为普遍的就地热再生工艺。其工艺原理如图 2-3 所示。首先由加热器将旧路面加热至一定温度后,用复拌机将旧路面翻松,并把翻松后的旧路面材料与新加入的再生剂(添加剂)、新沥青混合料等在复拌机的搅拌器中拌和均匀,形成新品质的再生沥青混合料,然后摊铺到路面上,用压路机碾压成型,成型后的道路表面断面如图 2-4 所示。

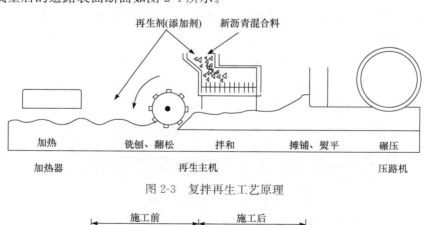

图 2-3　复拌再生工艺原理

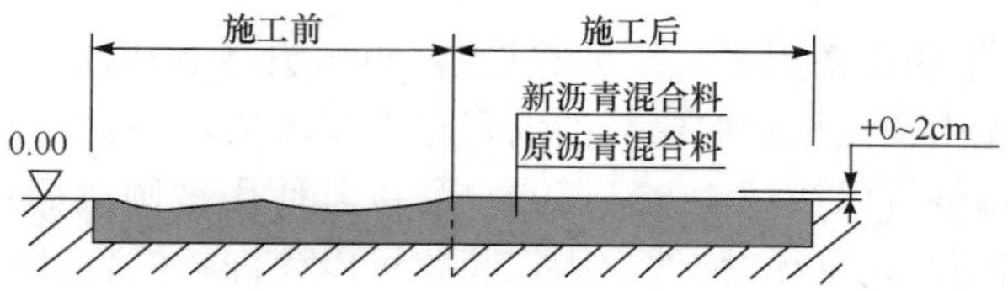

图 2-4　复拌再生路表断面

复拌再生的设备与表面再生基本一致,用就地热再生加热设备将旧路面加热到一定温度后翻松,通过材料输送装置将翻松后的旧路面材料送入搅拌器,视需要把特别配置的新热沥青混合料、新沥青或恢复老化沥青性能用的再生剂(添加剂)按适当的比例也加入搅拌器,由搅拌器中的叶片把新旧材料一起拌和均匀,然后摊铺、整平,最后用压路机碾压成型。相比于表面再生,复拌再生一般会添加新沥青和新沥青混合料来改善原路面的沥青混合料性能以提供改善的路面强度和稳定度。这种工艺可以有效地消除路表面 50mm 内出现的车辙、裂缝和材料老化病害。带有稀浆封层的沥青路面也可以进行复拌施工,稀浆封层有助于软化再生黏结料,但是必须经过合理的性能验证。然而,铺有多层稀浆封层的沥青路面,可能会在路表面引起浓烟和火苗,并可作为绝缘体阻碍对其下路面材料的加热,因此必须视需要将其移除。

美国沥青路面回收与再生协会将复拌再生定义为以下工序组成的施工工艺:对 40～50mm 深的路面加热,翻松和收集软化的材料成狭长的一行,将新料、再生剂与铣刨料在搅拌锅里拌和,最后摊铺单一、均匀的再生混合料。长料堆的铣刨料被送至强制拌和机里,与再生剂和预先确定添加量的新集料或新沥青混合料拌和,这些新集料和新沥青混合料可以通过卡车倾倒至复拌机前面的料斗里;有些情况下再生剂是在拌和机拌和前加入的,这样可以留有充足的时间以获得较好的分散和拌和;随后再生材料被堆成狭长的一行,接下来螺旋布料器将其展开,带有振捣梁的熨平板将材料摊铺并预压实;最后通过有效的碾压工艺将再生沥青混合料热碾压成型,形成新的沥青层。

复拌再生可改善现有沥青路面材料的特性,修复老化和非稳定的磨耗层,改善道路横坡,增强道路强度,也可以将磨耗层改造为黏结层,然后再覆盖新的磨耗层。虽然复拌再生可以超过 50mm,但是通常情况下深度为 25～40mm。在加拿大有再生达到 75mm 的工程实例,主要是因为原沥青路面使用了较软的沥青,并有良好的施工设备和工艺组织作保障。

2.2.3 加铺再生

当复拌再生依然无法达到预期的路表性能时,可以进一步使用加铺再生。加铺再生的工艺原理如图 2-5 所示,在表面再生或复拌再生的基础上,通过再生主机再摊铺一层新沥青混合料加铺层,最后再生层与新混合料加铺层一起同时碾压,再生后的路表断面如图 2-6 所示。

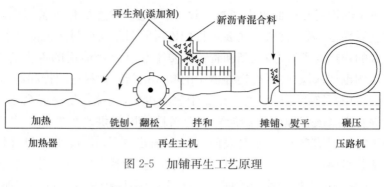

图 2-5　加铺再生工艺原理

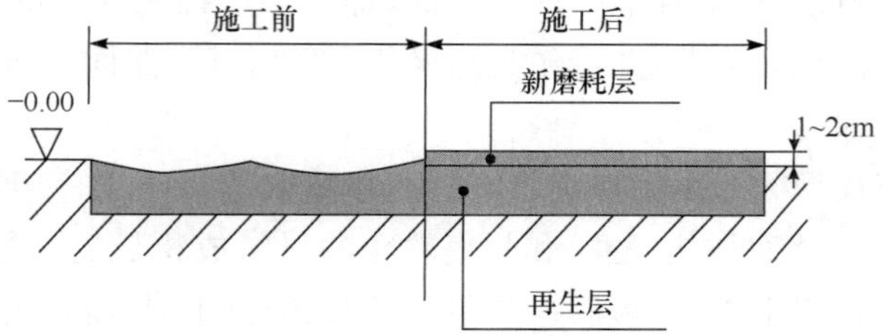

图 2-6　加铺再生后的路表断面

根据美国沥青路面回收与再生协会的定义与介绍,重铺再生工艺可以用来矫正路面 25～50mm 的缺陷,如车辙、收缩裂缝和剥落等,因此可以恢复路面的抗滑阻力、平整度,改善道路横坡和沥青路面强度。当表面再生和复拌再生不足以将路面恢复至理想的要求或者常规的热拌沥青加铺不切实际或不需要时,加铺工艺就会变得非常有用。非常薄的加铺(12mm)可以与再生工艺配合使用来获得一个抗滑能力很好的路面,而且这种方法与常规的热拌沥青混凝土加铺工艺(通常要超过25mm)相比,其成本要少得多。

相比于复拌再生工艺,加铺再生工艺除了包括预热,加热和耙松或旋转铣刨,添加和拌和再生剂、新沥青混合料,摊铺再生混合料等工序外,最后还需要摊铺新的热拌沥青混凝土磨耗层。加入再生剂的旧料,经刮刀收集后被螺旋输料装置横向移动至中间形成狭长的料堆,同时螺旋输料装置可以将旧料和再生剂预拌和;收集的旧料进一步被收入拌缸中与加入的新沥青混合料(或者新沥青与新集料)进行拌和;接着横向螺旋布料器将再生料在第一个熨平板展开,并被预压实;最后从输送带运来的新拌沥青混合料,经过第 2 个熨平板摊铺;通常的做法是在熨平之后马上压实新拌沥青混凝土,以保证新沥青混凝土和再生层之间具有较好的黏结。按照这种方法使用的熨平板可以使用手动控制或者自动控制;对于手动控制的熨平板,使用人工测量深度并且通过手动调节熨平板;然而,自动控制的熨平板可以完全自动地控制纵横坡和深度。带有两个熨平板的单工序机器可以完成多层摊铺。自动熨平板可以装备振捣梁以获得一定的预压实度。

2.3　就地热再生技术的设备组成

为了保障就地热再生技术的工程应用,国内外针对就地热再生技术的工艺与设备进行了广泛而深入的研究,在工艺设备方面取得了丰硕的成果[35~42]。尽管目前的就地热再生设备多种多样,但是其工艺原理和工艺流程基本相同。总体而言,就地热再生设备主要由加热和复拌两大系统组成[43]。

2.3.1　加热系统

加热系统主要由燃烧装置、加热装置、燃料罐、液压装置、发动机、操纵装置、行走装置等组成,它的用途是将需要再生处理的沥青路面均匀加热至要求的温度。加热中沥青路面表面温度一般不超过 200℃,表面以下 1~2cm 处的温度为 120~150℃,表面以下 3~6cm 处的温度为 70~100℃。通常加热深度为 2~6cm,为了加热均匀和不烧焦沥青,一般分 2 级加热或多级加热,加热系统之后跟随复拌系统。

1. 按结构分类

加热系统按结构不同可以分为集中燃烧式和分散燃烧式。

热风循环式是典型的集中燃烧式加热机,如图 2-7 所示,它采用一个大容量的喷燃器并与加热装置分开,设有复杂的通风管道和箱罩,燃烧器燃烧产生的热量从通风管送到加热箱罩内均匀地加热路面。集中燃烧式加热温度控制方便,加热宽度一般通过液压伸缩装置控制加热箱罩与不同位置来调节。

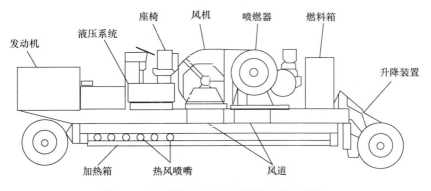

图 2-7　集中燃烧式加热系统的结构示意图

如图 2-8 所示,分散燃烧式加热装置一般由若干加热箱组成,每个加热箱内装有多个(10~100 个)小容量燃烧器,直接加热路面。它结构简单,热量损失小,但不便于实现自动控制,加热宽度的调节一般采用拆去部分加热箱或折叠式结构来实现。

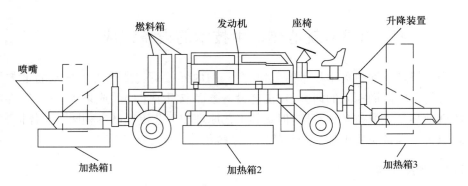

图 2-8　分散燃烧方式加热系统的结构示意图

2. 按燃料及加热方式分类

按燃料及加热方式的不同加热系统可分为红外线辐射式、热风循环式和红外线热风并用式(燃料煤油),近年来还出现了微波加热方式。

如图 2-9 所示,热风循环加热式主要由燃烧器、加热箱、风机、自动控制装置组成。工作时燃料燃烧产生高温,由风机将温度高达 700℃的热气送到加热箱,对路面进行加热,使路面的温度逐渐升高,从而达到需要的温度。实际工作中,热气的热量一部分传给路面,余温 400℃的热气通过风机送回到加热器室,再次加热使温度上升至 700℃,形成热气循环。加热温度由自动控制装置控制,作业时首先设定热风温度给定值,自动控制系统根据热电偶反馈的信号,通过温度控制器调整油门与风门大小,将温度自动稳定在设定的范围内。该方式由于热风循环使用,热效率高,节省燃料。同时可根据路面加热温度的要求,设定燃烧值,控制范围较广。

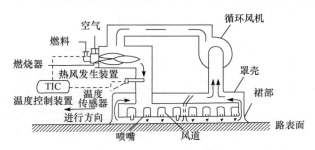

图 2-9　热风循环式加热装置

红外线辐射式如图 2-10 所示,液化石油气(liquefied petroleum gas,LPG)在金属网附近燃烧,加热金属网,产生红外线辐射到路面上进行加热。它比热风循环式加热的深度深,因为红外线辐射的穿透能力强,能够有效地加热沥青路面的深层部位,使路面以下 4～6cm 处的旧沥青混合料温度迅速提高,达到 70～100℃,而表面温度不超过 200℃，从而保证了再生路面的质量，生产效率较高，且加热比较均匀。但该方式要求有较完善的安全防火防爆措施。

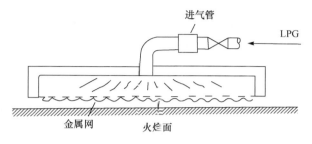

图 2-10 红外线辐射式加热装置

红外线热风并用式根据形状的不同又可分为圆筒形热反射板式和扁平框架式。圆筒形热反射板式如图 2-11 所示，将燃烧器燃烧的高温火焰吹到圆筒周围产生红外线，并通过顶部的反射板反射到路面上，对路面进行加热。加热能力可通过调节喷燃器的压力及更换喷嘴进行调整，调整范围比热风循环式小。由于加热器箱罩内压力高，可防止冷空气的侵入，热风的排风量大。

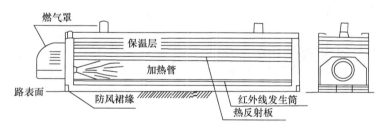

图 2-11 圆筒形反射式加热器

扁平框架式的加热器如图 2-12 所示，燃烧的火焰散射在孔状的波纹板面上，应用热辐射和对流的原理对路面进行加热。此结构受热面积大，热辐射的效果好。加热能力可通过调节压力进行控制，调节范围比热风循环式小。内部热风压力高，可防止冷空气侵入，增大排气量。

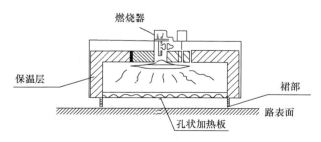

图 2-12 扁平框架式加热装置

以上只是介绍了三种基本的加热方式,鉴于设备技术的不断发展与变革,一些不同于以上加热方式的加热技术也在很多实体工程中得到了良好应用,在此不再赘述。在实际工作中,如果要提高路面的加热温度,还可以降低加热机的工作行驶速度或用两台及两台以上的加热机串联工作。特别是在环境温度较低的情况下,加热机串联作业的加热效率高、效果好。

2.3.2　复拌系统

复拌系统主要由新料接料斗、供料装置、翻松装置、搅拌装置、螺旋布料器、熨平装置、辅助加热装置组成,如图 2-13 所示。一般复拌系统均具备三种再生作业功能,即整形、重铺、复拌作业,也即能够根据需要完成表面再生、复拌再生或加铺再生。

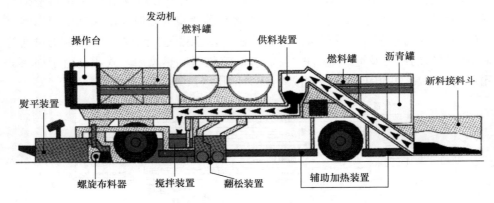

图 2-13　复拌系统结构图

1. 新混合料供给装置

新混合料供给装置主要包括接料斗和刮板给料器,具体结构与常规的沥青摊铺机的给料装置相同。

2. 翻松装置

翻松装置的结构必须具有良好的操作性能,确保翻松深度足够,翻松宽度可无级调整,保证翻松后的路面与再生混合料有良好的黏结性,保证翻松后路面平整等要求。翻松装置大致可分为齿耙式和旋转滚筒式两种。齿耙式翻松装置如图 2-14 所示,在平板上设置纵、横间距一定,若干数量的钢制耙齿,可按人字形排列,齿高大于路面要求的翻松深度,由主机牵引进行翻松作业。主要特点是各耙齿的高低能独立调整,可以方便地回避路面检修井口等障碍物。

旋转滚筒式翻松装置是在滚筒外周按螺旋线形状安装特制刀头,驱动滚筒旋转进行作业。根据滚筒旋转方向分正切与反切两种形式,如图 2-15 所示。

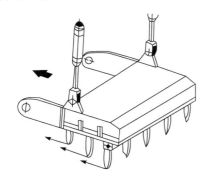 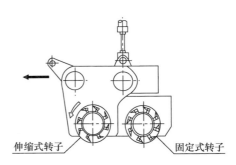

图 2-14　齿耙式翻松装置　　　　　　　　图 2-15　旋转滚筒式翻松装置

　　齿耙式、滚筒式都是通过操纵液压油缸的升降来调整翻松深度。目前复拌机较多采用旋转滚筒式翻松装置,原因是:

（1）旋转式比齿耙式的牵引阻力小。

（2）翻松的平整度高,能确保翻松到要求的宽度边缘。

（3）翻松器刀头按螺旋线布置,具有翻松路面及收集翻松材料两种功能。

　　为适应不同宽度、深度路面及弯道的维修施工,翻松装置可采用可无级调节宽度、自动控制翻松深度的结构。

　　3．搅拌装置

　　搅拌装置主要是把翻松后的材料与新沥青混合料以及再生添加剂等新加入材料进行拌和的装置。按搅拌方式的不同可分为连续搅拌装置和间歇搅拌装置。连续搅拌装置又可分为纵卧轴强制式和横置双卧轴强制式两种,如图 2-16 所示。间歇式搅拌装置一般为纵置双卧轴强制式。为防止混合料温度降低,也有采用带保温层的搅拌锅。

　　4．再生混合料摊铺装置

　　这里主要介绍加铺再生法的摊铺装置,它设有翻松材料摊铺装置(亦称第一组熨平装置)和新沥青混合料摊铺装置(亦称第二组熨平装置)。

　　翻松材料摊铺装置设在搅拌装置后面,主要把翻松材料摊铺整平。它有刮板式和螺旋式两种,如图 2-17 和图 2-18 所示,结构上又可分为二节式和三节式,采用液压伸缩装置无级调整施工宽度。通过调节刮板或螺旋的高低位置来控制摊铺厚度。该装置只用于加铺再生法,复拌去不设该装置。

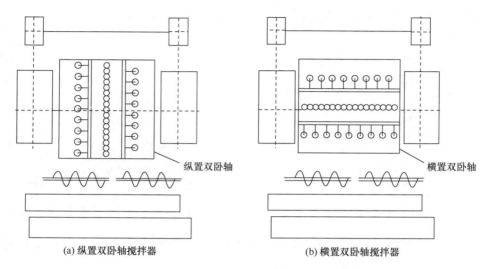

(a) 纵置双卧轴搅拌器　　　　　　　(b) 横置双卧轴搅拌器

图 2-16　双轴强制式搅拌器示意图

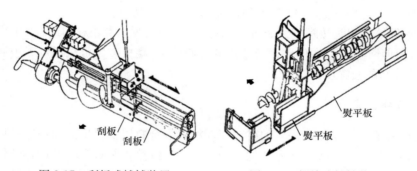

图 2-17　刮板式摊铺装置　　　　图 2-18　螺旋式摊铺装置

新沥青混合料摊铺装置是最终的摊铺装置,加铺再生法和复拌再生法均设有此装置,结构形式和沥青摊铺机基本相同。

5. 再生添加剂供给装置

根据旧路面性质的不同,可通过增加再生添加剂将已老化的翻松材料恢复成接近新沥青混合料性质的再生混合料。再生添加剂供给装置主要由添加剂罐、泵、管路、加热和控制系统等组成。控制系统主要用来控制添加剂洒布量。

再生剂一般保存在随车携带的储存罐中,且通常加热到接近供应商推荐的最高使用温度,这样有利于再生剂在松散材料中的扩散。再生剂一般是通过计算机控制系统直接喷洒在加热后的沥青路面上。当设备起停时,通过阀门有效地控制再生剂的添加。再生剂喷洒过程中尽量采用雾状均匀喷洒。

6. 挥发控制系统

挥发控制系统主要是用来减少从就地热再生设备中产生的气态碳氢化合物和微粒挥发物。该系统的基本工作原理是通过真空管收集水蒸气和烟尘,并在后面的燃烧器里处理这些挥发物以消除它们的有害性质。通常微粒挥发已经不再是就地热再生的问题了。然而,在就地热再生施工中,接缝和裂缝填充物会在加热机下面引起火花。在填充的裂缝上面撒布 1～2mm 厚的沙或是消石灰可以减少火花。如果在路面上有太多的裂缝填充物,那么应该在再生之前去除这些填料。

上述描述只是针对比较常用的复拌系统进行了简单介绍,不同的就地热再生设备在复拌系统上会有一定的差异性,在此不再做过多的介绍与解释。

2.3.3　设备实例

20 世纪 70 年代以来,欧洲、美国、日本等发达国家和地区为了在道路维修中充分利用旧沥青混合料,节省资源,相继推出了沥青混凝土路面就地热再生工艺,随后德国、加拿大、意大利、美国、芬兰等国家均开发出性能良好的就地热再生设备,进一步推动了就地热再生技术的实体工程应用。近年来,我国一些企业也致力于就地热再生设备的自主开发,总体水平上也已经达到了国际先进水平。就国内外目前现有的就地热再生设备而言,总体的工艺设备基本类似,细节的差异主要体现在加热方式以及再生主机是否集成化两个方面。以下选择三组就地热再生设备做简要的介绍。

1. 芬兰卡洛泰康再生列车

江苏省引进的卡洛泰康(Kalottikone)再生列车,如图 2-19 所示,是国内较早

图 2-19　卡洛泰康公司生产的就地热再生机组

引进的就地热再生列车之一,已经在江苏、河南、河北等省完成了数千千米的沥青路面就地热再生工程。

该就地热再生设备主要包括两台加热机(Ecoheater KAPH 8SP)和一台再生主机(Roadmix KRM2000RS),其主要工作性能如下:

加热机是通过加热腔中柴油雾化燃烧后产生的红外线热辐射辅助以热风对旧沥青路面进行加热,主要的工艺参数如下:每台加热机采用 18 个燃油喷嘴,加热总功率 8MW,工作耗油量为 600～900L/h,加热宽度 3100～5000mm,工作速度 2～12m/min,遥控无级调速。

再生主机则集成了新料接料斗、供料传输带、路面铣刨滚筒、搅拌缸、添加剂喷洒装置、熨平装置、辅助加热装置、行走装置,主要的工作参数如下:工作速度 0～10m/min,行驶速度 0～5km/h,铣刨宽度 2500～4500mm,铣刨深度0～80mm,搅拌效率 150t/h,工作耗油量 75L/h。

2. 维特根就地热再生列车

德国维特根(Wirtgen)集团是国外较早致力于再生机组研发的公司,生产的就地热再生机组,如图 2-20 所示,也是较早引入我国并在实体工程中得到良好推广应用的就地热再生设备之一。

图 2-20　维特根集团生产的就地热再生机组

维特根生产的 HM 4500/Remixer 4500 型热再生机组由 HM 4500 预加热机和 Remixer 4500 再生主机组成:

HM 4500 预加热机为轮式自行机械,最大加热宽度为 4.5m,最大加热功率

2260kW,前加热板长度 4960mm,后加热板长度 4960mm,最大工作速度 23m/min,带有一个 6000L 的液化气罐,加热方式为红外线间歇加热。

Remixer 4500 再生主机为轮式自行机械,工作宽度为 3.0～4.5m,最大工作深度 60mm,最大加热功率 2210kW,也是集成了接料斗、提升机、加热板(液化气罐及管路)、铣刨装置、双轴拌和器和双熨平装置(分别摊铺再生层和磨耗层)等,最大工作速度 5m/min。

3. 奥新就地热再生列车

江苏奥新科技有限公司自主研发的就地热再生列车主要由加热机、加热翻松机以及再生复拌机组成,除了在加热方式做了更进一步优化外,针对再生主机集成化存在的缺点将再生主机离散为加热翻松机和再生复拌机,以便于机动灵活的分步操作,并对其中的主要工序装置进行了优化设计,其主要的施工装置以及性能特点介绍如下:

加热机组如图 2-21 所示,其最大加热宽度为 4180mm,最大加热能力为 2260kW,工作档行走速度范围 0～23m/min,前后加热板长度均为 4980mm。其主要性能特点在于采用了特殊金属材料制成的发热网面进行加热燃烧,由产生的光热能向路面进行辐射渗透,发热面温度一般控制在 480～580℃,并可根据路面加热需求温度进行加热功率调节;来自加热路面蒸发的烟气,经由高压风机系统集中收集,并通过采用铂、钯和铑等贵金属组成的三元催化燃烧器催化降解,有效降低沥青烟气排放;燃料可采用石油液化气或天然气,并且采用小单元组合装置,充装方便。

图 2-21　奥新就地热再生列车加热机组

加热翻松机如图 2-22 所示,其工作宽度为 3000～4180mm,工作深度为 0～60mm,工作档速度为 0～6m/min。其主要性能特点在于:翻松器为筒状,装有螺旋状排列的硬质合金刀具,能将加热后的旧路面翻松到需求深度,作业时从路面两侧铣刨并向路面中心集拢,使混合料呈梯形状堆积在一起,达到保温和温度传递的效果,并可在翻松过程中加入再生剂;在前部装有折叠、中部装有伸缩、后部装有梯形加热装置,并配备有温度测量系统,适时检测,按照设定温度标准对热铣刨后形成的料垄进行动态搅拌加热,保证再生料需求温度;并配置数字找平仪,自动调整铣刨深度,消除铣刨时原路面凹凸不平对路面底面的影响。

图 2-22　奥新就地热再生列车加热翻松机组

再生复拌机如图 2-23 所示,工作宽度为 3000～4180mm,工作行走速度为 0～6m/min。主要性能特点在于:具有液压驱动双重搅拌功能,对新旧混合料首先进行梯形动态搅拌,然后通过封闭式料斗提升至拌缸继续搅拌,以保证再生混合料的均匀性;配备有可伸缩装置的加热系统,可以对翻松后的路面底面进一步加热,增强再生层与原路面层之间的热黏结,同时搅拌缸也有加热功能,能够在拌和过程中继续保持或提升再生混合料温度,以保证再生混合料的摊铺温度。

图 2-23　奥新就地热再生列车复拌再生机组

此外鞍山森远、英达科技、中联重科等都自主研发出了各具特色的就地热再生设备,并在实体工程中得到了良好的应用与实践,有效推动了就地热再生技术的发展与应用。

2.4 沥青路面就地热再生的技术要点

由于再生设备加热深度、铣刨厚度及拌和能力的限制,就地热再生技术对处治深度不超过 6cm 的表面功能性病害恢复较为适宜,如对磨光、抗滑不足、渗水过大等表面功能性病害具有良好的适用性,同时能够处治车辙以及发生在表面层的松散、坑槽、裂缝等病害;而对于诸如路肩滑坡、路基沉陷、基层坑洞或者反射裂缝等路面结构性破坏所导致的病害的处治不大适宜,或只能起到一定程度的延缓作用。因此,就地热再生工艺多要求破坏路面具备良好的基层及排水设施,或可以提前修复路面结构性病害,且其病害主要是路表病害或路表的功能性丧失。

2.4.1 基本适用条件

1. 主要技术特点

研究与应用表明,与传统的路面养护工艺相比,就地热再生技术具有以下鲜明的特点:

(1) 需要专门的设备和专业操作人员,技术集成化程度较高。

(2) 再生深度有限,目前主要适用于处理表层老化和病害。

(3) 可实现对原路面沥青混合料中的沥青胶结料及级配的性能恢复和改进,恢复其原有性能和寿命,改善路表服务功能,提高行驶质量,修复路面标高、纵横坡等设计缺陷,但再生后的沥青路面性能对原路面性能的依赖性也较大。

(4) 层间及纵缝均实现热黏结,形成整体板块效应,能够提高修复质量,延缓反射裂缝,避免车道接缝产生纵向开裂。

(5) 一次完成的回收再利用方式,比传统的回收方式增加 75% 的效益,比传统的路面翻新方式在成本上节省 20%～50%。

(6) 实现原路面材料 100% 再利用,可降低施工成本且无任何废料,为环保性养护。

(7) 单线道路施工方式,施工时无需完全封闭交通,施工结束即可开放交通,使交通阻塞及危险降至最低,施工产生的振动、噪声比其他施工方法小,在市区也可进行夜间作业,社会经济效益显著。

因此,就地热再生技术具有百分百利用原路面旧料、施工速度快、对交通干扰小等优点,同时也具有只适用于沥青表面层病害与功能恢复、技术集成化程度高、施工质量较难控制等局限性。

2. 适用的路面基本条件

就地热再生技术具有两个主要技术特征:①适用于沥青路面 6cm 以内病害的

养护维修;②旧料 100％再利用,新料的添加率通常小于再生沥青混合料总质量的 25％。因此,旧路面的结构、老化程度、病害类型及程度均会影响到就地热再生技术的选择,根据大量工程经验,旧路面的就地再生利用应满足的基本适用条件见表 2-1。

表 2-1　就地热再生适用的路面基本条件

基本项目		要求	备注
旧路面的厚度/cm		＞7.5	路面结构强度满足要求,未出现大规模结构病害,局部结构性病害可事先进行预处理;
车辙深度	推移/cm	＜5	旧沥青混合料级配满足要求时,三种就地热再生工艺均可采用;
	磨耗/cm	＜3	旧沥青混合料级配不满足要求时,可采用复拌法或加铺法:
路面破损率/％		＜40	采用复拌法时,沥青混合料车辙一般＜3cm;
路面破损深度/cm		＜6	采用加铺法时,沥青混合料车辙一般＜5cm;
旧路面沥青针入度/0.1mm		＞20	如果事先将车辙隆起处进行铣刨,车辙深度可适当放宽; 如果仅仅是表层破损,可不受破损率限制; 当局部破损累及表层以下时,可事先挖补处理

在满足上述基本适用条件的基础上,原则上就地热再生技术可处理所有的非结构性破损路面病害形式,如松散、坑槽、泛油、抗滑不足、车辙、波浪、推挤、滑移裂缝、纵向裂缝、横向裂缝、反射裂缝以及膨胀、壅包、凹陷和沉降引起的行驶质量差等破损形式。

与此同时,由于就地热再生设备庞大,且现场一次性对路面实施加热、铣刨翻松、搅拌等施工操作,因此在具体实施过程中,还会受到一些客观因素影响,见表 2-2。

表 2-2　就地热再生实施的其他影响因素

影响因素	详细内容
道路承载力	由于就地热再生设备质量较大,因此要求道路具有足够的承载能力,支撑就地热再生设备的运行
道路附属设施	对于城市道路,就地热再生施工时,必须注意对窨井盖等存在于上面层的公共设施的保护,并必须检查施工地点附件有无可燃性物质;在现场加热过程中还应注重对于道路两侧绿化带的保护,避免高温对绿化带造成相应的影响
净空	对于立交桥和地下通道等存在净高的道路,不仅要满足就地热再生设备也要满足新料拖运卡车的通行要求
施工区域	按照现有道路宽度,就地热再生操作将占用就地热再生施工区域内 5/4 左右车道,因此对于狭窄的道路需解决来往车辆的交通调节问题
气候	就地热再生需要在现场加热旧沥青路面,因而施工容易受气候的影响,寒冷季节和大风天气一般不宜施工,通常要求环境温度大于 15℃

在实际工程中,应根据工程的具体特点,对沥青路面的就地热再生技术进行有针对性的选用,并进行缜密的施工组织设计。

2.4.2　应用指导原则

就地热再生技术的总体实施流程如图 2-24 所示。美国联邦公路局的沥青路面再生指南针对就地热再生的技术特点提出了一般性应用指导原则[44],见表 2-3~表 2-8。

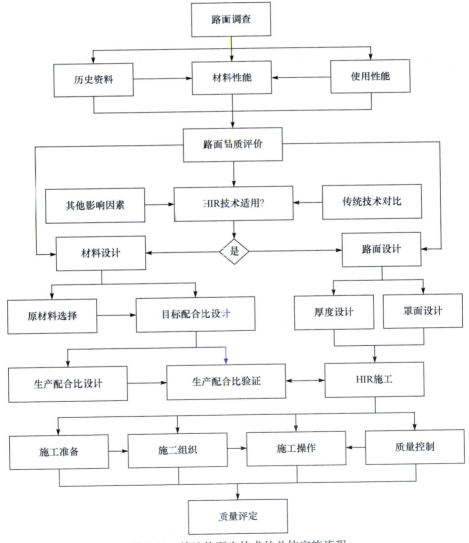

图 2-24　就地热再生技术的总体实施流程

表 2-3　就地热再生工程的一般步骤

步骤	详细细节	目的
初步路面评价	表 2-4	主要确定路面结构的适合性
HIR 的适用性	表 2-5	如果 HIR 不适合,确定其他的修复或重建方法
详细的路面评价	表 2-6	现有路面面层的主要质量和性能
HIR 具体操作技术的选择	表 2-7	表面再生、复拌再生、重铺再生或复拌重铺再生
完成 HIR 工程	表 2-8	质量控制

表 2-4　初步路面结构评估

评价项目	详细信息	目的
历史信息	路面类型、路面结构、路面历史、交通量	HIR 的适用性,补充详细的评估、工作进度表
路面结构	结构病害、局部的结构病害、非结构性病害	HIR 的适用性,HIR 操作的选择,确定是否需要局部的预处理
先前的处理措施	任何特殊的处治或材料(面层处治、道路标线材料等)	应在 HIR 前采取必要的处理措施(如冷铣刨)
线形和断面	宽度、道路中线、坡度、面层断面(车辙和磨耗)	HIR 的适用性,在 HIR 前,应先进行处理(如冷铣刨)
杂项	检修井、集水井、公共事业井盖等及临近物(设备、树木、易燃物)	工作进度表,保护措施,潜在的可燃气体的测定

表 2-5　现有路面评估获得的信息的重要性

路面评估项目	路面评估参数	面层病害			
		磨耗	车辙	裂缝	摩擦力
面层情况	裂缝(类型和程度)	N	N	M	N
	横断面	M	M	N	R
	纵断面	R	R	N	N
现有沥青混凝土	厚度	M	M	M	M
	沥青含量(翻挖厚度内)	M	M	M	M
	级配(翻挖厚度内)	M	M	M	M
	密度	M	M	M	M
	空隙率	M	M	M	M
	回收沥青的针入度、黏度和软化点(翻挖厚度内)	M	R	M	N

注:M 代表重要;R 代表一般重要;N 代表不重要。

表 2-6 热再生具体操作选择

目的	操作	过程
处理老化和裂缝情况相对较轻的面层的车辙或磨耗	袤面再生	加热,翻挖,添加再生剂(如果需要的话),整平,外表修复,压实
处理车辙和磨耗严重的面层,并同时加铺罩面,以改善摩擦性能和路面强度	重铺再生	加热,翻挖,添加再生剂,整平,加铺新热拌混合料,表面修复,压实
通过添加再生剂和新混合料处理开裂老化严重的旧路面	复拌再生	加热,翻挖,添加再生剂,拌和,添加新混合料,拌和,表面修复,压实

表 2-7 热再生施工的质量控制

项目	建议方法
宽度	同传统沥青路面
翻挖深度	测定临近路面至第二个拌和器的深度或采用圆环法
再生剂添加率(如果使用的话)	根据使用的质量计算(规范和 ASTM D 4887)
再生剂质量(如果使用的话)	同传统沥青路面(规范和 ASTM D 4552)
新料添加率(如果使用的话)	按照使用的质量(t)和现场密度计算
新罩面的厚度(如果使用的话)	按照混合料的使用量和现场密度测定
破碎滚轴处的温度	在维修深度的中点监测
新混合料的温度(如果使用的话)	同传统沥青路面
沥青含量,级配和稳定性要求	同传统沥青路面
压实	同传统沥青路面,重点同相关的再压实密度对比
表面偏差	同传统沥青路面
再生混合料的沥青的针入度、黏度和软化点	同传统沥青路面

表 2-8 HIR 工艺适用的路面破损形式

道路破损形式	可选 HIR 工艺		
	表面再生	复拌再生	重铺再生
松散	★★★	★★★	★★★
坑槽	★★	★★★	★★★
泛油	★★	★★★	★★
抗滑力小	★	★★	★★★
路肩脱落	★	★	★
车辙	★★	★★★	★★
波浪	★★	★★★	★★
雍包	★★	★★★	★★
疲劳裂缝	★	★★	★★★

续表

道路破损形式	可选 HIR 工艺		
	表面再生	复拌再生	重铺再生
边缘裂缝	★	★★	★★★
滑移裂缝	★★	★★	★★★
块状裂缝	★★	★★	★★★
纵向裂缝	★★	★★	★★★
横向裂缝	★★	★★	★★★
反射裂缝	★★	★★	★★★
间断裂缝	★	★	★★
膨胀	★★	★★	★★
壅包	★★	★★	★★
凹陷	★★	★★	★★
沉降	★★	★★	★★
行驶质量差	★★★	★★★	★★★
强度	★	★	★★

注:★★★表示很适合,★★表示一般,★表示不太适合。

2.4.3 关键技术要点

1. 原路面调查控制要点

就地热再生技术运用前,必须进行详细的路面调查,以分析其适用性,并为材料和路面设计提供依据。图 2-25 是就地热再生技术实施路面调查的一般流程。

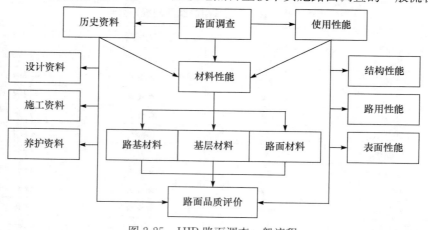

图 2-25 HIR 路面调查一般流程

在原路面调查中,基本的控制要点如下:

(1)原路面结构承载力评价。HIR 技术仅适用于修复表面层病害,必须保证整个路面结构不出现结构性病害或者结构承载力不足的现象。因此,对于使用年限较长的路面结构,应进行弯沉调查和路基强度评价,以确定原有路面结构不出现过大的弯沉变形或路基强度不足的现象。

(2)原路面的病害调查。HIR 技术适宜的表面层修复深度通常局限在 6cm 以内,对于抗滑不足、渗水过大等表面功能性病害具有良好的适用性,同时对于车辙以及发生在表面层的松散、坑槽、裂缝等病害也具有良好的适用性,但对于基层损坏造成的水损坏或者反射裂缝等病害则只能起到延缓作用。因此,必须对路面结构的贯穿性病害进行调研评价,以确定是否需要预处理,同时应对路面车辙进行详细的调查评价,车辙处理是再生过程中新料添加比例的重要依据。

(3)原路面材料评价。HIR 技术是通过添加再生剂和新沥青混合料对原有沥青混合料的性能恢复达到原路面材料再生利用和路面性能恢复的目的,因此原路面材料是再生混合料的主体,其性能是进行再生沥青混合料设计的基本依据,必须对原路面的混合料类型、老化沥青性能以及级配进行准确的调研与评价。

2. 再生混合料配合比设计要点

就地热再生沥青混合料的配合比设计是一个综合性很强的工作,涉及面很广,设计时应把握的首要原则是满足路用要求,同时要因地制宜、经济实用。根据我国目前的实际生产情况,建议 HIR 配合比设计仍然以马歇尔试验方法为基础,同时鼓励采用更为先进和更符合实际情况的设计方法,但新方法使用前必须经过充分的验证。不同于普通沥青混合料的三阶段配合比设计方法,HIR 混合料配合比设计主要包括目标配合比设计和试拌试铺两个阶段,因此试验段的铺筑对于检验配合比设计至关重要。HIR 再生混合料配合比设计的一般流程如图 2-26 所示。

就地热再生沥青混合料配合比设计的控制要点包括如下:

(1)再生沥青混合料类型确定。由于就地热再生技术 100% 利用原路面旧料,新料的添加比例通常不会超过 25%,因此原路面沥青混合料仍然是再生沥青混合料的主体,通常情况下再生沥青混合料类型与原路面沥青混合料保持一致。

(2)再生沥青标号确定。再生沥青标号的选择,应根据气候条件、再生混合料所处的功能层、施工方法,以及各地的经验值等诸多因素来确定,通常可以参照普通沥青标号的选用方法,即按《公路沥青路面施工技术规范》(JTG F40—2004)的要求来选取沥青标号。

(3)再生剂用量确定。再生剂的掺量可以通过不同掺量下,旧沥青性能的恢复情况来确定,即将旧沥青与再生剂充分混合均匀后进行相应性能试验,评价指标可以主要为三大指标(针入度、延度、软化点),条件许可时可对其黏度等其他性能进行系统测试,并要求再生胶结料的相关性能满足所选定标号的要求。

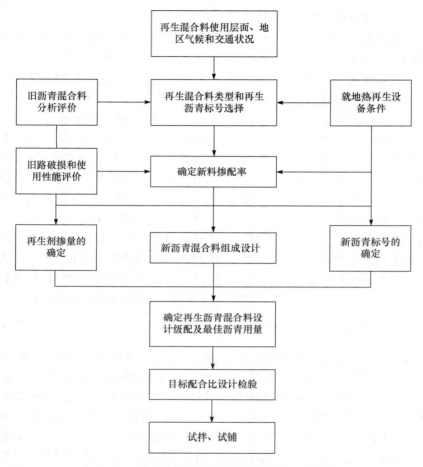

图 2-26　HIR 再生混合料配合比设计的一般流程

（4）新料比例与级配确定。新料添加的目的主要有两个：一是弥补原路面的材料损失尤其是车辙造成的损失；二是修正调整旧料的级配。因此，新料比例的确定主要依据车辙调查和级配调整结合经验确定，新料的级配则主要依据再生沥青混合料的设计级配和旧料的级配确定。为了施工方便，新料级配可以选择与旧料相同的级配类型，由于旧料级配经过长期使用后会有一定的细化，因此新料可设计偏粗的级配，使再生沥青混合料级配满足规范规定的级配范围要求。

（5）新沥青标号以及用量确定。新沥青标号原则上与再生沥青标号选择一致，如果原路面旧沥青老化严重，可以将新沥青标号提高一个等级以达到软化旧沥青的目的，但是必须经过室内试验的性能验证。原则上再生混合料中，老化沥青含量，再生剂用量以及新沥青用量之和满足再生混合料的最佳油石比，因此当老化沥青以及再生剂用量确定后，可以调整不同的新沥青用量来获取不同油石比的再生沥青混合料,确定再生混合料最佳油石比后,也就相应地确定了新沥青用量。新沥青通常与新集料拌制成新沥青混合料的形式加入,因此新沥青的用量还要考虑新沥青混合料的油石比应在合理范围内,以利于新沥青混合料的生产和运输。

（6）再生混合料最佳油石比的确定。依然采用马歇尔试验方法确定,但是由于再生混合料的试验结果有时离散性较大,因此成型马歇尔试件时建议根据实际需要多成型一些试件,以利于对试验数据进行必要的数据处理和验证。

3. 就地热再生施工控制要点

就地热再生的基本施工流程如图 2-27 所示,该工艺一般包括五个关键步骤:
（1）通过加热软化需维修的沥青面层。
（2）耙松或铣刨翻松加热后的沥青面层。
（3）视需要将再生剂、新沥青、新骨料或新沥青混合料加入旧料中拌和。
（4）视需要加铺新沥青混合料层。
（5）将再生沥青混合料（包括加铺的新沥青混合料层）摊铺压实。

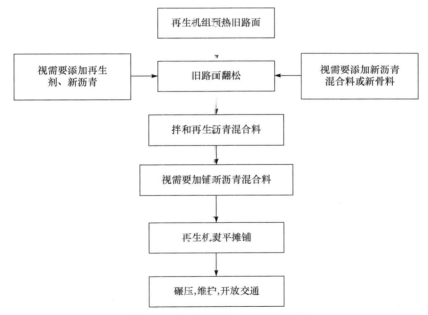

图 2-27 就地热再生现场工艺流程

就地热再生施工过程的基本控制要点包括如下:

（1）加热机预热。加热宽度应比再生宽度两侧各多 5cm,加热过程中应随时测试路面加热温度以便及时调整加热功率,在保证路面不被烧焦的情况下充分加热原路面,一般要求原路面铣刨后的整体温度达到 120℃以上,而铣刨层层底应达到 80℃以上。

（2）再生剂（新沥青）喷洒。再生剂（新沥青）保存在随车携带的储存罐中，且通常应加热到接近供应商推荐的最高使用温度，这样有利于再生剂在松散材料中的扩散。根据施工速度和再生料的外观状况及时调整再生剂的喷洒，保证再生剂用量合适和喷洒的均匀性。

（3）铣刨。铣刨宽度及深度按设计要求，并由计算机系统控制，根据需要在一定范围内进行调整，要保证铣刨无夹层，纵向接缝顺直，在铣刨过程中应及时观察花白料状况，若花白料出现较多说明铣刨温度偏低。

（4）拌和。根据设计要求，及时添加新沥青混合料和再生剂，在控制添加新料数量准确的基础上，控制再生机组行进速度以及拌和速度，确保新旧混合料拌和均匀。

（5）碾压。施工中根据工程需求确定压路机的型号及数量，由于就地热再生通常每次仅能处理一个车道宽度，这样就要求各种压路机数量不得少于3台，即用于初压、复压和终压的压路机至少各有一台。由于就地热再生碾压温度一般较新铺沥青路面低，因此可以根据实际情况考虑提高压路机数量和吨位；且在混合料摊铺后，必须紧跟着在尽可能高的温度状态下开始碾压，不得等候，除必要的加水等短暂歇息外，压路机在各阶段的碾压过程中应连续不断地进行；同时也不得在低温度状态下反复碾压，以防磨掉石料棱角或压碎石料；为了防止压路机洒水对碾压路面温度的影响，应尽量控制压路机的洒水量，在保证不黏轮的情况下尽量少洒水。

（6）施工环境要求。由于就地热再生的施工温度相对偏低，因此出现大风天气或者气温较低的情况下，不应进行就地热再生施工，当气温或路表低于15℃时不宜进行就地热再生施工。

（7）温度控制。温度是影响就地热再生质量的关键因素。因此，针对就地热再生的关键温度控制建议见表 2-9（主要针对普通沥青混凝土路面）。必要时，应根据不同的工程实际，在此基础上加以调整，以保障就地热再生的施工质量。

表 2-9　就地热再生施工温度要求（一般建议值）

温度控制点	温度要求/℃
环境温度	＞15
外掺新沥青混合料到场温度	＞150
路表预热温度	＜250
新旧混合料拌和温度	＞130
铣刨路底温度	＞80
摊铺温度	＞120
初压温度	＞115
碾压终了温度	＞70

（8）施工质量控制。由于就地热再生的施工变异性相对于新铺路面较大，因此应加强就地热再生施工过程中的质量控制，就地热再生路面的施工质量控制标准建议见表 2-10（主要针对普通沥青混凝土路面）。

表 2-10　HIR 路面施工质量控制标准

检查项目		检查频度	质量要求或允许偏差	试验方法
外观		随时	无油斑、离析、轮迹等现象	目测
接缝		随时	紧密、平整、顺直、无跳车	目测
施工温度		每 100m 一次	符合表 2-9 的要求	数显式温度计
再生混合料外观		随时	集料粗细均匀、无离析、无花白料、油团等现象	目测
再生混合料级配（与设计级配的差）		每天一组	≤0.075mm　±3% ≤2.36mm　±5% ≥4.75mm　±6%	T0725
再生沥青含量		每天一组	±0.3%	T0722
再生剂掺加率		每天一组	±0.5%	—
新混合料掺加率		每天一组	±5%	—
马歇尔试验	稳定度/kN	每天一组	>8	摊铺现场取样 T0709
	流值/0.1mm		15～40	
	空隙率/%		4～6	
浸水马歇尔试验		必要时	符合设计规范要求	T0702、T0709
车辙试验		必要时	符合设计规范要求	T0719
压实度		每 200m/车道一点	大于试验室密度的 96% 最大理论密度的 93%～97%	T0924
宽度		两个断面/100m	不小于设计宽	T0911
厚度		一点/100m	−5mm	铺筑时检查
平整度		随时	3mm	T0931
渗水系数		每 200m/车道一点	≤100mL/min	T0971
构造深度		每 200m/车道一点	符合设计规范要求	T0961/62/63
摩擦系数		每 200m/车道一点	符合设计规范要求	T0964

此外，就地热再生工程完成后应定期对其进行跟踪观测，重点测试其构造深度和摩擦系数的变化，并对路面的病害状况进行观察记录。

第 3 章　SMA 技术

3.1　概　　述

SMA 起源于 20 世纪 60 年代的德国,德文称 splitmastixasphalt。90 年代初引入美国。相比于普通沥青混合料,SMA 具有独特的结构形式和优良的路用性能,因此在世界范围内得到了良好推广应用。

在德国,SMA 最初是作为一种强度很高的沥青路面罩面以抵抗带钉轮胎造成的各种路面损坏。尽管后来不再使用带钉轮胎,但仍被广泛地应用于高速公路、载重卡车比例大的道路、站口、交叉口及机场跑道等。德国 1984 年版《沥青路面工程补充技术规范及准则》中将 SMA 列为德国标准的路面结构,近 20 年来,SMA 由最初推广到瑞典、丹麦到现在的挪威、芬兰、奥地利、法国和瑞士等,在欧洲已得到推广和普及。

20 世纪 90 年代,美国高级考察团去欧洲学习先进技术和经验,1991 年 7 月在威斯康星州的 94 号州际公路上,首次铺筑 SMA 路面,并由此使得 SMA 路面在美国得到迅速发展。最典型的例子是 1995 年亚特兰大市为举办奥运会对公路网进行了改建和新建,全部采用了 SMA 路面。

我国 1993 年在首都机场高速公路中首次应用 SMA 技术,随后在江苏、河北、广东、辽宁等省开始推广应用,并根据其构成原理,在《公路沥青路面设计规范》(JTG D50—2006)中正式命名为“沥青玛蹄脂碎石混合料”,意即用玛蹄脂填充沥青碎石骨架间隙而形成的混合料。经过 10 年的发展,采用适合我国国情的 SMA 路面技术。沈金安等 2003 年出版的《SMA 路面设计与铺筑》中对 SMA 路面技术做了详细的总结与分析,为推动 SMA 技术的发展做出了重要贡献。近 10 年,SMA 路面在我国得到了充足的发展,尤其是近年来,我国修建的高速公路,一半以上均使用了 SMA 路面,以江苏省为例,近年来修建的高速公路,几乎全部使用了改性沥青 SMA 路面。不仅如此,城市道路也开始推广使用 SMA 路面。李爱国等 2012 年编著的《SMA 路面施工与病害防治技术》针对 SMA 混合料的性能机理,施工技术以及病害原因与处治技术进行了深入总结分析,给当前的实体工程提供了良好的借鉴意义。由此可以看出,经过 20 年的发展,我国在 SMA 路面技术方面已经形成了一套相对比较成熟的体系。同时也可以看出,我国针对 SMA 路面技术的关注重点已经逐渐由设计、施工技术转移至养护技术。

本章在现有研究基础上[45~50]对 SMA 混合料的性能特点、标准规范以及新型设计方法进行总结分析,为其再生利用设十奠定理论基础。

3.2 SMA 性能特点

3.2.1 SMA 的强度机理

沥青混合料是由沥青、粗细集料和矿粉按一定比例拌和而成的一种复合材料。其强度形成理论主要有表面理论和胶浆理论。表面理论认为沥青混合料是由矿质骨架(粗集料、细集料和填料)和沥青组成,沥青分布在矿质骨架表面,将矿质骨架胶结成为具有强度的整体。胶浆理论则认为沥青混合料是一种高级空间网状结构的分散系:以粗集料为分散相分散在沥青砂浆中,沥青砂浆则以细集料为分散相,分散在沥青胶浆中,沥青胶浆又以填料为分散相分散在沥青介质中。

不管是哪种强度理论,沥青混合料的强度都是由矿质颗粒之间的嵌挤形成的内摩阻力,以及沥青胶结料与矿料之间的黏聚力所构成,即

$$\tau = C + \sigma\tan\varphi \tag{3-1}$$

式中,τ 为抗剪强度;φ 为内摩擦角;C 为沥青黏聚力;σ 为材料的正应力。

一般认为摩阻角 θ 在提高混合料的高温稳定性方面起着重要作用,黏聚力 C 则在抗剪切、抗弯拉等荷载作用中发挥较大影响。摩阻角的大小主要由矿质集料结构决定,黏聚力则主要受沥青的黏度和沥青与矿料的相互作用影响。

按强度构成原则的不同,沥青混合料可分为按嵌挤原则构成的结构和按密实级配原则构成的结构两大类。按嵌挤原则构成的沥青混合料的结构强度是以矿质颗粒之间的嵌挤力和内摩阻力为主,沥青结合料的黏结作用为辅而构成的。这类沥青混合料是以较粗的、颗粒尺寸均匀的矿料构成骨架,沥青结合料填充其空隙,并把矿料黏结成一个整体,混合料结构强度受自然因素(温度)的影响较小。按密实级配原则构成的沥青混合料的结构强度是以沥青与矿料之间的黏聚力为主,矿质颗粒间的嵌挤力和内摩阻力为辅而构成的,这类沥青混合料的结构强度受温度的影响较大。

按照混合料矿质骨架的特点和级配构成原则又可以把沥青混合料分为悬浮密实结构、骨架空隙结构及骨架密实结构三种方式(图 3-1)。

悬浮密实结构。由连续级配矿质混合料组成的密实混合料,由于材料从大到小连续存在,并且各有一定数量,实际上同一档较大颗粒都被较小一档颗粒挤开,大颗粒以悬浮状态处于较小颗粒之中。这种结构通常按最佳级配原理进行设计,因此密实度与强度较高,但受沥青材料的性质和物理状态的影响较大,故稳定性较差。

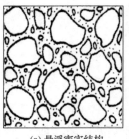
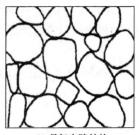
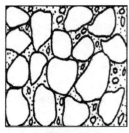

(a) 悬浮密实结构　　　　　　(b) 骨架空隙结构　　　　　　(c) 骨架密实结构

图 3-1　　沥青混合料矿料骨架类型

骨架空隙结构。较粗石料彼此紧密相接,较细粒料的数量较少,不足以充分填充空隙。混合料的空隙较大,石料能够充分形成骨架。在这种结构中,粗骨料之间的内摩阻力和嵌挤力起着重要作用,其结构强度受沥青的性质和物理状态的影响较小,因而稳定性较好,但是空隙率较大,颗粒间黏结性较差,因此容易造成耐久性不足。

骨架密实结构。综合以上两种方式组成的结构。混合料中既有一定数量的粗骨料形成骨架,又根据粗料空隙的多少加入细料,形成较高的密实度,因此兼具了以上两种结构的优点。

基于 SMA 的材料组成设计原理,SMA 属于骨架密实结构,按照胶浆理论,其强度和性能不仅来源于良好的骨架作用,同时对沥青胶浆也有较大的依赖性。良好的骨架结构是 SMA 高温性能的重要来源,而较高含量的沥青胶浆不仅保障了其良好的低温性能和水稳性能,同时也是骨架结构稳定和耐久性的重要保障。

3.2.2　SMA 的材料构成

如图 3-2 所示,SMA 是由沥青、纤维、矿粉及少量的细集料组成的沥青玛蹄脂填充间断级配的粗集料骨架间隙组成一体的沥青混合料。SMA 混合料的实物断面如图 3-3 所示。与普通沥青混合料相比,SMA 具有"三多一少"的典型特点:粗集料多、矿粉多、沥青结合料多、细集料少。SMA 中 4.75mm 以上颗粒的粗集料含量为 70%～80%,0.075mm 筛孔的通过率在 10% 左右,沥青结合料较普通沥青混合料高 1% 以上,同时还掺加纤维稳定剂。较多的粗集料组成的间断级配形成了良好的嵌挤骨架结构,沥青结合料、细集料、矿粉及纤维组成的沥青玛蹄脂填充在骨架结构的空隙中,形成了良好的密实性。可以看出,按照强度构成原则 SMA 具有良好的嵌挤密实性,按照级配原理,SMA 属于骨架密实结构。在 SMA 的材料组成设计中既突出了沥青混合料表面理论中的骨架作用,也强调了沥青混合料胶浆理论中的沥青胶浆作用。

由于 SMA 中粗集料含量高,粗集料之间相互嵌挤,形成了较为突出的骨架结构,当承受车辆荷载作用时,车辆荷载主要作用在粗集料骨架上,并由骨架结构将

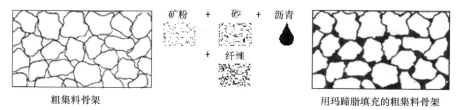

粗集料骨架　　　　　　　　　　　　　用玛蹄脂填充的粗集料骨架

图 3-2　SMA 混合料的构成

图 3-3　SMA 混合料试件断面

荷载向下传递与分散,因此,在其抗剪强度中,矿质骨架提供的内摩阻力所占比例相当大(相关研究表明,SMA 中矿料内摩阻力的贡献率接近 80%),从而减少了混合料对沥青胶结料性能的依赖性。由于骨架结构在混合料中发挥了"支撑、支架、分散、分力"的重要功能,因此 SMA 的强度、稳定性和耐久性对其骨架结构依赖较大。所以 SMA 设计的第一要点就是保证其骨架结构的形成,以增强混合料抵抗外力作用,传递分散荷载的能力。与此同时,在集料品质方面,SMA 一般均要求使用强度高、耐磨耗、均匀性好,棱角性突出的粗集料以增强骨架结构的稳定性与耐久性。

　　尽管突出的骨架结构降低了 SMA 高温性能对沥青胶浆的敏感性,但是沥青胶浆在 SMA 中的作用并不可忽视,实质上 SMA 对沥青胶浆的性能要求比普通沥青混合料更加严格与苛刻。基于 3.2.1 节的强度机理分析,对于抗压强度较高的粗集料骨架而言,其主要的破坏形式由骨架结构的压缩变形破坏转变为骨架颗粒之间的相对滑移剪切破坏。骨架结构内部的内摩阻力成为衡量骨架结构稳定与否的重要指标。然而对于选定的矿质集料,想要大幅度提高混合料的内摩阻力是非常困难的。有实验数据表明,对同一种集料变化粒径大小和级配形式所增加的摩阻角值是有限的——对粗粒式、中粒式和细粒式,摩阻角分别为 34.40°、33.83°和

33.47°；而级配形式从连续密级配、连续开级配到间断密级配，其摩阻角也仅仅从 34.38°增加到 37.41°和 37.70°。而沥青胶浆的黏聚力则可以有较大的变化，改变沥青用量、粉胶比、沥青稠度都会对沥青胶浆的黏聚力产生较大影响，从而有效改善 SMA 的抗剪切破坏强度。

在 SMA 路面使用过程中，对于 SMA 较强的骨架结构，还可以借助压杆失稳理论分析其失稳破坏。根据材料力学中的压杆失稳破坏现象可知，对于同样材料的受压构件，随着构件高度增加，构件的稳定性将大大降低。因此，可以推断粗集料骨架的稳定性也会随着结构层厚度的增加而降低，粗骨架的支撑作用也会逐渐减弱。这或许也是目前沥青路面中 SMA 结构层厚度一般均相对较小的理论原因之一（例如，我国的 SMA 面层厚度基本都为 4cm，在欧洲气候相对炎热的葡萄牙，SMA 路面铺装层厚度要求不超过 3cm）。同时，矿质集料中的细集料也会对骨架结构形成干扰，细集料含量的增加，不仅会影响骨架结构的嵌挤作用，同时会增加骨架结构的长细比，从而增加骨架结构的不稳定性。因此，SMA 中细集料用量通常较少，倾向于使用均匀的粗集料颗粒。而在矿质材料和组成设计已经选定的前提下，为增加骨架结构的稳定性，最重要的措施就是增强对骨架结构的约束，约束作用越强，骨架结构的稳定性就会越好。在 SMA 中，对粗集料骨架的约束作用主要源自沥青胶浆的黏聚力，因此增强沥青胶浆的黏聚力可以有效增加粗集料骨架结构的稳定性，增强骨架结构的荷载分散与传递效率。尤其是在 SMA 结构层较厚的情况下，粗集料骨架的稳定性不仅仅只依靠粗集料骨架的内摩阻力，还在相当程度上依赖于沥青胶浆的胶结力大小。这也是 SMA 粉胶比相对较高，且一般均要求使用高性能改性沥青与纤维的重要原因。

由上可知，SMA 的粗集料骨架在混合料强度组成中发挥着关键作用，同时沥青胶浆的黏聚力对于 SMA 的强度发挥起着重要的保障作用，两者相辅相成，缺一不可。粗集料骨架是外部荷载的承受主体，有效发挥着传递荷载、分散应力的作用，保护沥青胶浆在外部荷载作用下不发生较大的变形与破坏；而沥青胶浆不仅在粗集料骨架结构中发挥了重要的黏结与约束作用，增强骨架结构的稳定性，同时良好的沥青胶浆品质还是 SMA 低温柔韧性、水稳定性与使用耐久性的重要来源与保障。

3.2.3　SMA 的路用性能

1. 温度稳定性

在 SMA 的组成中，粗集料骨架占到 70％以上，混合料中粗集料相互之间的接触面较多，其空隙主要由高黏度玛蹄脂填补。由于粗集料颗粒之间相互良好的嵌挤作用，传递荷载能力高，可以很快地把荷载传到下层，因此可以承担较大轴载和高压轮胎；同时骨架结构增加了混合料的抗剪能力，在高温条件下，即使沥青玛蹄脂的黏度下降，对路面结构的抵抗能力影响也会减小。因此，SMA 具有较强的抗车辙能力、良好的高温稳定性。

在低温条件下,沥青混合料的抗裂性能主要由结合料延伸性能决定。由于 SMA 的集料之间填充了相当数量的沥青玛蹄脂,沥青膜较厚,温度下降时,混合料收缩变形使集料被拉开时,沥青玛蹄脂有较好的黏结作用,利用其柔韧性,使混合料能够较好地抵抗低温变形。

2. 耐久性

这里所讲的沥青混合料的耐久性包括水稳定性、耐疲劳性和抗老化性能。

SMA 的空隙率为 3%～4%,能够有效阻止水分进入混合料内部,与此同时,较高的沥青玛蹄脂含量和改性沥青以及纤维的使用,均能够提高沥青玛蹄脂与石料的黏附性,因此,SMA 的水稳定性较其他类型混合料有较大改善。由于 SMA 不透水,对下层的沥青层和基层有较强的保护作用和隔水作用,能够使路面保持较高的整体强度和稳定性。

SMA 内部被沥青结合料充分的填充,使沥青膜较厚、空隙率小、沥青与空气的接触少,抗老化、抗松散、耐磨耗,因而沥青混合料的耐老化性能好,耐疲劳性能也大大优于密级配沥青混凝土。

因此,设计良好的 SMA 具有良好的耐久性。

3. 表面特性

沥青混凝土路面的噪声、湿滑、雨天行车溅水及车后产生水雾等性能,直接影响交通安全和环境保护。

与普通密级配沥青混合料(AC)相比,SMA 在集料方面要求采用坚硬的、粗糙的、耐磨的优质石料,在级配上采用间断级配,粗集料含量高,路面压实后表面构造深度大,抗滑性能好,拥有良好的横向非水性能,雨天行车不会产生较大的水雾和溅水,增加了雨天行车的可见度,并减少了夜间的路面反光,路面噪声也可降低 3～5dB,从而使 SMA 路面具有良好的表面特性。普通 AC 路面与 SMA 路面的表面对比如图 3-4 所示。

(a) AC路面　　　　　　　　　　　　　　　　　　　(b) SMA路面

图 3-4　SMA 路面与普通 AC 路面的表面对比

4. 综合对比

SMA 结构与普通密级配沥青混合料、排水沥青混合料（OGFC）、半开级配沥青混合料（AM）等不同类型沥青混合料各项指标及路用性能的综合比较见表 3-1。

表 3-1　不同类型沥青混合料各项指标及路用性能比较

混合料类型		AC16	OGFC16	AM16	SMA16
级配类型		连续级配密实结构	开级配骨架空隙结构	半开级配骨架型空隙结构	间断级配骨架型密实结构
混合料指标	空隙率 VV/%	3～5	18～25	6～10	3～4.5
	油石比/%	中等	较小	较小	较大
	4.75mm 筛孔通过百分率/%	34～62	12～30	18～40	20～32
	0.075mm 筛孔通过百分率/%	4～8	2～6	0～5	8～12
混合料路用性能	高温稳定性	较差	很好	好	很好
	低温抗裂性	好	差	很差	很好
	疲劳耐久性	好	差	很差	很好
	水稳定性	好	很差	很差	很好
	渗水性能	小	很大	很大	小
	抗老化性能	很好	很差	很差	很好
	抗磨损性能	很好	很差	很差	很好
	抗滑性能	差	很好	—	好
	抗噪性能	差	很好	—	好

3.3　SMA 标准规范概况

由于各国的情况不同，在引进德国 SMA 技术后，各国都结合本国气候及交通量等条件对 SMA 技术进行了本土化研究与改进，对 SMA 的配合比设计指标及材料性质等都提出了自己相应的规范与要求。

3.3.1　国内外概况

德国的 SMA 配合比设计方法主要是建立在经验的基础上，采用马歇尔试验方法进行设计，其指标中仅对空隙率提出了较严格的要求。澳大利亚的规范中，在马歇尔的基础上，增加了谢伦堡析漏试验和肯塔堡飞散试验。我国的 SMA 配合比设计方法也是在借鉴国外设计方法的基础上，经过不断实践依据经验进一步修正得来。

现在比较完整系统地提出 SMA 配合比设计方法的当属美国联邦公路局和美国国家沥青路面协会（National Asphalt Pavement Association，NAPA）技术工作集体共同提出的"SMA 配合比设计方法"。美国 SMA 配合比设计方法是分成粗集料骨架和沥青玛蹄脂填充料两部分进行设计的。

（1）粗集料骨架的设计目标是形成相互紧密嵌挤的骨架结构。由此定义了粗集料骨架间隙率 VCA，形成 SMA 骨架结构的关键是马歇尔击实条件下的 VCA_{mix} 小于捣实条件下的 VCA_{DRC}。

（2）沥青玛蹄脂填充料的设计目标是形成足够量的、具有相当强度的沥青玛蹄脂胶浆填充到粗集料骨架中。沥青胶浆设计中规定了最小沥青用量和空隙率两个关键指标，设计合理的沥青玛蹄脂应使 SMA 完全不透水。

以上两个指标被称为 SMA 配合比设计的"试金石"，它确保了可以构成具有骨架密实结构的沥青混合料，该结构可以同时提供较大的内摩阻力和确保骨架结构稳定的黏聚力，同时以厚沥青膜结构降低了混合料的空隙率。

可以看出，相比于普通沥青混合料设计方法，SMA 设计方法最大的进步在于提出了关于混合料骨架结构的判断方法，明确提出了粗集料间隙率 VCA 的概念，并规定了以 VCA_{mix} 小于 VCA_{DRC} 作为判断粗集料形成骨架状态的判断依据，由于目前尚未有其他关于骨架构成标准的新的研究成果，因此在一定程度上，该标准成为判断混合料骨架结构状态的唯一标准。但是也可以看出，无论是级配设计还是混合料设计，SMA 的设计方法依然主要依赖于经验，缺少严格的理论指导，这也是目前国际上尚未有通用的成熟的 SMA 配合比设计方法的一个重要原因。

3.3.2　国外标准规范

1. 欧洲标准

德国是 SMA 的发源地，SMA 的配合比设计标准经过了多次变更，1998 年的德国国家标准见表 3-2。

表 3-2　德国 ZIV Asphalt-StB 1998 规范的 SMA 级配（1996 年 FGSV 确认）

设计参数		碎石、机制砂、机制矿粉		碎石、机制砂和天然砂、机制矿粉	
		SMA0/11S	SMA0/8S	SMA0/8	SMA0/5
筛孔通过百分率/%	11.2mm	＞90	—	—	—
	8mm	≤60	＞90	＞90	—
	5mm	30～40	30～45	30～55	＞90
	2mm	20～25	20～25	20～30	30～40
	0.09mm	9～13	10～13	8～13	8～13

续表

设计参数	碎石、机制砂、机制矿粉		碎石、机制砂和天然砂、机制矿粉	
	SMA0/11S	SMA0/8S	SMA0/8	SMA0/5
沥青结合料	B65(PmB45)	B65(PmB45)	B80	B80(B200)
沥青结合料用量(油石比)/%	≥6.5(6.95)	≥7.0(7.53)	≥7.0(7.53)	≥7.2(7.76)
马歇尔试验配合比设计空隙率/%	3.0～4.0		2.0～4.0	
铺筑层层厚/cm	3.5～4.0	3.0～4.0	2.0～4.0	1.5～3.0

注:S 表示重交通路面,机制砂与天然砂的比例 1:0。PmB 表示德国聚合物改性沥青。

在欧洲南部的葡萄牙、意大利等国,由于夏季炎热,沥青结合料规定要用改性沥青,而且仅使用 SBS 或 EVA 作为改性剂,结合料用量也明显比北方各国少得多(表 3-3、表 3-4)。

表 3-3　意大利 SMA 技术标准

参量		SMA0/10	SMA0/15
筛孔通过百分率/%	15mm	100	80～100
	10mm	80～100	46～66
	5mm	47～64	30～44
	2mm	30～45	20～36
	0.42mm	12～20	10～17
	0.18mm	10～16	9～15
	0.075mm	9～14	8～13
沥青结合料类型		聚合物改性沥青 PmB50	
油石比(沥青用量)/%		5.5～7.0(5.2～6.55)	5.5～7.0(5.2～6.55)
空隙率/%		1.0～4.0	1.0～4.0
铺装层厚度/mm		20～30	40～50
聚合物改性沥青 PmB50 指标		原样改性沥青	TFOT 后
25℃针入度/0.1mm		45～55	≥30
$T_{R\&B}$/℃		75～85	$\Delta T_{R\&B} \leqslant 10$
针入度指数		+1/+5	
80℃动力黏度/(Pa·s)		800～2000	≥2000
离析管试验/℃		$\Delta T_{R\&B} < 3.0$	

表 3-4　葡萄牙 SMA 技术标准

参量		SMA0/12.5	SMA0/9.5
筛孔通过百分率/%	12.5mm	80～90	—
	9.5mm	60～75	80～90
	4.75mm	32～42	30～42
	2.0mm	22～30	22～32
	0.075mm	5～10	7～12
沥青结合料类型		仅使用改性沥青(SBS 或 EVA)	
油石比/%		≥5.0	
空隙率/%		3～5(通常为 4.0)	3～6(通常为 4.5)
层厚/mm		15～50	20～30

　　法国开发的薄层沥青混凝土 BBM 与 SMA 有类似的级配原理,但也有所区别,不过一些法国学者声称 BBM 是不加纤维的 SMA,其标准规格见表 3-5。

表 3-5　法国 BBM 的级配与沥青用量

参量		BBM0/10			BBM0/6
		a	b	c	
筛孔通过百分率/%	10mm	97	97	97	—
	6.3mm	35	53	53	97
	4mm	—	53	53	97
	2mm	35	38	38	38
	0.08mm	8	11	8	8
油石比(沥青用量)/%		>5.3(5.6)			
设计技术要求	浸水抗压强度比	>0.8			
	车辙/%	—	≤15(3000 循环)	≤15(10000 循环)	
	复数模量/MPa	—	≥5400		
	疲劳/次	—	≥10⁸		
施工要求	空隙率/%	6～12			
	构造深度/mm	>0.6			
	层厚/mm	30～40			

　　现在欧洲大部分国家都已经有了 SMA 的相应的规范标准。在此基础上,欧洲共同体 CENTC 227/WG1"沥青混合料"委员会 PREN 13108-6 SMA 小组编制了欧洲标准,见表 3-6。标准稿要求 SMA 的空隙率为 2%～6%,并通过车辙试验和三轴试验检验永久变形性能。分析表中常用的 D16 的 4mm 筛孔通过百分率为

20％～35％,8mm 筛孔通过百分率为 25％～40％,比欧洲各国自己的标准都要粗得多,已经与美国和我国的接近。

表 3-6 CEN PREN 13108-6 SMA 的标准建议

参量		D4	D6(1)	D6(2)	D8	D10	D11	D14	D16	D20	D22
筛孔通过百分率/%	31.5mm	—	—	—	—	—	—	—	—	100	100
	22.4mm	—	—	—	—	—	—	—	100	—	90～100
	20.0mm	—	—	—	—	—	—	100	—	90～100	—
	16.0mm	—	—	—	—	—	100	—	90～100	—	60～80
	14.0mm	—	—	—	—	100	—	90～100	60～80	—	—
	11.2mm	—	—	—	100	—	90～100	—	45～75	—	35～60
	10.0mm	—	—	100	—	90～100	—	50～75	—	35～60	—
	8.0mm	—	100	—	90～100	—	45～75	—	25～40	—	20～40
	6.3mm	—	—	90～100	—	30～50	—	25～35	—	20～35	—
	5.6mm	100	90～100	—	—	—	25～40	—	—	—	—
	4.0mm	90～100	—	—	25～45	—	—	—	20～35	—	20～35
	2.0mm	30～40	30～40	25～35	20～30	20～30	20～30	15～30	15～30	15～30	15～30
	0.063mm	8～12	8～12	8～12	8～12	8～12	8～12	8～12	8～12	8～12	8～12
沥青用量/%		7.0～8.0	6.5～7.5	6.5～7.5	6.0～7.0	6.0～7.0	6.0～7.0	5.8～6.8	5.8～6.8	5.7～7.2	5.7～7.2
稳定剂/%		0.3～1.5	0.3～1.5	0.3～1.5	0.3～1.5	0.3～1.5	0.3～1.5	0.3～1.5	0.3～1.5	0.3～1.5	0.3～1.5
层厚/mm		12～25	15～30	15～30	20～40	25～50	25～50	30～55	30～55	40～70	40～70

注:D6(1)、D8、D11、D16、D22 使用 EN 933-2 的 1 号系列筛;D6(2)、D10、D14、D20 使用 EN 933-2 的 2 号系列筛。

2. 美国标准

1990 年 9 月美国 AASHTO-FHWA-NAPA-SHRP-TAI-TRB 联合派出了一个 21 人的大型代表团到欧洲考察了瑞典、丹麦、德国、意大利、法国、英国等国,对改性沥青和 SMA 技术印象尤为深刻。第二年由美国国家研究委员会(NRC)的运输研究局(TRB)决定推广应用 SMA,当年有 23 个州铺筑了试验段,并很快风靡美国,尤以马里兰州和佐治亚州使用最多。

美国在引进德国 SMA 技术后,AASHTO 与 FHWA 合作支持成立了 SMA 技术工作组(TWG),随即 TRB 实施了国家公路研究协作计划(NCHRP)合同 9-8 "SMA 设计"研究项目,1994 年 FHWA 开始提出"SMA 设计施工指南"并逐年修改,FHWA 委托国家沥青技术中心(NCAT)对 105 个 SMA 工程进行了总结分析,1997 年陆续提出了"SMA 设计(文献回顾、研究结果、设计方法三卷)"、"美国SMA 路用性能评估"等大部头报告。截至 1998 年 6 月,AASHTO 提出了关于SMA 的配合比设计等一系列规范的建议稿。

1997 年 NAPA 及 1998 年 AASHTO 初次提出了新的标准级配见表 3-7,成为美国配合比设计的依据。AASHTO 这次将 9.5mm 筛孔通过百分率由原规定<75%修改为 26%～78%,说明级配变得粗得多。表中 25mmNMAS、19mmNMAS、12.5mmNMAS 的 SMA 以 4.75mm 作为粗细集料的分界,4.75mm 筛孔通过百分率都是 20%～28%,这是相对比较粗的级配标准。但对 9.5mmNMAS 是以2.36mm 为粗细集料的分界,4.75mmNMAS 是以 1.18mm 作为粗细集料分界的,AASHTO 的标准级配中没有 SMA16,如果按照 AASHTO 的建议套过来,由插入法得到的 SMA16 的规格列入表 3-7 中最后一列,可供对比参考。

表 3-7 美国 SMA 标准级配建议范围

筛孔 /mm	NAPA 建议 (截至 1997 年) 筛孔通过百分率/%	AASHTO 建议(1998 年 6 月)筛孔通过百分率/%					按 AASHTO 建 议套得的 16mm NMAS 通过率/%
		25mm NMAS	19mm NMAS	12.5mm NMAS	9.5mm NMAS	4.75mm NMAS	
37.5	—	100	—	—	—	—	—
25.0	—	90～100	100	—	—	—	—
19.0	100	30～86	90～100	100	—	—	100
16.0	—	—	—	—	—	—	90～100
12.5	85～95	26～63	50～74	90～100	100	—	55～85
9.5	<75	24～52	25～60	26～78	90～100	100	25～70
4.75	20～28	20～28	20～28	20～28	26～60	90～100	20～28
2.36	16～24	16～24	16～24	16～24	20～28	28～65	16～24
1.18	—	13～21	13～21	13～21	13～21	22～36	13～21
0.60	12～16	12～18	12～18	12～18	12～18	18～28	12～18
0.30	12～15	12～15	12～15	12～15	12～15	15～28	12～15
0.075	8～10	8～10	8～10	8～10	8～10	12～15	8～10

注:NMAS,公称最大粒径,nominal maximum aggregate size 缩写。

美国对 SMA 的配合比设计方法进行了较多的研究,工程上大都采用马歇尔试验设计方法,但在确定最佳沥青用量时,有时会出现反常,因而 SuperPAVE 方法也被应用于 SMA 设计,相应的技术要求见表 3-8。在 NAPA 的建议中规定当集料的毛体积相对密度大于 2.75 时,沥青用量容许低于 6%。AASHTO 的规范建议稿中按集料毛体积相对密度规定了不同沥青用量最小值(表 3-9)。

表 3-8　美国 SMA 技术要求建议

指标	1997 年 NAPA 建议		1998 年 6 月 AASHTO 建议	
	马歇尔击实试验件	按 SuperPAVE 用 SGC 成型的试件	马歇尔击实试验件	按 SuperPAVE 用 SGC 成型的试件
击实次数	双面 50 次	—	双面 50 次	
沥青用量/%	>6	>6	见表 3-9	见表 3-9
空隙率/%	3.5~4	3~4	3~4	3~4
VMA/%	>17	>17	>17	>17
VCA_{mix}%	$<VCA_{DCR}$	$<VCA_{DCR}$	$<VCA_{DCR}$	$<VCA_{DCR}$
稳定度/kN	>6.2	—	>6.2	—
流值/mm	2~4	—	—	—
TSR/%	>70	>70	>70	>70
析漏损失/%	<0.30	<0.30	<0.30	<0.30

表 3-9　AASHTO 的 SMA 规范关于沥青用量的规定

合成集料的毛体积相对密度	最小沥青用量/%	最小油石比/%	合成集料的毛体积相对密度	最小沥青用量/%	最小油石比/%
2.40	6.8	7.3	2.75	6.0	6.4
2.45	6.7	7.2	2.80	5.9	6.3
2.50	6.6	7.1	2.85	5.8	6.2
2.55	6.5	6.9	2.90	5.7	6.0
2.60	6.3	6.7	2.95	5.6	5.9
2.65	6.2	6.6	3.00	5.5	5.8
2.70	6.1	6.5	—	—	—

3.3.3　我国标准规范

　　德国的 SMA 来源于浇注式沥青混凝土,再加上德国夏天不太热,因此沥青用量普遍较高。无论在欧洲还是美国,由于高速公路网已建成,SMA 主要用于沥青路面的表面罩面,我国的沥青路面一直是传统密级配沥青混凝土路面,而且我国目前处于建养并重的阶段,SMA 主要作为高速公路的上面层,且基础情况与国外不尽相同,再加上气候、交通、施工机械、材料和经济条件等的差异,因而我国的 SMA 路面在汲取欧洲、美国等经验的基础上,通过十余年的研究应用,积累了自己的设计和施工经验。

　　我国《公路沥青路面施工技术规范》(JTG F40—2004)给出了详细的 SMA 配合比设计方法,该设计方法依然是以马歇尔试验为基础的,不同级配类型的矿料级配范围要求见表 3-10,相应的马歇尔试验配合比设计技术要求见表 3-11,配合比设计检验指标要求见表 3-12。

表 3-10　沥青玛蹄脂碎石混合料矿料级配范围

级配类型		筛孔通过百分率/%											
		26.5mm	19mm	16mm	13.2mm	9.5mm	4.75mm	2.36mm	1.18mm	0.6mm	0.3mm	0.15mm	0.075mm
中粒式	SMA20	100	90～100	72～92	62～82	40～55	18～30	13～22	12～20	10～16	9～14	8～13	8～12
	SMA16	—	100	90～100	65～85	45～65	20～32	15～24	14～22	12～18	10～15	9～14	8～12
细粒式	SMA13	—	—	100	90～100	50～75	20～34	15～26	14～24	12～20	10～16	9～15	8～12
	SMA10	—	—	—	100	90～100	28～60	20～32	14～26	12～22	10～18	9～16	8～13

表 3-11　SMA 马歇尔试验配合比设计技术要求

试验项目	单位	技术要求		试验方法
		不使用改性沥青	使用改性沥青	
马歇尔试件尺寸	mm	ϕ101.6mm×63.5mm		T 0702
马歇尔试件击实次数①	—	两面击实 50 次		T 0702
空隙率 VV②	%	3～4		T 0708
矿料间隙率 VMA②	%	≥17.0		T 0708
粗集料骨架间隙率 VCA_{mix}③	—	≤VCA_{DRC}		T 0708
沥青饱和度 VFA	%	75～85		T 0708
稳定度④	kN	≥5.5	≥6.0	T 0709
流值	mm	2～5	—	T 0709
谢伦堡沥青析漏试验的结合料损失	%	≤0.2	≤0.1	T 0732
肯塔堡飞散试验的混合料损失或浸水飞散试验	%	≤20	≤15	T 0733

①对集料坚硬不易击碎、通行重载交通的路段，也可将击实次数增加为双面 75 次。

②对高温稳定性要求较高的重交通路段或炎热地区，设计空隙率允许放宽到 4.5%，VMA 允许放宽到 16.5%（SMA16）或 16%（SMA19），VFA 允许放宽到 70%。

③粗集料骨架间隙率 VCA 的关键性筛孔，对 SMA19、SMA16 是指 4.75mm，对 SMA13、SMA10 是指 2.36mm。

④稳定度难以达到要求时，容许放宽到 5.0kN（非改性）或 5.5kN（改性），但动稳定度检验必须合格。

表 3-12　SMA 配合比设计检验指标

试验项目	单位	技术要求		试验方法
		不使用改性沥青	使用改性沥青	
车辙试验动稳定度	次/mm	≥1500	≥3000	T 0719
浸水马歇尔试验残留稳定度	%	≥75	≥80	T 0709
冻融劈裂试验的残留强度比		≥75	≥80	T 0729
低温弯曲试验破坏应变	με③	≥2300①	≥2800②	T 0728
车辙试件渗水系数	mL/min	≤80		T 0730

①表中数值是针对冬寒区，对于冬严寒区要求不小于 2600，对于冬冷区和冬温区要求不小于 2000。
②中数值是针对冬寒区，对于冬严寒区要求不小于 3000，对于冬冷区和冬温区要求不小于 2500。
③με 表示微应变，单位 10^{-6}，无量纲，其表示长度的变形量与原来尺寸比值。

尽管设计方法中针对普通沥青和改性沥青均给出了相应的设计要求，但就我国目前的实际使用状况而言，SMA 一般均使用改性沥青，并且掺加纤维稳定剂。

3.4　基于多点支撑骨架状态的混合料体积设计方法

传统的悬浮密实型沥青混合料由于高温稳定性较差，已较难适应现代重载交通的要求，因此，类似 SMA、LSAM 等具有较强骨架结构的沥青混合料越来越受到欢迎，尤其是骨架密实型沥青混合料可以同时提供较好的内摩阻力和黏聚力，已经成为目前沥青混合料的发展方向。但是基于 3.3 节的描述可以看出，目前的 SMA 设计方法仅包括沥青用量的经验性确定方法，对于级配的选择没有给予足够的重视，且矿质混合料级配选择与沥青用量确定之间缺少必要的联系。本书基于前期研究成果，提出一种新型的基于多点支撑骨架状态的混合料体积设计方法，为进一步规范 SMA 设计，指导就地热再生 SMA 设计提供参考，也为建立直观、明确的骨架型沥青混合料配合比设计方法奠定良好基础。

3.4.1　理论公式

结合胶浆理论和相关研究结论认为，在骨架型沥青混合料中，≥4.75mm 的粗集料相互支撑形成了混合料的骨架结构，而<4.75mm 颗粒的细集料和填料，则填充在骨架结构的空隙（VCA）中形成整个矿质混合料体系，沥青胶结料进一步填充在矿质混合料体系的间隙（VMA）中而形成整个沥青混合料。由以上对沥青混合料体积构成的分析可以得出如下公式：

$$
\begin{cases}
G+g=100\% & \text{(3-2a)} \\[2mm]
\dfrac{g}{\rho_{\mathrm{g}}}=\dfrac{G}{\rho_{\mathrm{s}}}\left(\dfrac{\mathrm{VCA}-\mathrm{VMA}}{100}\right) & \text{(3-2b)} \\[2mm]
\dfrac{P_{\mathrm{a}}}{\rho_{\mathrm{a}}}=\left(\dfrac{\mathrm{VMA}-\mathrm{VV}}{100}\right)\dfrac{G}{\rho_{\mathrm{s}}} & \text{(3-2c)}
\end{cases}
$$

式中,G 为矿质混合料中粗集料($\geqslant4.75\text{mm}$)的比例(%);g 为矿质混合料中(包括填料在内的)细集料($<4.75\text{mm}$)的比例(%);P_{a} 为混合料的油石比(%);ρ_{g} 为细集料和填料混合后的密度(g/cm^3);ρ_{s} 为粗集料的紧密堆积密度(g/cm^3);ρ_{a} 为沥青的密度(g/cm^3);VCA 为粗集料紧密堆积状态下的空隙率(%);VMA 为矿料间隙率(%);VV 为沥青混合料的空隙率(%)。

式(3-2a)~式(3-2c)是在粗集料多点支撑骨架状态(后续级配设计中会进一步加以阐述)的基础上,建立起来的以沥青混合料体积参数为核心设计参数的混合料设计方法,将其命名为基于多点支撑骨架状态的混合料体积设计理论(volumetric mix design method based on multi-supporting framework condition,VS 设计理论意为体积-支撑点设计理论)。

式(3-2a)代表的含义是,矿质混合料由粗集料、细集料和填料构成。

式(3-2b)代表的含义是,在压实后的混合料体积中,由粗集料构成了骨架状态,其骨架的构成形式与粗集料紧密堆积状态相同,没有被细集料撑开;在此堆积状态下,粗集料混合料的密度为 ρ_{s},空隙率为 VCA。矿质混合料中的细集料和填料都填充在 VCA 中,经过填充后,剩余的空隙率为 VMA。

式(3-2c)代表的含义是,在压实后的混合料体积中,沥青填充在 VMA 中,未被沥青填充的空间构成了混合料的空隙率 VV。

由此,可以确定 VS 沥青混合料设计方法的总体设计流程,如图 3-5 所示。

3.4.2　级配设计

基于前述的理论公式可以看出,VS 设计法中粗集料和细集料是作为两个单独的部分存在的,因此二者的级配也单独进行设计。

1. 粗集料骨架模型与级配组成确定

由于粗集料是整个骨架结构的主要组成部分,也是沥青混合料的受力主体,因此为确保骨架结构的稳定,必须在粗一级颗粒的周围分布尽可能多的细一级颗粒,通过大量的接触点为粗一级颗粒提供足够的保护。因此,针对粗集料部分提出如

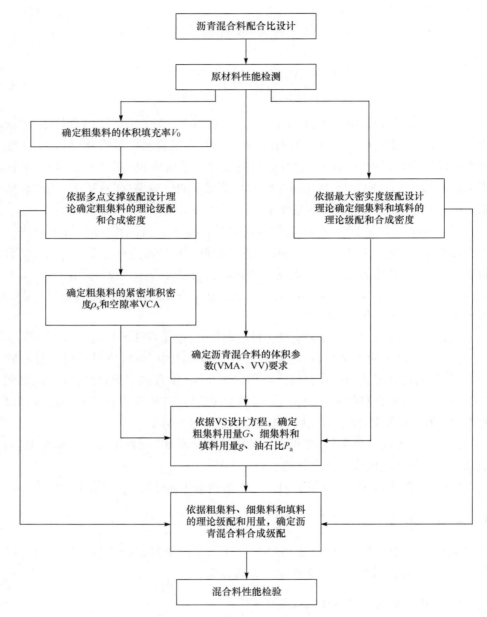

图 3-5　基于多点支撑骨架状态的混合料体积设计方法的设计流程

图 3-6 所示的级配模型,在该模型中,将集料颗粒假定为球体,而集料颗粒间为均匀的分布接触,粗一级颗粒 D 的周围密布细一级颗粒 d,并将此模型称为粗集料多点支撑骨架结构。在该模型中,粗一级颗粒 D 周围分布着尽可能多的细一级颗粒

d,在此种条件下粗一级颗粒和细一级颗粒间可获得最多的接触点,从而确保该骨架体系获得最大的承载能力。同理,对于细一级颗粒 d 应有尽可能多的更细一级颗粒包围在其周围,以此类推,直到最细一级颗粒。

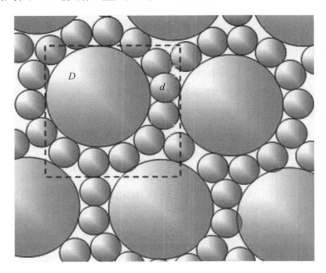

图 3-6　多点支撑骨架结构平面模型

为确定该模型中不同粒径颗粒的含量,可选取图 3-6 中的虚线所示的单元,并将此单元拓展为三维立方体模型单元,该三维立方体模型单元的边长为 $(D+d)$,在该立方体中仅有一个大颗粒集料 D,在其周围满布着小颗粒集料 d,因此大颗粒 D 在该单元内的体积填充率为

$$V_1 = \frac{\frac{1}{2}\pi D^3}{(D+d)^3} \tag{3-3}$$

如果图 3-6 的模型中仅有大颗粒 D,而没有小颗粒 d 时,则三维立方体模型单元的边长为 D,在该立方体中,大颗粒 D 在单一粒径混合料中的体积填充率为

$$V_c = \frac{\frac{1}{6}\pi D_1^3}{D_1^3} \tag{3-4}$$

将式(3-3)和式(3-4)相除,则得到多点支撑骨架结构模型中粗一级颗粒 D 应占的体积百分率公式:

$$\frac{V_0}{V_1} = \left(\frac{D+d}{D}\right)^3$$

$$V_1 = \frac{V_0}{\left(1+\dfrac{d}{D}\right)^3} \tag{3-5}$$

其中,粗一级颗粒单独填充时的填充率 V_0 = 堆积密度/表观密度。根据式(3-5)计算出第一级颗粒 D 的含量后,可按同样模型和公式计算细一级颗粒 d 和更细小颗粒按多点支撑组合时,细一级颗粒 d 应占的体积比,但此时应扣除 D 所占的体积 V_1,如此递推直到最后一级颗粒。

由式(3-5)可以看出,为确定矿质混合料的级配,需对不同粒径颗粒单独填充时的体积填充率 V_0 进行测试,试验结果表明,对于粗集料(≥4.75mm) V_0 基本不随粒径而变化,而趋于稳定的某一值,且当不同粒径的粗集料相互混合时,V_0 的变化量也较小,见表 3-13 和表 3-14,因此,计算中可采用统一的 V_0 值进行计算。

表 3-13　单一粒径的体积填充百分率

粒径/mm		19.0	16.0	13.2	9.5	4.75	2.36
V_0/%	第一次	60.851	60.684	60.989	60.736	60.963	57.836
	第二次	60.888	60.662	60.848	60.721	60.866	57.476
	第三次	60.978	60.896	60.978	60.900	61.279	57.550
	平均值	60.906	60.747	60.938	60.786	61.036	57.621

表 3-14　不同粒径混合时体积填充百分率

19.0 : 16.0 : 13.2 颗粒的混合						
比例		1:4:2.5	1:6:6	0:2:2	1:1:1	1:2:2
V_0/%	第一次	61.331	61.331	61.907	61.311	61.215
	第二次	61.375	61.420	61.825	61.266	61.237
	平均值	61.353	61.375	61.866	61.288	61.226

19.0 : 16.0 : 13.2 : 9.5 颗粒的混合						
比例		1:4:2.5:2	1:6:6:4	0:2:2:2	1:1:1:1	1:2:2:2
V_0/%	第一次	62.126	61.138	60.331	61.732	61.457
	第二次	62.260	61.074	60.929	61.662	61.457
	平均值	62.193	61.106	60.630	61.697	61.457

2. 细集料(包括填料)级配组成的确定

在击实状态下,粗集料(≥4.75mm 集料)形成了严格的骨架结构,根据式(3-3)的设计思路,包括填料在内的细集料(<4.75mm 集料)应填充在粗集料形成的骨架空隙 VCA 中;但试验发现,在击实成型的粗集料骨架中,只要添加 3% 的2.36mm 的集料,就会使整个体系的体积明显增加,见表 3-15,也即 2.36mm 集料的存在会明显撑开粗集料形成的骨架结构;同样,有资料表明,在粗集料(≥4.75mm 集料)骨架中即使添加 1% 的 2.36mm 集料,也会破坏骨架结构,而1.18mm 集料的含量超过 4.5% 时才会撑开骨架;相关研究也通过试验证明,在SMA 中增加 2.36mm 的集料含量将显著降低混合料的动稳定度。因此,为确保骨架结构的完整性,建议剔除 2.36mm 的集料,也即形成间断级配。

表 3-15　细集料对粗集料骨架高度的影响

细集料含量/%		0	3	4	5
粗集料骨架高度/mm	2.36	62.8	65.4	65.7	66.3
	1.18		63.0	63.6	64.6

由于细集料(包括填料)的作用是填充粗集料的骨架间隙,因此对于填充于粗集料骨架空隙中的细集料的级配,可依据最大密实度的填充理论来进行设计,也即按式(3-6)计算细集料级配。通过设计密实度较高的细集料混合料(包括填料在内),可以有效降低混合料的总空隙率,从而形成骨架密实状态。

$$P_i = \left(\frac{d_i}{D}\right)^n \times 100\% \qquad (3-6)$$

式中,P_i 是粒径为 d_i 的细集料的筛孔通过百分率;D 为细集料颗粒中的最大粒径,$D = 2.36mm$;n 为试验指数。

在传统的最大密实度理论中,n 的取值通常为 0.35~0.45,按照 SuperPAVE观点宜取 $n = 0.45$。但对于用于填充骨架空隙的细集料的级配,不可按上述常规取值进行计算。

在典型的骨架型混合料中,如果仅有粗集料的骨架作用而没有沥青胶泥的约束作用,粗集料很容易发生"失稳"破坏。所以提高沥青胶泥的劲度,才能使 SMA一类骨架型混合料充分发挥其骨架结构的特点,从而得到强度较高的 SMA。因此,在 SMA 中通常采用远高于普通沥青混合料的粉胶比,同时还普遍使用纤维和改性沥青,以此来提高沥青胶泥的劲度。相关研究通过试验也发现在细集料数量相等的情况下,细集料的粒径大小对沥青混合料的高温稳定性的影响非常明显,细集料的细度增加,沥青混合料高温稳定性增强。

因此,为使本设计方法所配制的多点支撑骨架结构能够充分发挥作用,必须采用高粉胶比,提高沥青胶泥的劲度。为提高混合料中填料的含量,必须降低式(3-6)中的系数 n,相关研究通过对现有 SMA 级配的回归分析认为,细集料 n 的适宜取值为 0.22~0.25。在本设计方法中建议,n 取值可在 0.2~0.45,由此便可以确定细集料(包括填料)的级配。

3.4.3 设计参数确定

在式(3-2a)~式(3-2c)中,粗集料的紧密堆积密度、细集料的密度、沥青密度和粗集料紧密堆积空隙率是可由试验测定的。而矿料间隙率 VMA 和混合料空隙率 VV,是混合料设计过程中的核心控制参数,通过调整 VMA 和 VV 可获得具有不同体积性质和路用性能的沥青混合料。粗集料含量、细集料(包括填料)含量和油石比是需要通过计算得到的未知数,三个未知数受三个方程的约束,因此通过该方程可获得确定的混合料配合比。

1. 混合料体积参数

目前体积设计法的观念已深入人心,在没有更有效的沥青混合料性能评价指标之前,体积参数被普遍认为是影响混合料性能的重要参数,因此各种设计方法中都对矿料间隙率 VMA 和混合料空隙率 VV 提出了明确的要求。我国新版的《公路沥青路面施工技术规范》(JTG F40—2004)中就对混合料的 VMA 和 VV 提出了细致的规定,见表 3-16。

表 3-16 现行规范对 VMA 和 VV 的要求

设计空隙率/%	相应于公称最大粒径的最小 VMA 技术要求/%					
	26.5mm	19mm	16mm	13.2mm	9.5mm	4.75mm
2	10	11	11.5	12	13	15
3	11	12	12.5	13	14	16
4	12	13	13.5	14	15	17
5	13	14	14.5	15	16	18
6	14	15	15.5	16	17	19

由表 3-16 可以看出,现行规范对 VMA 和 VV 的规定是非常详细的,这一规定主要源于美国沥青协会和美国联邦公路局的研究成果。如此详细的规定,说明了上述参数对混合料性能有重要影响;另外,也为基于多点支撑骨架状态的混合料体积设计方法提供了方便。但由于上述要求是针对传统密级配沥青混合料的,而本方法所配置的骨架型混合料通常具有较高的 VMA,因此建议在选取 VMA 时,在表 3-16 的基础上适当增加 VMA,增加的幅度为 2%~4%。

2. 粗集料的紧密堆积密度

对于粗集料的紧密堆积状态,目前有不同的定义和测试方法,包括捣实成型方法、振动成型方法和击实成型方法。在 SMA 设计方法中,通常采用捣实成型的方法测试 VCA$_{DRC}$,并以此作为判断混合料骨架构成的指标。

分析认为,式(3-2a)～式(3-2c)中的粗集料紧密堆积状态密度 ρ_s,是用于确定压实后的混合料内部各组成成分的比例,因此 ρ_s 不能简单定义为捣实状态下的密度,而应定义为与马歇尔试件成型过程近似的击实条件下的密度。因此,本方法选择了单面击实 100 次(仅击一面)条件下的紧密堆积状态密度。表 3-17 为由 13.2mm、9.5mm 和 4.75mm 的玄武岩颗粒组成的矿质混合料在不同成型方式下的密度。可以看出,混合料的击实密度明显高于捣实密度和振动密度。

表 3-17　不同成型方式下粗集料的密度

成型方式	捣实	振动	击实
密度/(g/cm^3)	1.751	1.779	1.812

3.4.4　设计算例

通过对式(3-2a)～式(3-2c)中各参数测定方法和取值作如上规定后,就可以进行沥青混合料的配合比设计。选取最大颗粒粒径范围为 13.2～16mm 的玄武岩集料,根据图 3-7 和式(3-2a)～式(3-2c)进行配合比设计,其设计过程如下。

1. 确定原材料的密度

设计过程中,需利用到矿料和沥青的密度,其测试方法可按现行规范中规定的方法进行,实测结果见表 3-18。

表 3-18　原材料密度

粒径/mm	13.2	9.5	4.75	1.18	0.6	0.3	0.15	0.075	<0.075	沥青
密度/(g/cm^3)	2.828	2.943	2.953	2.958	2.962	2.970	2.965	2.958	2.735	1.031

2. 测试粗集料的体积填充率 V_0

根据式(3-5),为计算粗集料在多点支撑骨架状态下的级配组成,必须测试粗集料在单一粒径条件下的体积填充率 V_0。其测试方法采用捣实成型方法进行测试,实测结果 13.2mm 集料颗粒的体积填充率为 57.42%。

3. 确定粗集料的理论级配及合成密度

根据式(3-5),粗集料在多点支撑骨架状态下的理论级配组成仅与集料的体积填充率和粒径之比有关,因此可根据式(3-5)先行计算出粗集料的理论级配,其计算结果见表 3-19。

表 3-19　粗集料的理论级配

粒径/mm	体积填充百分率/%	需填充的体积/%	d/D	各级集料体积百分率/%	筛余百分率/%
13.2		100	0.7197	11.29	23.47
9.5	57.42	88.71	0.5000	15.09	31.37
4.75		73.62	0.2484	21.72	45.16
1.18	—	—	—	—	—

　　根据前面的论述,2.36mm 的颗粒会对集料的骨架产生明显的"撑开"破坏作用,因此宜在 2.36mm 处间断,所以表 3-19 中 4.75mm 的下一级为 1.18mm。表 3-19 中的筛余百分率是根据计算得到的不同粒径颗粒的体积百分率,以粗集料的总量为 100%,计算出来的各粒径颗粒在粗集料组成中应具有的质量百分比。严格来讲,将表 3-19 中的各级集料体积百分率换算成质量筛余百分率时,应考虑到各级集料密度的不同,但对于同一料源的集料,其密度随粒径变化不大,因此也可不考虑密度的影响。

　　根据表 3-19 中的级配及表 3-18 中各粒径的密度,可计算出粗集料的混合料密度:

$$\rho_G = \frac{100}{\dfrac{23.47}{2.828}+\dfrac{31.37}{2.943}+\dfrac{45.16}{2.953}} = 2.920(\text{g/cm}^3)$$

4. 细集料的理论级配及合成密度

　　细集料的理论级配根据式(3-6)进行计算,此处取 $n=0.25$,代入式(3-6),则可计算出细集料的理论级配见表 3-20。

表 3-20　细集料的理论级配

粒径/mm	2.36	1.18	0.6	0.3	0.15	0.075	<0.075
筛孔通过百分率/%	100	84.09	71.01	59.71	50.21	42.22	—
筛余百分率/%	0	15.91	13.08	11.30	9.50	7.99	42.22

　　根据表 3-20 的级配,可计算出细集料和填料的混合料合成密度:

$$\rho_g = \frac{100}{\dfrac{15.91}{2.968}+\dfrac{13.08}{2.962}+\dfrac{11.30}{2.970}+\dfrac{9.50}{2.965}+\dfrac{7.99}{2.958}+\dfrac{42.22}{2.735}} = 2.863(\text{g/cm}^3)$$

5. 粗集料的紧密堆积密度 ρ_s、空隙率 VCA

　　将粗集料按表 3-19 中的相对比例,通过单面击实 100 次确定粗集料的紧密堆

积状态,并测量其密度 ρ_s 和空隙率 VCA,实测结果如下:

$$\rho_s = 1.812(g/cm^3)$$

$$VCA = (1 - \rho_s/\rho_G) \times 100\% = (1 - 1.812/2.920) \times 100\% = 37.95\%$$

6. 沥青混合料的体积参数要求

为求解式(3-2a)～式(3-2c),必须确定 VMA、VV 等混合料的体积参数,根据所设计混合料的最大粒径,选取 VMA $=17.5\%$,VV $=4.0\%$。

7. 沥青混合料的各组分用量

将上述参数代入式(3-2a)～式(3-2c),就可以计算出粗集料用量、细集料用量和油石比:

$$\begin{cases} G + g = 100\% \\ \dfrac{g}{2.863} = \dfrac{G}{1.812}\left(\dfrac{37.95 - 17.5}{100}\right) \\ \dfrac{P_a}{1.028} = \left(\dfrac{17.5 - 4.0}{100}\right)\dfrac{G}{1.812} \end{cases}$$

计算结果为:粗集料用量 $G = 73.82\%$,细集料用量 $g = 26.18\%$,油石比 $P_a = 5.65\%$。

8. 矿质混合料的级配

根据所计算出的粗集料和细集料的用量,可将表 3-19 和表 3-20 中的粗集料和细集料理论级配换算成混合料的级配,见表 3-21。

表 3-21　合成级配

粒径/mm	粗集料				细集料						
	16	13.2	9.5	4.75	2.36	1.18	0.6	0.3	0.15	0.075	<0.075
粗集料的理论筛余百分率/%	0	23.47	31.37	45.16	—	—	—	—	—	—	—
细集料和填料的理论筛余百分率/%	—	—	—	—	0	15.91	13.08	11.30	9.50	7.99	42.22
粗集料、细集料含量/%	73.82				26.18						
合成级配的筛余百分率/%	0.00	17.20	22.99	33.09	0.00	4.13	4.13	2.94	2.47	2.08	10.97
合成级配的筛孔通过百分率/%	100	82.80	59.81	26.72	26.72	22.59	18.45	15.52	13.05	10.97	—

至此,便确定了沥青混合料的级配和油石比,从而完成了配合比设计过程。

9. 性能验证

　　将表 3-21 中的合成级配与 SMA13 规范设计级配相比较,如图 3-7 所示。由图中可以看出,本设计方法合成的级配与 SMA 具有很好的相似性。规范中的 SMA 是经过工程实践反复修正后总结出来的,具有良好的路用性能。因此,图 3-7 中的相似性表明所提出的设计方法具有非常好的实用性和针对性,可直接用于指导工程实践。

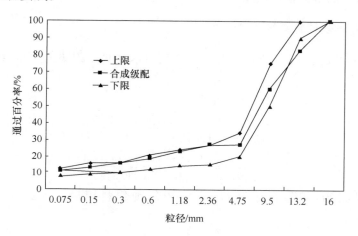

图 3-7　合成级配与 SMA 的对比

　　为检验所合成级配的性能,根据图 3-7 中合成的级配,采用 5.6% 的油石比成型马歇尔试件,测得试件性能见表 3-22。

表 3-22　合成级配的马歇尔试件性能

试件编号	视密度 /(g/cm³)	毛体积密度 /(g/cm³)	理论最大密度/(g/cm³)	VV /%	稳定度 /kN	流值 /mm	VMA /%	VCA /%
1	2.583	2.575	2.646	2.681	13.45	3.5	16.0	38.3
2	2.559	2.552	2.646	3.550	12.24	3.1	16.7	38.9
3	2.588	2.574	2.646	2.709	14.31	3.9	16.0	38.3
4	2.580	2.569	2.646	2.907	12.32	3.2	16.2	38.4

　　注:表中的 VCA 为大于 4.75mm 颗粒的空隙率。

　　由表 3-22 可以看出,马歇尔试验测得的空隙率 VV 和矿料间隙率 VMA 略小于设计值,但基本上比较接近。

　　为进一步验证合成级配的高温稳定性,按表 3-21 中的合成级配和 SMA13 规范级配的中值分别成型车辙板试件,油石比为 5.6%(SMA 中未添加纤维),分别采用普通沥青和 SBS 改性沥青测试其动稳定度,相应的试验结果如

图 3-8 所示。

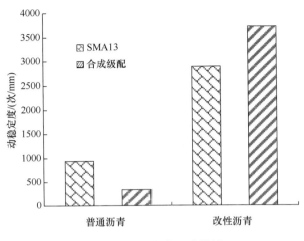

图 3-8　动稳定度试验结果

从图 3-8 中可以看出，当使用普通沥青时，VS 法所合成的级配的动稳定度明显低于 SMA，此时混合料表现出一种失稳溃散形式的破坏。但当使用改性沥青时，VS 法所合成的级配表现出良好的高温稳定性。

图 3-8 中的试验结果不仅验证了 VS 设计方法的正确性，同时也验证了沥青胶泥对骨架结构约束作用的重要性。VS 法所配制的级配，具有非常完整的骨架结构，但单一的骨架结构具有一定的脆弱性，必须以沥青的黏聚力来稳定骨架结构。因此，在级配相同的情况下，通过使用改性沥青提高了混合料内部的黏聚力，从而使混合料的骨架特性得到更充分的发挥。

10. 特点总结

由以上的设计步骤可以看出，所提出的 VS 混合料设计理论与传统混合料设计理论明显不同，主要表现在以下三点

（1）传统的级配设计理论多是以几何模型为核心，不涉及与具体材料有关的参数，因此对各种不同的集料存在统一的级配形式。基于多点支撑骨架状态的混合料体积设计方法，在以三维几何模型为基础的同时，引进了粗集料体积填充率 V_{0}、原材料密度、粗集料紧密堆积密度 ρ_{s} 和矿料间隙率 VMA、空隙率 VV 等试验参数，因此随着集料原材料的不同，特别是粗集料堆积性能的不同，所计算出的级配自然也就有所变化，从而使级配设计更具针对性。

（2）传统的级配设计理论都是将矿质混合料的级配作为单独体系进行设计，进行完级配设计后，再进行混合料的配合比设计，使矿料的级配与沥青混合料的构

成和性能间没有明确关系。而基于多点支撑骨架状态的混合料体积设计方法首次将级配设计与混合料设计完整地联系在一起,使矿料级配随沥青混合料的配合比设计目标的不同而不同。

(3) 矿料间隙率 VMA 和空隙率 VV,目前被普遍认为是沥青混合料最重要的性能参数,但在传统的级配设计方法中,VMA 和 VV 都是"事后验证参数",对配合比设计过程的指导意义不大。而基于多点支撑骨架状态的混合料体积设计方法,将 VMA 和 VV 提升为设计过程中最重要的控制参数,使级配设计服从于混合料性能的要求。

图 3-9 为根据所建立的 VS 级配设计方法,分别设计的最大粒径为 26.5mm和 19mm 的骨架密实型混合料的级配与 SMA19 和 SMA16 规范设计级配曲线的对比。由图中可以看出,其曲线的吻合程度也较好,表明 VS 设计方法具有普遍的实用性。同时也说明,SMA 在长期实践的基础上确实形成了比较实用的骨架密实型结构组成,结合 3.2.2 节的理论模型分析,说明 SMA 确实是一种比较理想的混合料应用类型。因此,其再生利用也就显得更加重要。

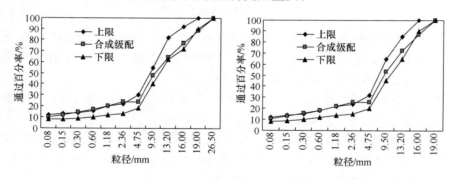

图 3-9　不同粒径的合成级配与 SMA 级配的对比

第 4 章　SMA 老化特性

4.1　概　　述

　　相对于普通热拌沥青混合料,SMA 具有其独特的组成特性:骨架结构突出,沥青胶结料用量大,且一般情况下均使用了改性沥青和纤维稳定剂。可以看出,SMA 的性能源自于沥青胶结料、集料骨架及纤维稳定剂三种主要组分材料的共同作用。因此,可以判断 SMA 性能的老化应是各种组分性能老化的综合宏观体现。因此,本章重点分析 SMA 中不同组分材料——沥青胶结料、集料骨架及纤维稳定剂的老化特性,以便更深入地了解 SMA 性能的老化机理。

　　沥青胶结料是沥青混合料性能稳定的重要来源。虽然对于不同的改性沥青,其改性及老化机理均有所不同,但作为基质沥青与改性剂的混溶体,各种改性沥青老化机理具有一定的相通性。图 4-1 所示为目前国际范围内常用的改性剂,可以看出,SBS 是目前使用最广泛的改性剂。尤其是在我国,SBS 改性沥青应用比例超过了 50%,占据了统治地位,近年来修筑的 SMA 路面几乎全部使用了 SBS 改性沥青。由于 SBS 改性沥青是公认的综合性能优越且使用最为广泛的改性沥青之一,因此,本章重点通过 SBS 改性沥青与基质沥青的对比分析,阐述沥青的老化特性,相应的分析结果也能为其他改性沥青老化特性的研究提供一定的借鉴和参考。

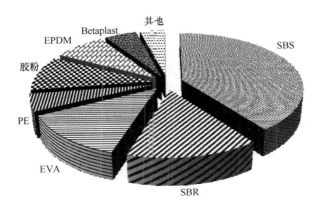

图 4-1　常用沥青改性剂种类

　　研究表明[51],混合料集料间的互相嵌挤咬合形成的骨架结构是承受外界荷载的主体,沥青性能对于高温稳定性的贡献通常小于 30%,传统的悬浮密实型沥青混合料,其矿料内摩阻力的贡献率在70%左右,而具有明显骨架结构的混合料,其矿料内摩阻力的贡献率可高达80%左右。因此,在车辆荷载反复作用下,集料骨架结构如果产生衰变必然会引起SMA整体性能的衰退。本章重点阐述集料骨架的破碎特性,不仅有助于了解SMA的老化特性,同时为后续老化SMA的再生与性能恢复奠定基础。

作为SMA的重要组成部分,良好的纤维性能与合理用量能够起到吸附、分散和稳定沥青矿粉胶团的作用,从而防止泛油等病害的产生,同时能够在集料和沥青胶团间起到增黏和加筋作用,进而有效地提高SMA综合路用性能。因此,若纤维性能出现衰退同样会引起SMA性能的降低。本章重点通过室内试验分析不同纤维的老化特性,以便更深入地了解SMA的老化特性。

4.2　沥青老化特性

沥青在生产以及长期使用过程中,会受到各种自然因素,如氧、温度、水、紫外线及车辆荷载等的作用,发生一系列的挥发、氧化、聚合,乃至内部结构变化,导致沥青的性质逐渐发生变化(老化),最终导致沥青混合料性能衰退。

4.2.1　老化影响因素

选取AH90基质沥青以及相应的SBS70改性沥青,进而在室内老化试验中有针对性地引进各种老化影响因素,分析不同老化因素对基质沥青和改性沥青老化性能的影响规律。

1. 热氧老化

为分析热氧对沥青老化性能的影响,采用旋转薄膜烘箱(RTFOT)试验,设计不同的温度及气体环境试验条件:①100℃及氮气(100-N₂);②100℃及氧气(100-O₂);③163℃及氮气(163-N₂);④163℃及氧气(163-O₂),试验时间均为90min。重点采用SHRP试验测试135℃黏度,表征高温性能的车辙因子$(G^*/\sin\delta)$和表征低温性能的蠕变劲度模量(S)及蠕变劲度变化速率(m)的变化情况,分析不同老化条件对沥青性能的影响规律。

从图4-2中的试验结果可以看出,在100℃相对低温和N₂条件下,沥青的性能变化较小;随着O₂和163℃高温的分别单独介入,均能造成沥青性能的进一步劣化,但是单独高温作用造成的性能损失要较低温氧化造成的性能损失更加明显;而在高温和氧气的同时作用下,沥青性能劣化程度最大,明显大于前面三种情况。

因此,无论是基质沥青还是改性沥青,高温在沥青老化过程中都主要起到两个作用:一是造成轻质组分挥发;二是在沥青氧化过程中使沥青分子活动加剧,氧化程度加深,从而起到氧化催化作用。所以,从这个意义上来说,高温是催化剂,氧化是老化的本质。

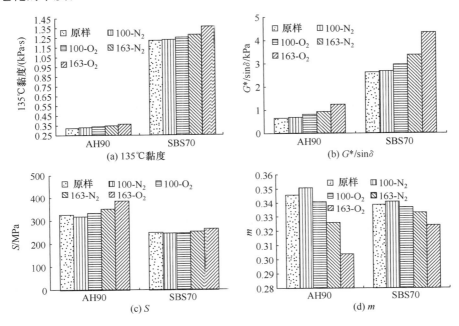

图 4-2　不同试验条件下 RTFOT 老化沥青 SHRP 试验结果

同时可以看出,基质沥青与改性沥青具有基本相同的热氧老化趋势,说明 SBS 改性沥青的性能老化规律在很大程度上仍然受到其中基质沥青相的影响;但基质沥青经 SBS 改性后,不论是老化前还是老化后高温抗车辙能力以及低温抗开裂性能都有较大改善,不仅如此,改性沥青老化后各指标的变化幅度均小于基质沥青,表明改性剂的存在使得改性沥青具有良好的抗热氧老化性能。

2. 水老化

相关研究[52]指出水分能够通过热、氧气以及阳光等因素在沥青路面范围内对沥青产生老化作用。因此,对 SHRP 的压力老化试验方法(PAV)进行改进,先通入 0.2MPa 的水汽,然后再加入氧气到规定压力,对试验沥青进行热氧水综合老化,研究水影响因子对沥青老化性能的影响。

图 4-3(a)和(b)测试了基质沥青和改性沥青在不同老化阶段——旋转薄膜烘箱短期老化 90min(R),旋转薄膜烘箱短期老化后再 PAV 老化 5h(R+P5),旋转薄膜烘箱短期老化后再 PAV 老化 10h(R+P10),旋转薄膜烘箱短期老化后再 PAV 老化 15h(R+P15)以及旋转薄膜烘箱短期老化后再 PAV 老化 20h(R+P20)——的车辙因子 $G^*/\sin\delta$ 及蠕变劲度 S 的变化情况。图 4-3(c)和(d)给出了

基质沥青与改性沥青经无水(dry)和有水(wet)两种试验条件最终老化后,不同温度的车辙因子 $G^*/\sin\delta$ 及蠕变劲度 S 的测试结果。

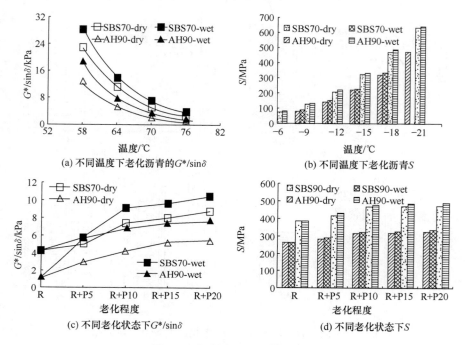

(a) 不同温度下老化沥青的 $G^*/\sin\delta$　　(b) 不同温度下老化沥青 S

(c) 不同老化状态下 $G^*/\sin\delta$　　(d) 不同老化状态下 S

图 4-3　水分对沥青性能的影响

相关研究[53]表明,沥青的老化通常在路龄开始的 30 个月内指标变化最快,后期变化幅度明显减慢。图 4-3 所示结果表明,有水分作用的长期老化试验更能体现早期性能变化大这一特点。水分引入与否,性能指标的老化变化规律在表观上基本是一致的,但是水分的引入明显加深了沥青的老化程度,尤其是基于高温性能指标的变化可以看出,达到相同的老化程度,有水分作用时,可使 PAV 压力老化时间缩短 5h 以上;同时可以看出,与热氧老化结果类似,SBS 改性沥青水老化规律与基质沥青相似,但变化程度较基质沥青小,再次验证了改性剂的存在提高了 SBS 改性沥青的抗老化性能。

3. 光老化

相关研究[54]显示当沥青暴露在太阳光下时,其氧化速率比在暗处要快得多。尽管紫外线射入沥青的深度只能达到 0.1mm 的数量级,但是分析沥青在紫外线影响下的性能变化有助于进一步理解沥青的老化特性。

将沥青分别制成不同厚度(0.03cm、0.06cm、0.09cm、0.12cm、0.15cm)的涂片,在温度设定为 45℃ 的快速紫外线老化仪内通过紫外线荧光灯照射不同时间——720h、1440h、2160h 和 2880h,分析沥青试样厚度和紫外线老化时间对沥青老化的影响。同时对部分试样进行全过程控制水气喷淋,以通过无水(dry)和有水(wet)两种不同试验条件的对比结果进一步验证水分对沥青老化的影响。

通过 0.03cm 厚度试样的 64℃ 车辙因子、25℃ 针入度以及 15℃ 延度三种指标的变化分析沥青试样紫外线老化规律,相应的试验结果如图 4-4(a)、(b)和(c)所示;进而通过 135℃ 黏度变化分析试样厚度及水分对沥青老化性能的影响,如图 4-4(d)所示。

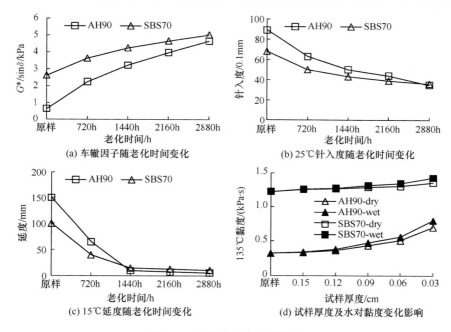

图 4-4　紫外线老化试验结果

图 4-4(a)、(b)和(c)表明,在紫外线的辐射下,无论是基质沥青还是改性沥青均出现针入度下降、车辙因子提高、延度劣化等老化现象;在整个老化过程中,改性沥青的老化速率慢于基质沥青,但其变化趋势基本相同,并且在老化末期改性沥青性能趋近于基质沥青。分析其原因:紫外线辐射不仅会造成基质沥青老化,同时会导致 SBS 改性剂失效,而 SBS 改性剂的失效则一定程度上延缓了改性沥青中基质沥青相的老化速率,起到了一定的保护作用。

从图 4-4(d)可以看出,随着试样厚度变大,老化沥青黏度降低,说明沥青试样厚度增加会大大削弱紫外线影响,也间接说明路面混合料的保护作用会大大减弱紫外线对沥青的老化深度。同时可以看出,有水分作用的试样老化后黏度比无水分作用的试样大,尤其是当试样厚度较薄时,进一步验证了水分的存在能够加剧沥青的老化进程。

综上所述,尽管在微观结构和化学机理上,热氧、水分及紫外线对沥青老化的影响会有所不同,但是从宏观性能衰变的角度,老化规律在表观上是基本一致的。由于热氧在沥青路面使用过程中始终影响着沥青的老化及性能衰变,因此可以认为它是沥青老化的主要因素,而水分、紫外线及车辆荷载等随机存在因素则在一定程度上与热氧综合作用加速了沥青的老化进程。

4.2.2　性能老化规律

为进一步直观有效地分析评价沥青老化后的性能变化规律,选用 AH90 基质沥青、相应的 SBS70 改性沥青,以及与改性沥青处于同一针入度级别的 AH70 基质沥青进行老化试验对比分析。

对选取的沥青试样首先进行旋转薄膜烘箱(RTFOT)短期老化试验,之后进行不同时间的压力老化试验(PAV)——5h、10h、20h 和 30h。对原样沥青试样(Ori)、短期老化沥青试样(RT)以及 PAV 老化不同时间的沥青试样(P5h、P10h、P20h、P30h)分别进行性能测试,以分析沥青试样随老化时间增长的性能变化规律。

1. 常规性能指标变化规律

针对三种沥青及其相应的老化试样,进行常规性能试验,测试获得的 25℃针入度及残留针入度比,软化点及软化点增长比,15℃延度和 5℃延度,弹性恢复及残留弹性恢复比如图 4-5 所示。

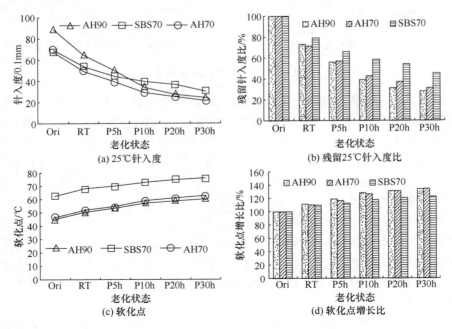

(a) 25℃针入度

(b) 残留25℃针入度比

(c) 软化点

(d) 软化点增长比

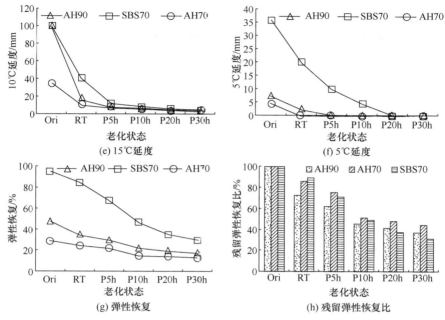

图 4-5　老化沥青常规性能指标变化规律

从图 4-5 中各指标的变化情况可以看出：

（1）改性沥青与基质沥青具有相似的性能老化规律，随着老化的进行，针入度减小，软化点增大，延度及弹性恢复均减小，而各指标的衰变速率随老化时间逐渐减缓，表明改性沥青中基质沥青的老化应该是导致改性沥青老化的主导因素。

（2）基本上在整个老化过程中，改性沥青在各指标所表征的性能绝对值上均优于基质沥青，同时各性能指标的衰变速率也弱于基质沥青，表明改性沥青不仅具有优于基质沥青的使用性能同时具有更好的抗老化性能。

（3）随着老化深度的不断增加，改性沥青性能逐渐趋近于基质沥青，尤其是在 5℃延度和弹性恢复两个指标中得到了更充分的体现，随着老化的进行，改性沥青优良的低温延度变形特性不断丧失，而其弹性恢复衰变速率甚至超过了基质沥青，表明对这两项指标起主导改善作用的 SBS 改性剂在老化作用下也在逐步失效劣化。

2. SHRP 性能指标变化规律

尽管与常规性能指标相比，SHRP 性能指标在测试与应用过程中被赋予了更多的与实际使用温度相关联的含义，但是单就指标本身的变化程度而言，不同老化深度的性能指标的对比仍然能够反映出老化对沥青性能的影响规律。

结合 SHRP 沥青结合料测试方法，通过布氏旋转黏度试验（RV）、动态剪切流变试验（DSR）和弯曲梁流变试验（BBR）测试得到不同沥青在不同老化阶段的 135℃黏度，70℃高温车辙因子 $G^*/\sin\delta$，−18℃低温蠕变劲度 S 和蠕变劲度变化

速率 m 以及各指标的变化比率情况如图 4-6 所示。通过各指标的变化规律进一步对比分析沥青性能老化变化规律。

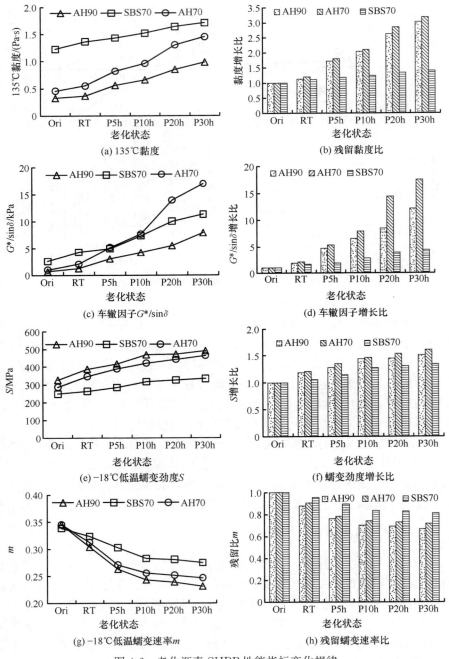

图 4-6　老化沥青 SHRP 性能指标变化规律

　　基于图 4-6 中 SHRP 指标所反映的沥青性能老化规律基本可以得到与常规性能指标类似的结论：随着老化的不断进行，黏度及车辙因子不断增加，低温劲度 S 不断增大的同时蠕变速率 m 不断减小，表明老化后沥青出现硬化脆化现象，高温性能得到增强，低温性能则表现为不断劣化。

　　结合前述的常规性能指标分析以及相关研究结论，可以认为沥青相在改性沥青与基质沥青中以相同的方式老化。而从不同老化阶段各指标与原样沥青的变化比值可以看出，改性沥青的指标变化或衰变速率明显小于基质沥青，表明改性剂的存在提高了改性沥青的抗老化性能。

3. 测力延度试验分析

　　为进一步明确 SBS 改性沥青的老化特性，探究 SBS 改性沥青老化规律与基质沥青老化规律的本质不同，采用测力延度试验对沥青性能老化规律做进一步深入探讨。针对 AH90 和 AH70 基质沥青及相应的 SBS 改性沥青的原样、RTFOT 短期老化试样和 PAV 长期老化试样进行测力延度试验，相应的试验结果如图 4-7 所示。

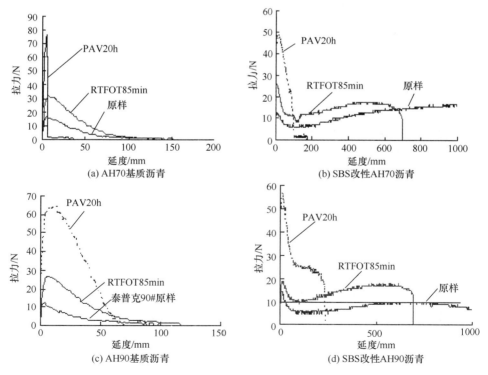

图 4-7　不同沥青不同老化状态下的测力延度试验结果

对比原样沥青的测力延度曲线可以看出,无论是基质沥青还是改性沥青,在拉伸过程中,拉伸应力会在很短的时间内达到峰值,此时的力就是沥青的屈服力;对于基质沥青,到达屈服力之后,随着变形的增加,拉力降低很快直至几乎为零,变形持续一段时间后断裂;而对于 SBS 改性沥青,到达屈服力之后,拉力亦会有一个短暂的降低过程,而随着变形的继续增加应力基本保持恒定或有所增加直至最后断裂。

因此,与基质沥青相比,SBS 改性剂的作用使得 SBS 改性沥青的测力延度拉伸曲线明显不同于基质沥青:二者都有拉力随着延度增加迅速增长和迅速下降的阶段,这两个阶段主要反映了基质沥青在测力延度试验拉伸过程中的作用;而相比于基质沥青,SBS 改性沥青多了一个拉力随着延度增长保持不变甚至略微增长的后续阶段,这一阶段则主要反映了 SBS 改性剂在测力延度试验拉伸过程中的作用;同时可以看出,SBS 改性沥青相比于基质沥青具有更大的屈服力和拉伸延度,而测力延度曲线所包围的面积也反映了 SBS 改性沥青会消耗更大的拉伸功,这些都是 SBS 改性剂作用的积极体现。

进一步观察图中的老化沥青的测力延度曲线可以看出,经过短期老化后,无论基质沥青还是改性沥青的拉伸峰值力均明显增加,而延度则明显减小,但仍然保持着与各自原样沥青类似的曲线形状,说明 SBS 的改性作用依然存在,改性沥青在此阶段的老化主要是由基质沥青相的老化造成;进一步经历长期老化后,改性沥青的测力延度曲线后半部分的峰值曲线明显消失,曲线形状与基质沥青趋于近似,表明 SBS 改性剂基本失去了原有的改性作用;同时可以看到,无论是短期老化还是长期老化,基质沥青都表现出大于改性沥青的屈服力和明显小于改性沥青的延度,说明在 SBS 改性剂的保护下改性沥青的基质沥青相老化程度弱于基质沥青,体现出优越的抗老化性能。

测力延度试验结果表明,SBS 改性沥青的老化是改性剂老化和基质沥青相老化的综合表征,与前述的常规和 SHRP 性能试验分析结论是一致的。

4.2.3　微观结构分析

宏观性能的衰减实质上是微观组成与结构变化的宏观反应。但是沥青微观结构十分复杂,微观结构与路用性能之间的关系至今没有探究清楚,各国在进行沥青性能分析时一般不用微观结构作为评价指标,但是依然认为沥青的老化主要是由于氧化造成其内部官能团的变化所造成的。因此,结合前述宏观性能的分析,本节进一步对沥青老化的微观结构变化做初步的探讨分析,以期更好地了解沥青性能的老化机理。

1. 组分分析

沥青胶体结构理论认为,沥青质颗粒吸附胶质形成胶团,通过胶质胶溶作用分散在由液态的芳香分和饱和分组成的介质中,从而形成稳定的四组分胶体结构。而关于组分的通常认识是,饱和分和芳香分对沥青起到润滑和软化的作用,是构成稳定沥青胶体结构必需的分散介质;胶质具有良好的塑性和黏附性,是沥青质稳定于胶体结构中的必需组分,对沥青的黏结力和延度有较大影响;沥青质是沥青液态组分的增稠剂,对沥青的流变性及温度稳定性影响较大。因此,合理的组分含量组成是沥青性能的基本保障。

除组分组成外,沥青的结构体系也是影响其性能的重要方面。根据热力学原理,软沥青质对沥青质的胶溶能力越好,沥青结构体系越稳定,其性能越稳定,抗老化性能好。研究认为,胶体不稳定指数可较好地反映沥青结构体系的稳定性,其值越大,沥青越趋于凝胶型,胶体结构越不稳定。沥青胶体不稳定指数可根据式(4-1)进行计算。

$$I_c = (S + A_s)/(R + A_r) \tag{4-1}$$

式中,S、A_r、R、A_s 分别为沥青中饱和分、芳香分、胶质和沥青质所占的百分含量。

采用四组分分析法对前述沥青性能老化规律分析中得到的 AH90 基质沥青及 SBS70 改性沥青在不同老化阶段的试样进行分析。相应的试验结果如图 4-8 所示。

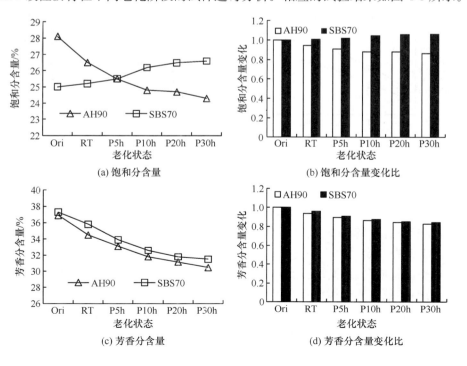

(a) 饱和分含量　　　　　　　　　(b) 饱和分含量变化比

(c) 芳香分含量　　　　　　　　　(d) 芳香分含量变化比

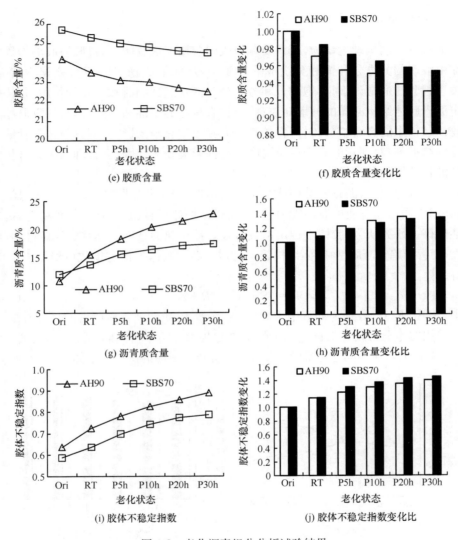

图 4-8　老化沥青组分分析试验结果

　　相较于原样 AH90 基质沥青,SBS70 改性沥青饱和分含量较高,芳香分变化不大,而胶质有所增加,且胶体不稳定指数明显减小。由前述的分析可知,饱和分含量的上升在一定程度上提高了改性沥青的软化度;芳香分含量变化不大仍然保证了对硬沥青质良好的胶溶能力;胶质的增加有利于改善改性沥青的流变性和塑性;沥青质的减少使改性沥青在老化过程中与未老化沥青的温度敏感性相近,降低了其稠度;胶体不稳定指数的降低在总体上反映了这种组分间的变化使得沥青老化过程较慢,抗老化性能上升。基于前述的性能试验可知,改性沥青无论是高低温流变性能还是耐久抗老化性能均较基质沥青有良好的改善,因此微观组分结构的变化与宏观性能的改善基本是一致的。

在整个老化过程中,除去饱和分之外的其余三种组分,两种沥青具有类似的变化规律,基本都表现为芳香分明显降低,胶质略有减小,而沥青质含量明显增大,符合芳香分向胶质、胶质向沥青质转变的重度化变化规律,可以认为反映了基质沥青相的基本变化规律;而饱和分的变化规律,改性沥青与基质沥青明显不同,基质沥青饱和分明显减少,改性沥青则变化不大甚至略有增长,除去试验误差的影响,其可能的原因在于改性剂的加入减少饱和分初始含量的同时在老化过程中改性剂不仅会抑制饱和分含量的减少同时会裂解出部分饱和分,一定程度上可以认为反映了改性剂的存在对改性沥青老化的影响;同时可以看出,改性沥青的组分变化速率明显弱于基质沥青,说明改性沥青老化速率小于基质沥青,这一点与宏观性能结论基本一致;而改性沥青胶体不稳定指数的变化速率则略大于基质沥青,应该是由于改性剂的老化导致改性沥青良好的微观结构劣化造成,但可以看到整个老化过程中改性沥青胶体不稳定指数均小于基质沥青,则说明改性剂的存在有效提高了改性沥青的抗老化性能。

鉴于目前组分析技术的局限性,其对改性沥青组分分析的适用性也还有待验证。但是上述的试验结果仍然在一定程度上验证了老化沥青宏观性能的变化规律。

2. 红外光谱分析

红外光谱分析法(infrared spectrum analysis)是在聚合物化学结构分析研究中最常用的方法之一[55]。其基本原理是根据不同物质对不同波长的红外辐射吸收程度不同形成不同的红外光谱,尤其是对于一些功能团,由于具有特征红外吸收峰,所以可以根据各种物质的红外特征吸收峰的位置、数目、相对强度和形状等参数,推断试样物质中存在哪些基团,并确定其分子结构。因此,红外光谱分析法在鉴定老化沥青的特征官能团方面具有良好的适用性。针对前述基质沥青和改性沥青的原样试样(Ori)、RTFOT 短期老化试样(RT)以及 PAV 长期老化 5h 和 20h 的试样(P5h 和 P20h)进行红外光谱分析试验。

基质沥青不同试样的红外光谱试验结果(不同波数和透射率的关系曲线)如图 4-9 所示。对比原样基质沥青的红外光谱可以发现,老化后的沥青在 $1654cm^{-1}$ 和 $1024cm^{-1}$ 处出现明显的特征峰,分别为 C=O 键(羰基)的特征峰和 S=O(亚砜)的特征峰,可以认为基质沥青的老化过程主要发生了吸氧氧化。沥青老化后羰基含量增加,证明沥青老化过程中生成了醛、酮、酯或羧酸类等含氧组分。另外,沥青老化后 $1024cm^{-1}$ 处出现亚砜,证明硫元素对沥青老化过程也有一定的影响。沥青老化过程中,官能团与氧结合形成的羰基、亚砜等极性或两性基团使沥青分子间

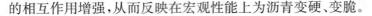

的相互作用增强,从而反映在宏观性能上为沥青变硬、变脆。

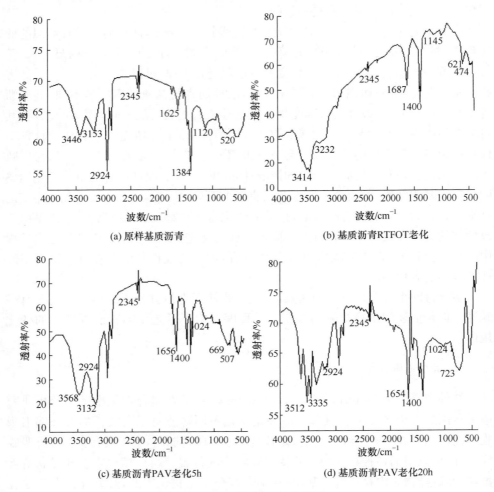

图 4-9   基质沥青红外光谱图

为了能够定量分析基质沥青老化程度,将上述各沥青样的透射谱转化为吸收谱,并通过积分计算羰基和亚砜基以及饱和 C—H 键的吸收峰面积 $A_{C=O}$,$A_{S=O}$ 以及 A_{C-H},以饱和 C—H 弯曲振动吸收峰的面积作参照,引入羰基指数(CI)和亚砜指数(SI),分别表征羰基和亚砜基的相对含量,其计算式分别为

$$CI = \frac{A_{C=O}}{A_{C-H}} \tag{4-2}$$

$$SI = \frac{A_{S=O}}{A_{C-H}} \tag{4-3}$$

相应的计算结果见表 4-1 和图 4-10、图 4-11。

表 4-1　不同老化时间对应的各特征峰吸收面积

沥青	$A_{C—O}$	$A_{C—H}$	$A_{S—O}$	CI	SI
基质沥青(Ori)	1.043	3.209	0.085	0.325	0.026
RTFOT 老化(RT)	1.775	3.312	0.241	0.536	0.073
PAV5h(P5h)	2.279	3.514	0.419	0.649	0.119
PAV20h(P20h)	2.721	3.691	0.471	0.737	0.128

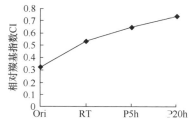

图 4-10　不同老化时间的 CI 指数变化

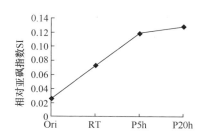

图 4-11　不同老化时间的 SI 指数变化

结合表 4-1 的计算数据,从图 4-10 和图 4-11 可以看出,随着老化时间的延长,羧基指数和亚砜指数均不断增大,表明沥青老化程度越来越严重,且热氧老化过程中以氧化反应为主。同时可以看出,羧基指数和亚砜指数的增长速率均随着老化时间的增长而逐渐降低,尤其是在长期老化 5h 后速率明显减缓,与前述宏观性能老化规律基本一致。而亚砜指数的增长速率的衰减明显较羧基指数快,主要是因为羧基的生成是碳链的断键加氧反应,在热和氧的持续作用下,反应会持续进行,而亚砜的生成还与沥青中硫元素的含量有较大关系,因此,随着硫元素的不断减少,亚砜生成速率也会明显减慢。

图 4-12 为 SBS 改性沥青试样红外光谱图(不同波数和透射率的关系曲线)。由图 4-12(a)可知,1616cm^{-1} 对应环烷烃、苯环的 C═C 键的骨架振动,1400cm^{-1} 对应烷烃 C—H 键的变形振动,1137cm^{-1} 对应酯类特征峰,证明原样改性沥青本身即含有少量的酯类物质。此外,通过对比图 4-9(a)的原样基质沥青的红外光谱可以发现,改性沥青红外光谱图像在 995cm^{-1} 和 623cm^{-1} 处出现了新的特征峰,经对比 SBS 高分子的红外光谱可以判断,此特征峰即对应苯乙烯-丁二烯共聚物,其中 995cm^{-1} 对应非环烷烃碳链的 C═C 键,即丁二烯中的 C═C 键,623cm^{-1} 对应苯乙烯的特征峰。

对比原样改性沥青红外光谱可以发现,经老化后的改性沥青在 1654cm^{-1} 出现明显的羧基特征峰,而在 1024cm^{-1} 处未出现亚砜所对应的特征峰,其原因可能是被 995cm^{-1} 处改性剂的丁二烯 C═C 键的特征峰覆盖,也可能是改性沥青中硫元素吸氧反应被抑制。为了能定量分析改性沥青的老化程度,继续采用相对羧基指

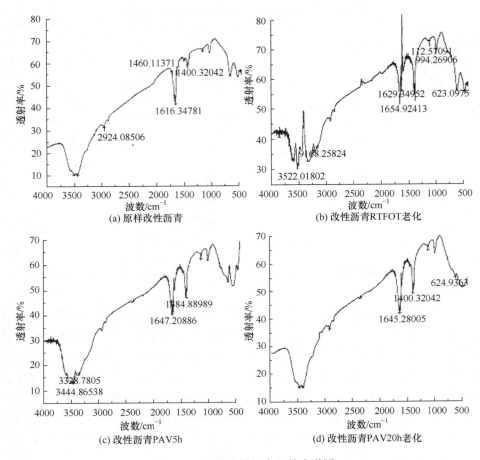

图 4-12　SBS 改性沥青红外光谱图

数(CI)进行表征,同时通过计算 995cm^{-1} 特征峰的吸收面积来表征改进剂的丁二烯中 C═C 键在老化过程中的变化情况。将上述各改性沥青样的透射谱转化为吸收谱,计算其羰基($A_{C═O}$)、饱和 C—H 键($A_{C—H}$)和丁二烯中 C═C 键($A_{C═C}$)的吸收峰面积以及羰基指数(CI),计算结果见表 4-2 和图 4-13、图 4-14。

表 4-2　不同老化时间对应的各特征峰吸收面积及羰基指数

沥青试样	$A_{C═O}$	$A_{C—H}$	$A_{C═C}$	CI
基质沥青(Ori)	0.584	2.252	1.190	0.259
RTFOT 老化(RT)	1.301	2.809	1.002	0.463
PAV 5h(P5h)	1.632	2.974	0.912	0.549
PAV 20h(P20h)	1.797	2.850	0.893	0.631

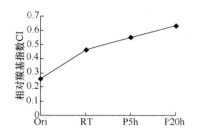
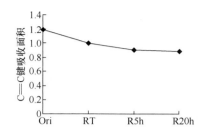

图 4-13 不同老化时间的 CI 指数变化 图 4-14 不同老化时间 $A_{C=C}$ 的变化

由表 4-2 数据和图 4-13、图 4-14 可以看出,随着老化时间的延长,相对羰基指数不断增大,碳链上 C=C 键不断减小,说明改性沥青的老化程度不断加深,但其老化速率逐渐降低,尤其是在长期老化 5h 后,老化速率明显较长期老化 5h 前降低,与基质沥青的老化进程具有类似的变化规律。同时对比基质沥青的光谱可知,改性沥青的老化过程中仍然主要产生羰基,说明主要发生的还是吸氧反应,也体现了改性沥青中基质沥青相对改性沥青老化的影响。但改性沥青老化过程中生成的羰基含量相对较少,且无亚砜特征峰,说明相同老化时间改性沥青老化程度较轻,改性剂的加入有效减少了沥青组分的吸氧反应,抑制了羰基和亚砜的生成,即改性沥青具有更好的抗老化性。而在老化过程中,丁二烯中 C=C 键不断减小,说明改性剂随着老化的延长在不断衰变。由此可以看出,红外光谱分析结果与前述的宏观性能老化规律分析结果具有一致性。

3. 凝胶色谱分析

凝胶渗透色谱(gel permeation chromatography,GPC)是利用聚合物溶液通过由特种多孔性填料组成的柱子,在柱子上按照分子大小进行分离的方法。GPC 不仅可以得到聚合物相对分子质量的连续分布,而且还可以根据 GPC 谱图来分析评价聚合物性能,从而建立聚合物谱图与其性能之间的关系[56]。因此,GPC 逐渐在石油沥青的组成和性能研究中得到了良好应用。进一步采用 GPC 对原样 SBS 改性沥青、短期老化和长期老化的 SBS 改性沥青进行性能评价,以更深入地了解改性沥青的老化特性。

不同老化状态的 SBS 改性沥青的 GPC 图谱如图 4-15 所示,从图中可以看出,原样改性沥青的 GPC 图谱明显存在双峰,根据凝胶渗透色谱的原理,最先淋出的应为 SBS 高分子物质,后淋出的为沥青中的小分子物质。由于 SBS 改性剂的老化对整个 SBS 改性沥青性能的影响很大,因此为方便量化研究改性沥青中 SBS 高分子物质相对分子质量的变化情况,将上述图谱中的高分子部分(以淋出体积 16~22mL 为界)分离计算,其所得图谱如图 4-16 所示。

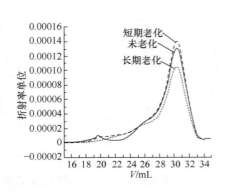

图 4-15　不同改性沥青试样 GPC 图谱

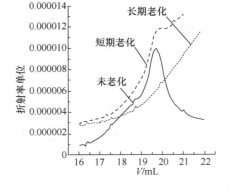

图 4-16　改性沥青中 SBS 的 GPC 图谱

针对不同老化状态的 SBS 改性沥青以及 SBS 改性剂的数均相对分子质量 M_n、重均相对分子质量 M_W 及其分散度 d 的计算结果见表 4-3 和表 4-4。

表 4-3　SBS 改性沥青各样品相对分子质量计算结果

沥青试样	M_n	M_W	d
原样 SBS 改性沥青	833.3	14842	17.81
短期老化 SBS 改性沥青	943.4	12746	13.51
长期老化 SBS 改性沥青	980.4	11073	11.29

表 4-4　改性沥青中 SBS 相对分子质量计算结果

样品名称	M_n	M_W	d
SBS 原样	159312	186120	1.17
SBS 短期老化	118941	153462	1.29
SBS 长期老化	69147	110073	1.59

就 SBS 改性沥青整体而言,通常来讲,数均相对分子质量往往反映小分子物质的变化趋势,重均相对分子质量则反映大分子的变化情况。从表 4-3 中结果可以看出,随着 SBS 改性沥青的老化,其数均相对分子质量在不断增加,表明小分子物质在不断向大分子靠拢,而重均相对分子质量在不断减小,说明高分子物质的相对分子质量有变小的趋势。

从表 4-4 可以看出,SBS 改性沥青老化过程中其 SBS 改性剂的相对分子质量减小趋势明显。以重均相对分子质量计算,改性沥青中 SBS 高分子经短期老化后相对分子质量下降了约 18%,经长期老化后相对分子质量下降了 41%,说明 SBS 高分子在老化过程中发生了明显的降解;而从分散度角度分析,SBS 高分子在改性沥青老化过程中分散度在变大,说明 SBS 高分子不仅发生了降解,也发生了部分交联反应;但从相对分子质量变化情况可以看出,经长期老化后其相对分子质量接近原来的一半即 SBS 高分子已基本降解完全,对沥青的改性效果已经严重破坏,说明 SBS 高分子在老化过程中以降解反应为主,少部分发生交联反应。

上述结果验证了前述分析的 SBS 改性沥青性能老化规律,既存在基质沥青的老化——轻质油分等小分子不断挥发,老化过程存在组分迁移即饱和分、芳香分向胶质、沥青质转移,同时也存在 SBS 改性剂的老化——SBS 高分子在沥青中热氧老化发生降解,失去改性作用。

4.2.4　老化机理

基于前述分析,国内外已有研究成果[57~69],可以对沥青性能老化机理总结如下。

1. 热氧老化机理

1）基质沥青相

改性沥青中基质沥青相的热氧老化机理与基质沥青的老化基本是相同的。沥青单独受热老化主要是沥青中的轻质油分挥发,而温度较高时还会造成沥青中不饱和双键消逝,从而改变沥青组分的结构组成,导致沥青变质。但单纯的热老化对沥青性质的影响是有限的,在高温引发剂的推动下,氧化的作用才是沥青老化的本质。

基质沥青相热氧老化反应过程符合自由基反应机理。沥青分子中含有双键等敏感基团,在温度影响下,成为分子团中的不稳定薄弱位置,在热、氧或金属离子催化作用下,发生化学键断裂,形成自由基。生成的自由基又和氧气进一步反应形成中间体氢过氧化物,从而使自由基反应不断进行下去,当反应的自由基达到一定浓度时,彼此之间发生耦合作用完成热氧老化反应。而在反应过程中,由于自由基在沥青分子链上所处位置不同,也有可能发生交联,故最终得到的既有热氧降解产物,也有交联产物。

遵循自由基反应机理,沥青的氧化速率与温度有直接关系,温度较低时,氧化反应较为缓慢,氧被吸收存于沥青中,参与沥青中酯类活性基团的聚合、转化,生成大分子极性含氧基团。当温度高于 200℃时,基质沥青相的芳构化明显加速,氧与沥青中活性基团化合速率迅速增加,生成含氧羰基和亚砜基等极性官能团,沥青分子间相互作用增大,同时有明显的脱氢缩合现象,氧与烃类物质进一步反应生成羧酸、酚类、酮类和酯类等物质,这些物质相互结合而向高分子转化,最后生成沥青质。

尽管沥青是由多种复杂化合物组成的混合物,各物质的热氧化老化过程可能有所差异,但基本上都符合自由基反应原理,尽管会有少量的胶质或沥青质发生分解产生小分子饱和分,但整体上仍然遵循芳香分→胶质→沥青质的重质化聚合过程。

2）SBS 改性剂

SBS 改性剂作为高聚物,在热氧作用下会发生极为复杂的降解和交联反应,但主要以降解为主。SBS 与沥青混融后,主要是丁二烯和苯乙烯两种聚合物嵌段在发挥改性作用,在单纯受热条件下,聚丁二烯和聚苯乙烯都会产生介于无规断链反应和解聚反应之间的热降解,主要是偏向于无规断链反应,从而导致 SBS 改性剂性能变差。但是当温度低于 300℃时,SBS 改性剂的无规断链反应的初始分子链断裂后生成的自由基会发生歧化而终止,而且不再发生解聚反应,从而性能相对稳定下来。说明高温并不是 SBS 老化的主要因素,而在高温下氧气的介入才是 SBS 改性剂劣化的主导原因。

SBS 的聚丁二烯链段结构中有不饱和键存在,由于双键很活泼,容易吸氧发生反应,而且与双键相邻的 α-碳原子上的氢也容易吸氧和被氧化,故 SBS 对氧是敏感的,容易发生氧化降解,从而使材料相对分子质量明显下降,强度变差,失去原有弹性,变成脆性物,进而导致使用性能的衰减。而聚苯乙烯饱和聚合物对氧的稳定性较好,即使在 100℃长期置于空气中氧化也很少,同时其刚性的侧基——苯环的存在又能够起到阻碍氧气扩散屏蔽主链的作用,但是在长期使用过程中,在多种复杂因素的作用下也可能会发生不可忽视的氧化反应,主要是大分子链上的叔碳原子会氧化成氢过氧化物,进而分解产生自由基链,自由基断裂形成羟基化合物和新的活性链自由基,如此反复,降解反应不断进行。

结合 SBS 改性沥青的改性机理可以看出,SBS 改性剂的老化降解很好地验证了前述分析的改性沥青老化规律:SBS 改性剂的多相网状结构是由相互偶联的丁二烯链段末端连接苯乙烯嵌段组成的,聚苯乙烯嵌段在两端,分别聚集在一起,形成物理交联区域,即硬段约束相,而聚丁二烯链段则形成软段连续相;当 SBS 改性剂融入到基质沥青相中,能够形成良好的三维网状结构,分散在基质沥青相中的聚苯乙烯端基能够提高沥青的强度和高温性能,而聚丁二烯链段则很好地改善了沥青的低温弹性和柔性;而在热氧作用下,聚丁二烯链段首先出现降解,表现为改性沥青低温延展性能的劣化,而抗氧化能力强的聚苯乙烯仍然能够使得改性沥青保持较好的高温性能,但是由于受到长期使用过程中诸多环境因素的综合影响,聚苯乙烯也会出现劣化,自然造成改性沥青总体性能的劣化。

可以看出热氧老化是沥青的主导老化因素,其中氧化反应是长期存在的,也是沥青老化的本质,而温度则是影响氧化反应进程快慢的重要因素,尤其高温是加速氧化反应的催化剂。

2. 光氧老化机理

1）基质沥青相

沥青主要是由 C、H、O、N 等元素组成的大分子有机物,这些元素之间需要形成具有一定结合能的化学键,一旦这种大分子结构遭到破坏,沥青所具有的性能就会降低。表 4-5 和表 4-6 列举了相关研究给出的一些分子化学键的键能值及各波段光的能量。

表 4-5　不同化学键能值

化学键	O—H	C—F	C—H	N—H	C—O	C—C	C—Cl	C—N	C=C
键能/(kJ·mol)	463.0	441.2	113.6	393.3	351.6	347.9	328.6	290.9	615.3

表 4-6　各波段光的能量值

波长/nm	200	300	420	470	530	580	620	700	1000
能量/(kJ·mol)	393.3	397.1	283.6	253.5	224.8	205.3	192.1	170.2	119.1

从表 4-5 和表 4-6 可以看出,除了 O—H 和 C—F 外,绝大多数高分子聚合物的分子键能和 290~400nm 波长的光能相当,而紫外线 UV-A 的波长为 320~400nm,UV-B 波长为 290~320nm。沥青材料中主要是 C—H、C—O 和 C=C 键,尽管 C=C 键能总值为 613.3kJ/mol,但它断裂第一个键的能量仅为 270kJ/mol,相当于 420mm 波段光的能量,因此沥青材料容易受到光作用的影响。

光氧老化机理与热氧老化机理相似,光作用是将不稳定链激活,而氧气的存在则导致敏感基团不断降解。沥青受到紫外线辐射后,它的 C—H、C—C、C=C 键断裂,生成了自由基,进一步与氧气反应,最终使得轻质成分不断向沥青质聚合转化。同时在热氧老化中产生的氢过氧化物和羰基基团在光照的作用下也会处于激活状态,从而进一步引发氧化老化。相关研究试验也表明,光对表征沥青老化指标的相对羰基指数影响明显。

2)SBS 改性剂

由于 SBS 聚丁二烯主链段上的双键和 CH_2—CH_2 键很脆弱,化学键能仅有 223kJ/mol,很容易在紫外线辐射下发生断裂,C=C 双键也容易断裂而降低主链上的不饱和度,进而产生与热氧老化类似的氧化降解反应,因此,SBS 对紫外线相当敏感,紫外线对 SBS 改性剂的劣化速率要明显快于对基质沥青相的劣化速率,这一机理与规律在前述的紫外线老化试验中得到了很好的验证。

根据相关研究结果,沥青的单独光降解程度通常较小,紫外线射入沥青的深度只有 0.1mm 左右,就算考虑到老化沥青分子向内部扩散,紫外线对沥青老化的影响也只发生在沥青路面表层的 1mm 范围内。因此,在沥青老化过程中,紫外线是次要影响因素,且主要是在热氧同时存在条件下,一定程度上促进了沥青的老化进程。

3. 水老化机理

1)基质沥青相

由于极性成分能与水分子形成氢键,沥青中含有的许多极性基团,如羰基、羧酸和酯酸等都具有亲水性,因此,水对基质沥青相老化过程的促进机理主要是沥青中极性基团的亲水性导致的。水的 pH 对沥青中沥青质、酸性分的油水界面张力影响很大,沥青质有降低沥青-水界面张力的能力,其含有的许多极性基团,如—OH、—NH$_2$、—COOH 等会引起沥青质分子向沥青-水界面移动,在界面上富集形成结构膜,而沥青质的自缔合倾向使沥青-水界面结构膜随时间的延长而产生明显的硬化现象。由前述分析可知,沥青热氧老化后会生成更多的极性化合物和沥青质,从而进一步加剧了沥青的亲水性,促进沥青质分子向沥青-水界面移动,硬化速率加剧,最终发展为不可逆的变化,从而起到了加速沥青的老化进程的效果。

2) SBS 改性剂

研究显示,SBS 在有水存在时老化后的羰基吸收峰明显比无水老化后的面积要大,证明水的存在促进了 SBS 氧化反应。一般情况下 SBS 聚合物对水是比较稳定的,但是 SBS 在热氧条件下老化后,生成的含有 C—O 等杂原子的极性键,在水的作用下容易降解或发生进一步的氧化反应,从而促进了 SBS 老化进程的加速。潮湿的老化环境中氧气供应不及干燥环境中充分,形成的自由基数量较少,从而会加速自由基链的产生和发生反应,使较多的高分子断裂并生成较多的极性基团和低分子物。同时聚丁二烯链段中含有大量的双键,在湿热环境中也会发生水合反应,使极性基团更为增多。而极性基团亲水性又会进一步加剧水老化的产生,造成水老化恶性循环。

综上所述,水老化机理很好地解释了前述水老化试验中关于水老化能够作为辅助因素加速热氧老化进程的结论。

4. 综合老化机理

基于前述不同老化影响因素的作用机理分析,沥青的老化机理可以总结为:热、水、光及机械力作用等各种外界影响因素是老化的催化剂,而氧化则是老化的本质;在老化因素的长期作用下基质沥青相和改性剂本身微观组分产生变质,进而引发(改性)沥青整体微观结构衰变,最终导致宏观路用性能的劣化。

1) 微观组分变质

沥青的组分老化过程是一个十分复杂的物理化学过程,难以用结构式进行描述。但基于前述的老化试验和影响因素作用机理分析可知,无论是基质沥青相还是改性剂,作为聚合物,尽管老化过程和产物非常复杂不尽相同,但是其总体老化本质是类似的,即在外界因素作用下,活性键被激活,进而发生氧化反应生成极性基团,极性基团的聚集使得分子间作用力增大,同时还会发生生成大分子物质的聚合反应,导致沥青重质化,沥青质含量明显增大,沥青黏度增大,硬脆性增加,低温延展性下降。

总体上看,沥青的老化主要遵从组分移行理论提出的芳香分→胶质→沥青质的重质化路线。但是与基质沥青不同的是,在 SBS 改性沥青中,由于 SBS 改性剂均匀地分散在基质沥青相中,或与沥青发生交联,使得 SBS 有机会参与沥青的活性基反应,SBS 链段中具有较高活性的基团能够夺取沥青中的自由基使自身发生反应,从而在一定程度上通过自身的老化扣制了沥青的老化反应。与此同时,基质沥青相对 SBS 主链段的裹覆则在一定程度上保护了 SBS 链段的薄弱点,有效降低了 SBS 链段的氧化降解。因此,SBS 改性剂在基质沥青相中能够起到抗老化剂作用,而二者的相互保护作用有效地延缓了改性沥青的整体老化速率,从而使改性沥青表现出显著优于基质沥青的抗老化性能。

2) 微观结构衰变

沥青的性能取决于其自身各组分形成的稳定微观结构。沥青胶体结构理论已经很好地阐述了基质沥青的微观结构组成。对于改性沥青,稳定的微观结构不仅取决于基质沥青相自身的结构稳定性,同样取决于改性剂与基质沥青相的相互作用,溶解度参数及分子结构,相互作用越强,溶解度参数及分子结构越接近,相互之间的相容性就越好,结构越稳定。从沥青胶体结构理论出发,在改性沥青中,可以认为首先由基质沥青的硬沥青质分散在软沥青质中形成稳定溶液,而改性剂进一步由聚乙烯嵌段形成分散相,聚丁二烯嵌段形成连续相,通过溶胀作用均匀分散在基质沥青相中;而从材料整体结构角度,则仍然是硬质大分子分散在软沥青质中。相关研究也指出改性沥青的良好稳定结构是由于改性剂的溶解度参数与基质沥青相中的软沥青质溶解度参数接近,通常情况下 SBS 改性剂与芳香分含量高的沥青相容性就比较好。

因此,可以认为无论基质沥青还是改性沥青都遵从希尔布兰德提出的聚合物相容性理论,即溶质的溶解度参数与溶剂的溶解度参数的差值小于某一定值时,即能形成稳定的溶液。(改性)沥青能否形成稳定、耐老化的溶液,不取决于溶质粒径的大小,同样取决于溶质(沥青质和改性剂)在溶剂(软沥青质)中的溶解度和溶剂对溶质的溶解能力。

据此,将(改性)沥青视为由软沥青质溶解沥青质(改性剂)形成的溶液,则有

$$\Delta\delta = \delta_{AT} - \delta_M < K \tag{4-4}$$

式中,$\Delta\delta$ 为沥青质(改性剂)与软沥青质溶解度参数差$[(cal/cm^3)^{1/2}]$[①];δ_{AT} 为沥青质(改性剂)的溶解度参数$[(cal/cm^3)^{1/2}]$;δ_M 为软沥青质溶解度参数$[(cal/cm^3)^{1/2}]$;K 为溶解度参数差的限值$[(cal/cm^3)^{1/2}]$。

因此,改性剂与基质沥青相组分的劣化,不仅导致基质沥青相本身溶液体系的不稳定,同时导致改性剂与基质沥青溶液体系的不稳定,进而导致改性沥青整体结构的衰变。

---

① 1cal=4.1868J,下同。

3）宏观性能劣化

没有老化的改性沥青中 SBS 改性剂均匀分布在基质沥青相中,形成交联网络结构,良好的组分组成以及稳定的相容结构,反映在宏观性能上,必然是改性沥青路用性能的大幅改善。而随着老化的进行,组分的变质以及稳定结构的破坏反应在宏观性能上则表现为黏度增大、延展性较低、整体性能劣化。作为主体组成的基质沥青相的老化使得改性沥青具有类似基质沥青的老化规律;而 SBS 改性剂的降解在导致改性沥青改性效果劣化的同时,在一定程度上阻止了基质沥青相的劣化,因此,使得改性沥青在使用过程中表现出优于基质沥青的路用性能以及抗老化性能。

综上所述,沥青老化过程的实质可以描述为微观组分变质→微观结构衰变→宏观性能劣化:在老化因素的作用下,首先导致沥青中各组分发生变化,如轻质组分减少,沥青质含量增高,改性剂裂解;进而导致溶质和溶剂溶度参数差值增大,因而结构稳定性降低;最终表现为沥青宏观路用性能衰减。

当然,改性剂与沥青本身的组分及结构组成都是十分复杂的,而许多不确定杂原子化合物及元素的存在,也使得老化化学反应变得难以确定,同时在老化过程中,不仅小分子轻质组分会向大分子重质组分不断转变,同时大分子组分也会发生裂解、脱碳等一系列反应,生成饱和烃等多种低分子化合物。因此,沥青在老化过程中发生的详细物理化学反应过程还需进一步深入探究。

4.3　SMA 骨架衰变特性

相比于普通沥青混合料,SMA 的一大特性就是强调骨架结构,采用较大的粗集料含量形成相互嵌挤咬合的骨架结构,充分利用骨架结构的内摩阻力提供良好的受力特性。因此,在车辆荷载反复作用下,集料骨架结构如果产生衰变必然会引起 SMA 整体性能的衰退,影响 SMA 路面的整体使用性能。基于 SMA 的骨架构成原理可以推断,车辆荷载反复作用下骨架结构可能会发生两种形式的衰变:一种是内摩阻力不足造成的骨架结构失稳;另一种则是集料接触点强度不足造成的集料破碎。前一种衰变正是造成车辙发生的重要原因之一,在车辙发生成因中分析也相对较多,但是这种衰变并没有改变 SMA 的集料级配,因此在再生过程中相对易于恢复;但是后一种衰变则会造成 SMA 的级配细化,从而改变了 SMA 原有的级配设计,在再生过程中必须加以重视。因此,本节重点从集料破碎和级配细化角度分析 SMA 的骨架衰变特性。

4.3.1　集料骨架力学特性

1. 力学模型

图 4-17 是典型的骨架结构示意图,可以看出,虽然路面力学体系将沥青混合

料假定为均质,但由于其骨架结构内部的不均匀性以及集料的高模量特点,使得应力在混合料内部主要沿高模量路线分布,也即通过集料间的接触点来进行传递。任意截面上,集料颗粒间接触点面积总和要远小于混合料试件横截面积,因此即使集料骨架承受较小的荷载,其集料接触点处的应力也可以达到较大的值。由此可以推断,集料颗粒间接触点处的"应力集中"是造成混合料骨架结构破坏产生的重要原因之一。尤其是目前的重载交通条件下,不仅轮胎压力大幅增加,同时大交通量长期行车荷载的疲劳作用更加明显,因此,混合料内部集料间的接触点将承受严峻的考验,接触点的稳定度直接决定了整个矿质骨架的稳定性。

由上述分析可知,作用于混合料的应力将被分散到内部的各个颗粒间的接触点上,为了分析应力在骨架结构中的传递特征,结合第 3 章中提出的级配设计模型,将集料颗粒假定为球体,而集料颗粒间为均匀的分布接触。细一级集料相互接触充分覆盖在粗一级集料表面的理想情况如图 4-18 的模型所示。

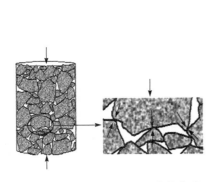 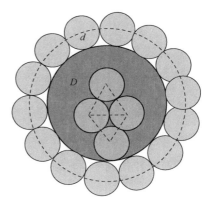

图 4-17　矿质骨架的内部荷载传递　　　　图 4-18　不同粒径的颗粒间的点接触

粗一级颗粒(直径 D)表面排布的细一级颗粒(直径 d)个数决定了粗细颗粒间的接触点数。以粗一级颗粒球心为球心,直径为($D+d$)的虚拟球体的球面穿过所有细一级颗粒球心;连接相互接触的三个细一级颗粒的球心形成边长为 d 的等边三角形,将该虚拟球体的球面划分为多面体结构,三角形面积的总和与虚拟球体的表面积近似。据此可以计算粗一级颗粒表面可分布的细一级颗粒的个数,也即粗、细集料间的接触点个数。其计算过程如下:

虚拟球面的面积为

$$S=4\pi\left(\frac{D+d}{2}\right)^{2} \tag{4-5}$$

等边三角形的面积为

$$s = \frac{\sqrt{3}}{4} d^2 \tag{4-6}$$

每个等边三角形连接三个小球体，而每个小球体可参与 6 个三角形的构成，则虚拟球面上可分布的小球体的个数为

$$N = \frac{S}{2s} = \frac{2\pi}{\sqrt{3}} \left(1 + \frac{D}{d}\right)^2 \tag{4-7}$$

粗一级颗粒的横截面上所承受的荷载，经由粗细颗粒的接触点向下传递。假设粗一级颗粒的横截面上承受着均布应力 q，则各个接触点承受的荷载 p 可按式(4-8)计算：

$$p = \frac{\frac{\pi}{4} D^2 q}{\frac{N}{2}} = \frac{\sqrt{3}}{4} \left(\frac{Dd}{D+d}\right)^2 q \tag{4-8}$$

定义当量直径 $D^* = \dfrac{Dd}{D+d}$，则式(4-8)可以改写为

$$p = \frac{\frac{\pi}{4} D^2 q}{\frac{N}{2}} = \frac{\sqrt{3}}{4} D^{*2} q \tag{4-9}$$

当颗粒粒径相同时，即 $D = d = D_0$，则式(4-9)变化为

$$p = \frac{\sqrt{3}}{16} D_0^2 q \tag{4-10}$$

由式(4-9)可知，颗粒间接触点所受的荷载与当量粒径的平方以及体系所承受的平均应力均成正比。当量粒径平方反映了颗粒粒径对应力传递的影响，当量粒径平方随颗粒粒径减小而减小，表明颗粒间接触点应力随着颗粒粒径减小而减小，这一点不难解释，颗粒粒径的减小则意味着颗粒间接触点的增多，自然有效地分散了应力传递；同时不难理解体系所承受的平均应力增加自然会造成接触点应力的增长。

图 4-19 是当量直径平方随粗细集料粒径的变化规律，可以看出，当粗细集料粒径相同时，当量粒径平方随着粒径的减小而减小；固定粗集料粒径为 19mm，细集料粒径从 19mm 变化至 0.075mm 的变化结果显示当量粒径的平方随着细集料粒径减小而减小；同样固定细集料粒径为 0.3mm 时，当量粒径的平方随着粗集料粒径的增大而增大。仔细观察发现，三条曲线变化有一个非常重要的共同点——均在 4.75mm 粒径处出现了转折点。说明在集料的接触应力传递中，4.75mm 是

粗细颗粒的转折划分点,4.75mm 颗粒既能提供一定的集料强度,又能提供一定数量的集料接触点;粒径大于 4.75mm 集料主要提供了集料强度和应力受力点;而粒径小于 4.75mm 集料主要提供了集料接触和应力传递点。

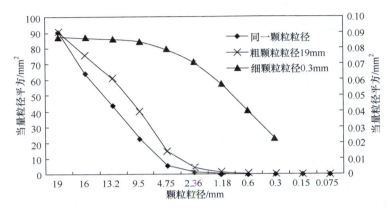

图 4-19　当量粒径随颗粒粒径的变化规律

　　上述分析一定程度上有助于解释和理解 SMA 骨架结构中以 4.75mm 作为粗细集料的分界点并且重视 4.75mm 集料含量的内涵。在 SMA 骨架结构中,主要由不小于 4.75mm 的粗集料组成骨架结构,细集料的用量较小且主要用来起到填充作用。集料越粗其强度越高,骨架性越好,但是也意味着其接触点越少,接触点处发生应力集中超过集料强度的可能性也就越大,这就决定了 4.75mm 集料含量在骨架结构中将发挥至关重要的作用,必须有足够的 4.75mm 集料含量保障良好强度的同时提供足够的接触点以传递分散荷载应力。由此也可以推断当集料间接触应力超过集料强度时,粗一级集料将会向细一级集料破裂以提供更多的接触点来分散接触应力。后续的试验验证以及集料破碎特性分析良好地验证了前述分析。

2. 试验验证

　　为验证前述分析,设计压碎筛分试验:采用 3kg 烘干集料,分三层在压碎值筒中捣实,施加静态压力,取压碎后的集料分析集料破碎特征。为分析压力影响取 19mm 单一颗粒,分别采用 50kN、100kN、150kN、200kN、250kN 及 400kN 进行试验;为分析粒径影响,分别对 2.36mm、4.75mm、9.5mm、13.2mm、16mm 和 19mm 的集料颗粒施加 400kN 压力进行压碎筛分试验。

　　图 4-20 为压碎筛分试验四次平行试验结果的平均值,可以看出,扣除试验误差影响,粒径平方和压力对原始颗粒的破碎率有着基本相同的影响规律,集料破碎率随着粒径平方的增大和压力的增大而增大,良好地证实了之前分析的骨架力学模型。

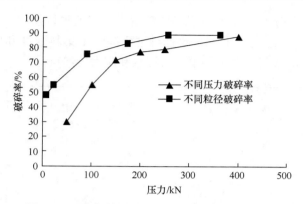

图 4-20　不同颗粒及压力下的原始颗粒的破碎率

　　进一步对不同粒径组合的混合料进行试验检验。分别将不同比例的 16mm、9.5mm 和 4.75mm 颗粒填充到 19mm 颗粒中,组成两级体系混合料进行压碎筛分,试验结果如图 4-21 所示。可以看出,无论在 19mm 的颗粒中添加的细一级颗粒粒径的大小如何,随着细一级颗粒含量的增加,19mm 颗粒的破碎率明显降低,其原因就是接触点数量增加降低了接触点所承受的荷载。还可以看出,随着添加颗粒粒径的减小,19mm 颗粒以及整个混合体系的总体破碎率均明显降低,在含量相同的情况下,4.75mm 颗粒对 19mm 颗粒的“保护作用”明显高于 16mm 和 9.5mm 的颗粒。分析结果进一步验证了前述分析的骨架力学特性。

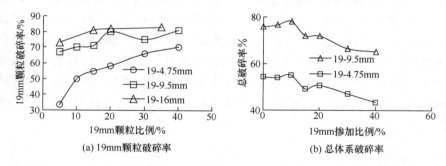

(a) 19mm 颗粒破碎率　　　　　　　(b) 总体系破碎率

图 4-21　19mm 颗粒与不同比例和不同粒径的颗粒混合后的压碎筛分结果

　　不仅在压碎筛分试验中存在上述规律,在马歇尔击实试验中,颗粒的击碎现象也是存在的,同时也表现出与压碎筛分试验类似的规律。图 4-22 是击实筛分试验结果,将 19mm 的颗粒与不同比例的 9.5mm 颗粒和 4.75mm 颗粒分别混合,配制成两组分的混合料,称取 1200g 混合料放入试模中,在马歇尔击实仪上单面击实 150 次,然后进行筛分。由图 4-22 的试验结果可以看出,马歇尔击实筛分试验结果也表现出随着细一级填充颗粒粒径的减小和含量的增加,而使粗一级颗粒的破碎率明显降低的规律。

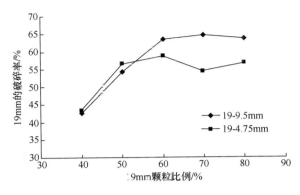

图 4-22　击实筛分试验结果

　　击实试验不仅对粒径单一的混合料产生明显的破坏作用,即使是典型的悬浮密实结构的 AC20I 矿质混合料经击实后,其级配也发生了明显的变化。如图 4-23 所示,可以看出,击实后粗大颗粒含量减小,而 4.75mm 和小于 0.075mm 的颗粒含量明显增加。将各级筛孔的筛余百分率的变化量的绝对值进行累计,可得到总变化量高达 27.5%。

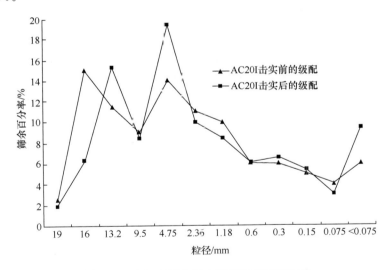

图 4-23　AC20I 混合料击实前后的级配变化

　　因此,可以预见,随着现代交通车流量的增加和轴载的增加,在施工和使用过程中,集料的破碎是普遍存在的。粗集料的破碎不仅改变了原来的级配设计,同时由于破裂面上没有沥青黏结,会成为混合料内的薄弱点和初始裂缝的来源,从而严重影响路面的使用性能和使用寿命。因此在现代交通条件下,骨架型级配的构造基础是确保骨架颗粒间接触点的稳定。

4.3.2 集料破碎特性

1. 单一粒径集料破碎

首先取前述压碎试验中不同压力下 19mm 集料破碎后的集料进行筛分试验，相应的筛分试验结果如图 4-24 所示。

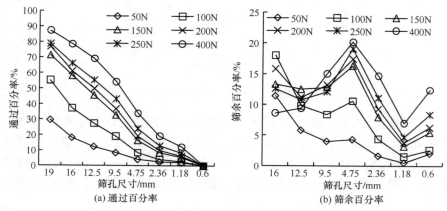

图 4-24　19mm 集料在不同压力下破碎后的筛分试验结果

从图 4-24 中可以看出，随着压碎试验中施加压力的增加，原始颗粒的破碎程度明显增加，尽管不同压力下的破碎情况有所不同，但是破碎后的集料筛分曲线还是表现出良好的规律性：破碎集料中包含了逐级不同的粒径，形成了一定的级配曲线；随着破碎压力和破碎率的增加，4.75mm 颗粒含量逐渐呈现峰值化，即使是压力只有 50kN 时，4.75mm 处也已显现出峰值的迹象。

为了验证上述分析规律，分别取前述 2.36mm、4.75mm、9.5mm、13.2mm、16mm 和 19mm 集料经压碎试验后的破碎集料进行筛分试验，相应的筛分试验结果如图 4-25 所示。

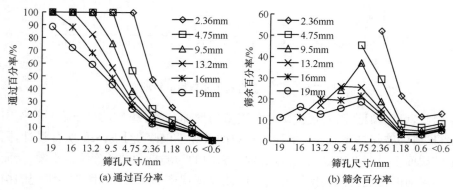

图 4-25　不同单一粒径集料压碎筛分试验结果

可以看出单一粒径集料虽然破碎率不同,但均破碎成各种不同粒径的颗粒。由图 4-25(a)可以看出,初始集料粒径越小,抗压能力越差,其破碎细化现象越严重;而从图 4-25(b)可以看出,虽然不同粒径的集料经压碎筛分后,其筛分曲线各不相同,但普遍在 4.75mm 处出现最大值,且形成的细集料部分具有非常相似的级配规律。因此,结合前述分析可以认为单一粒径集料的破碎体现了两大鲜明特点:集料级配化以及 4.75mm 颗粒含量最大化。

级配化的出现是由于集料在破碎时需要产生具有良好内部比例的不同粒径集料来最大限度地相互填充和接触,从而保证顺畅的应力传递通道;4.75mm 颗粒含量的最大化则说明 4.75mm 颗粒是集料骨架结构中最稳定的受力点,也是粗集料和细集料形成稳定级配的转折过渡点;而破碎产生的小于 4.75mm 颗粒则更多地起到填充以消散应力集中的作用,这一点可以从原始粒径是 4.75mm 和 2.36mm 颗粒的压碎结果中进一步得到验证,可以看出,其压碎后的级配中没有出现峰值现象,含量最大的颗粒仍是 4.75mm 和 2.36mm 的颗粒,表明主要的受力结构仍是原始的 4.75mm 和 2.36mm 颗粒,破碎的细颗粒主要起到填充作用,从而形成稳定的级配骨架。

以上的压碎筛分试验中使用的均是石灰岩集料,对初始粒径为 16mm 的玄武岩集料同样进行了压碎筛分试验,并将其筛余级配曲线与初始粒径为 16mm 的石灰岩集料破碎后的筛余级配曲线一同绘制于图 4-26 中。可以看出,由于玄武岩的强度明显高于石灰岩,因此在相同压力下,原始颗粒的破碎程度明显低于石灰岩的压碎筛分结果,这也是 SMA 一般均要求使用玄武岩集料的重要原因之一。虽然原始颗粒的破碎程度不同,但可以看出,前述分析的两个主要特点依然得到了明显的体现。因此可以确定,作为粗细集料的分界点,4.75mm 颗粒具有较强的骨架支

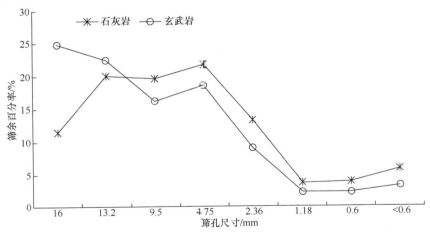

图 4-26　初始粒径为 16mm 的石灰岩和玄武岩集料压碎筛分试验结果

撑能力,增加 4.75mm 的颗粒含量,最易在混合料中形成稳定的支撑结构,从而有利于抵抗外界荷载。

2. 多级粗集料破碎

为进一步验证集料破碎特征,对如表 4-7 所示的级配差异较大的多级粗集料组成的混合料进行压碎筛分试验。压碎筛分后的通过率级配曲线以及筛余组成曲线如图 4-27 所示。

表 4-7　级配组成比例　　　　　　　　　　　（单位:%）

级配	16mm	13.2mm	9.5mm	4.75mm
级配 A	28	36	36	0
级配 B	0	44	56	0
级配 C	17	22	22	39

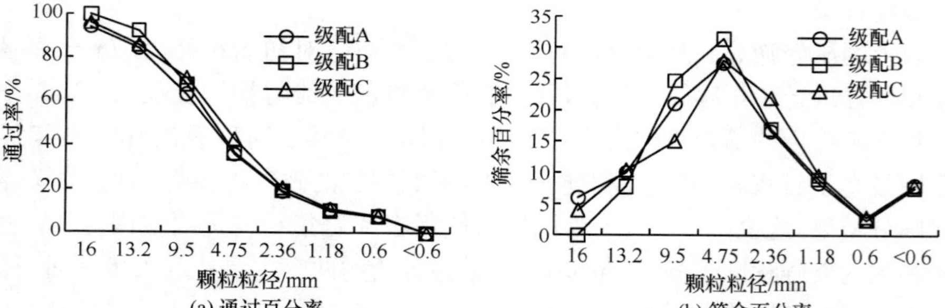

(a) 通过百分率　　　　　　　(b) 筛余百分率

图 4-27　多级集料混合后的压碎筛分曲线

观察图 4-27 的压碎筛分曲线可以发现与单一粒径集料压碎筛分试验基本相同的规律。差异很大的三种原始级配在经过压碎后,其筛分级配曲线尤其是细集料部分非常近似,并且都在 4.75mm 处出现了峰值。为了观察方便,将单一粒径集料和多级粒径集料压碎筛分结果中≤4.75mm 的颗粒进行再次筛分,计算不同粒径的筛孔通过百分率,并绘制于图 4-28 中。可以看出,虽然原始集料间有非常大的差异,但经压碎后,其破碎生成的细颗粒的级配却非常相似,并且筛孔通过百分率与筛孔尺寸呈较好的线性关系。

因此,结合前述的骨架力学模型分析可以推断,集料在破碎过程中存在着特定的内在规律:大于 4.75mm 的集料颗粒具有较高的强度,能够承受外界荷载作用,但接触点较少造成的应力集中容易造成粗集料的破碎;4.75mm 颗粒不仅具有一定的强度特征,同时能够提供一定的接触点保障,是稳定的受力点和粗细集料的转折点,因此破碎过程中会优先生成 4.75mm 颗粒以构造骨架结构;仅仅由 4.75mm 及其以上颗粒并不能完全形成稳定的结构,因此还会破碎产生内部比例相对恒定的细颗粒进一步起到填充作用,形成良好的密实性从而提高骨架结构的稳定性以实现荷载应力的有效传递与消散;也就最终形成了比较稳定的级配组成。

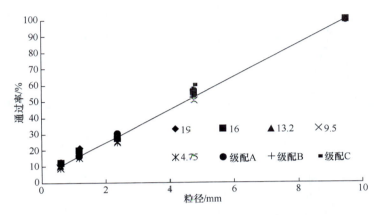

图 4-28　不同集料破碎生成的细颗粒的级配

通常认为,在荷载作用下集料的破碎过程和破碎结果是一个随机的、偶然的和不确定的事件。但由前述力学分析和试验研究可以看出,集料的破碎过程是一个遵循严格规律的确定的过程,矿质混合料在受力过程中,将按照自身特定的内在规律,形成特定的骨架密实结构。通常情况下,自然存在的事物往往代表着某种稳定状态,集料在破碎过程中形成的上述级配,也应代表着矿料的某种稳定状态,通过对其深入研究,将有助于加深对混合料级配构成的理解。

4.3.3　SMA 级配细化特征

1. SMA 级配特征

SMA 级配的设计就是通过不同粒径颗粒的合理搭配形成稳定的骨架结构受力体。图 4-29 是规范规定的四种 SMA 级配的筛余组成曲线。由图中可以看出,基本上都是在 4.75mm 处出现峰值,SMA20 中 9.5mm 含量与 4.75mm 相当,主要原因是最大粒径(达到 26.5mm)与 4.75mm 颗粒粒径相差较大,为使粗颗粒与 4.75mm 之间实现良好的接触就必须适当提高相对于 4.75mm 粒径更粗一级的颗粒即 9.5mm 颗粒的含量以起到良好的过渡作用,增强内摩阻力,形成良好的粗集料骨架结构。

与前述图 4-25 和图 4-27 对比可以看出,SMA 级配筛余曲线具有与单一粒径集料和多级粒径组合集料的破碎曲线类似的 4.75mm 峰值和细集料级配曲线特征,说明 SMA 在级配设计时就形成了良好的多级接触稳定结构,以提供最佳的外界荷载抵抗作用,也验证了前述集料破碎规律分析的正确性。因此,可以推断随着交通荷载的长期作用以及可能存在的集料薄弱点,SMA 级配仍然有可能遵循前述的力学破碎特性出现一定的衰变和细化。

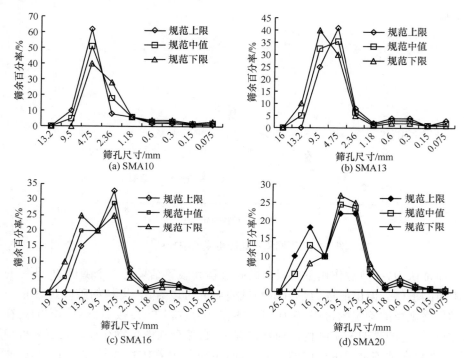

图 4-29　SMA 级配筛余曲线

2. 级配衰变室内模拟

借鉴图 4-17 所示的典型骨架结构特征,采用旋转压实仪室内模拟分析荷载作用下 SMA 级配衰变情况。选取了五种不同级配:符合规范级配中值的 SMA5、SMA10、SMA13 和 SMA20,符合规范级配下限的 SMA13L,分别配置矿质混合料,用旋转压实仪旋转压实 200 次后,筛分获取试验后级配。为了减少试验误差影响,试验中不添加<0.075mm 的矿粉,相应的试验结果如图 4-30 所示。

从图 4-30(a)和(b)中压实前后的曲线对比可以看出,旋转压实造成 4.75mm 和 2.36mm 颗粒含量减少,而小于 2.36mm 颗粒含量增加;在此两种级配中,没有或只有少量大于 4.75mm 的粗集料颗粒,因此 4.75mm 和 2.36mm 组成了骨架结构的主体,在荷载的反复作用下骨架的细化必然是体现在两种颗粒含量的减少和其他细小颗粒含量的增多,这与前述的 4.75mm 和 2.36mm 单一粒径颗粒破碎规律是基本相同的。

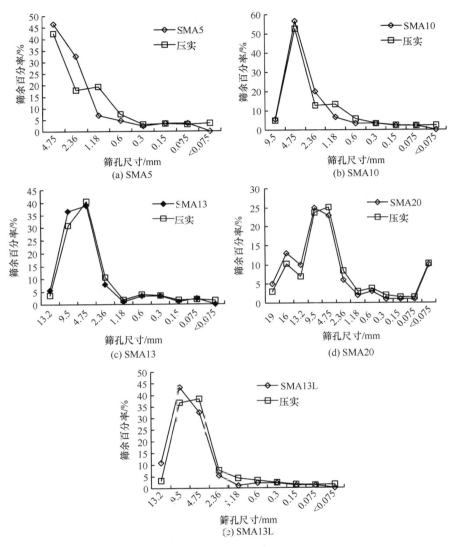

图 4-30　不同级配的旋转压实试验筛余级配曲线

从图 4-30(c)、(d)和(e)中的压实前后的曲线对比可以看出,荷载的作用会造成大于 4.75mm 的粗集料破碎,而 4.75mm 颗粒以及细集料颗粒含量增加,这与前述的集料破碎规律是完全一致的;同时也说明不是级配越粗骨架越好,而是存在符合内在填充接触规律的合理集料组成比例,也很好地验证了规范级配中值的合理性。

同时可以看到图 4-30(e)中符合规范级配下限的 SMA13L 经旋转压实后,其级配曲线形状与图 4-30(b)中规范 SMA13 级配中值曲线十分接近,尤其是 9.5mm 和 4.75mm 颗粒含量几乎完全一致;继续将图 4-30(b)、(c)和(d)中旋转压实后的各 SMA 级配曲线与图 4-29 中相对应的规范规定级配曲线对比可以看出,符合规范中值的级配曲线经过旋转压实后其曲线形式趋向于规范上限的级配曲线,再次说明级配细化并不是随机的,而是以一种集料内在比例相对恒定的特定规律发展。

3. 路面级配衰变特征

为了进一步验证 SMA 骨架在路面车载作用下的实际破碎状况,分别对两条高速公路采用的 SMA13 路面和 SMA16 路面,在硬路肩和车辙处取料,测定其相应的级配。由于硬路肩受荷载作用较小,因此认为其符合原样施工状态,将车辙处取料的级配与之进行对比,分析其级配变化状况。相应的试验结果分别如图 4-31 和图 4-32 所示。

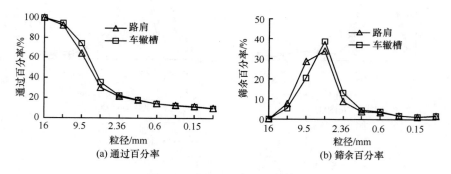

图 4-31　SMA13 路面取料筛分

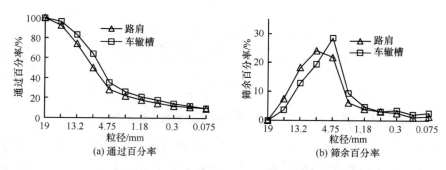

图 4-32　SMA16 路面取料筛分曲线

从两种路面旧料筛分结果可以看出,在车辆荷载的作用下,车辙处的混合料 4.75mm 以上粗集料骨架结构出现明显的细化现象,并且级配的细化规律与前述的室内试验基本一致。因此,路面旧料的细化现象很好地验证了前面室内集料破碎试验以及旋转压实试验分析的结论。

综上所述,SMA 在长期使用过程中会出现一定的级配细化现象,但是这种细化现象并不是随机的,而是遵循一定的内在发展演变规律,更重要的是并没有从根本上改变其骨架结构本质,这就有利于再生过程中对其加以恢复。

4.4　纤维性能退化分析

4.4.1　纤维的作用机理

概括起来纤维在沥青混合料强度形成过程中的作用主要包括以下方面[70]。

1. 吸附作用

纤维直径一般小于 $20\mu m$,有相当大的比表面积,每 10g 纤维的表面积就可以超过 $1m^2$。纤维分散到沥青中,与沥青接触形成较大的浸润界面,并能吸附沥青,形成一个新的有一定厚度的界面层。纤维与沥青界面的结构与性质取决于纤维的分子排列、化学性质及沥青的分子结构和化学组成,其主要作用是连接两相并传递、缓冲两相间的应力,是影响整个纤维沥青材料物理、力学性能的关键。在细观尺度上,界面层具有一定的厚度,其尺寸一般在毫米和微米之间。沥青中酸性树脂组分是一种表面活性物质,对纤维表面产生的吸附作用、物理浸润作用及有时存在的化学键作用,使沥青呈单分子状排列在纤维表面,形成结合力牢固的"结构沥青"界面层,改善沥青性能。

2. 稳定作用

短纤维截面纤细,每克 6mm 长纤维就有数十万根单丝,在较小的纤维掺量情况下,短纤维数目仍相当大,均匀分散后可形成纵横交织的空间网络。纵横交错的纤维形成的纤维骨架结构网以及"结构沥青"网,增大了结构沥青比例,减薄了自由沥青膜,可防止或阻止沥青在施工及运营过程中产生迁移,提高沥青混合料的稳定性。

3. 加筋作用

纤维在沥青混凝土中呈三维随机分布且数量众多,在沥青混合料中形成空间网络结构,沥青混合料承受的荷载可通过纤维沥青界面传递给纤维。由于纤维的高模量、高抗拉强度特点,在沥青混合料中起到类似于钢筋的加强作用,改善混合料使用性能。

4. 增黏作用

由于纤维吸附作用和比表面积很大,纤维形成的三维空间网状增加了结构沥青的比例,增强沥青的黏结力,从而使沥青与矿料的黏附性得到改善,提高集料之间的黏结力,从力学性能上看,表现为沥青混合料的马歇尔稳定度和水稳定性的提高。

5. 阻裂作用

近代胶浆理论认为沥青混凝土是以沥青为唯一连续相的多级空间网状结构的分散体系,因此沥青的破坏将意味着结构体系的破坏。但在纤维增强沥青混凝土中,纤维网作为更强大的第二连续相在沥青破坏时仍能维持体系的整体性,在一定程度上阻止基体破坏的扩展。

6. 增韧作用

纤维能够增强对集料颗粒的握裹力,保证沥青路面的整体性而不易松散,改善沥青混合料的低温性能。

可以看出,作为 SMA 的重要组成部分,良好的纤维性能与合理用量能够起到吸附、分散和稳定沥青矿粉胶团的作用,从而防止泛油等病害的产生,同时能够在集料和沥青胶团间起到增黏和加筋作用,从而有效地提高混合料综合路用性能。因此,若纤维性能出现衰退同样会引起 SMA 性能的降低。

4.4.2　纤维老化试验分析

为了验证纤维的老化特性,分别采用三种老化方式对选定的纤维进行室内老化试验:

(1) 短期老化——薄膜烘箱 163℃老化 5h。

(2) 长期老化——经过短期老化后,再使用 PAV 压力老化试验进行长期老化 25h。

(3) 高温老化——经过短期老化和长期老化后,再用 400℃高温烘箱加热 10min,以模拟就地热再生施工过程中路面加热产生的高温对纤维性能的影响。

分别对木质纤维、聚酯纤维以及玄武岩短切纤维进行上述老化试验,并与新纤维进行如下对比试验分析:①外观观察;②质量损失检测;③吸油率损失检测;④黏附性损失检测;⑤SMA 析漏试验。

相应的试验结果见表 4-8 和图 4-33。

表 4-8　纤维老化试验结果

纤维种类	评价指标	质量损失及外观			
		新纤维	短期老化	长期老化	高温加热
木质纤维	质量损失/%	0	1	5	—
	颜色	浅灰色	浅黄色	深黄色	—
	状态	絮状	絮状	絮状	碳化
聚酯纤维	质量损失/%	0	0.50	2	—
	颜色	白色	暗淡	暗淡	—
	状态	松散	微结团	微结团	溶化
玄武岩短切纤维	质量损失/%	0	0	0	0
	颜色	褐色	无明显变化	无明显变化	无明显变化
	状态	松散	松散	松散	松散

纤维种类	吸油率/%			
木质纤维	7.59	7.01	5.16	—
聚酯纤维	2.89	2.74	2.42	—
玄武岩短切纤维	2.11	2.1	2.09	2.08

纤维种类	黏附性损失/%		
木质纤维	0.12	1.57	3.05	—
聚酯纤维	0.15	1.00	2.03	—
玄武岩短切纤维	0.21	0.23	0.27	0.39

纤维种类	混合料析漏试验(纤维用量均取 0.3%)/%			
无纤维	1.50	1.50	1.50	1.50
木质纤维	0.05	0.08	0.15	—
聚酯纤维	0.12	0.15	0.26	—
玄武岩短切纤维	0.18	0.19	0.21	0.23

(a) 木质纤维

(b) 聚酯纤维

(c) 玄武岩短切纤维

图 4-33　不同老化状态下的纤维外观状况

从表 4-8 的试验数据对比分析和图 4-33 的外观状态观察可以看出：

木质纤维经过短期老化和长期老化后质量损失最大，在高温下已经完全碳化；聚丙酯纤维在短期老化和长期老化后亦会出现一定的质量损失，相比于木质纤维略小，但是在高温下也已经完全融化；玄武岩矿物纤维在三种老化方式下都几乎没有质量损失，且外观上只是颜色略有变深，说明矿物纤维具有最优的耐高温性能。

从吸油率损失试验，黏附性损失试验以及析漏试验对比结果可以看出，原样木质纤维在三种试验中均表现出最优性能，聚酯纤维次之，矿物纤维相对最弱；但在经过不同方式的老化后木质纤维性能损失最为明显，而矿物纤维性能损失则显著小于木质纤维及聚酯纤维，说明矿物纤维具有最优的抗老化能力以及抗施工高温能力。

基于上述的分析可以看出，经过室内模拟老化后，三种纤维均出现了一定程度的性能损失，但是从应用的角度，除高温加热试验外，并没有出现过大的性能劣化，总体说明纤维本身具有良好的耐老化性能。

4.4.3　路面纤维使用状况

在路面实际使用过程中，纤维分散在混合料中受外界环境因素的影响必然较室内老化较小。即使是在现场加热过程中，过高的加热温度一般也仅局限于路面表层 1cm 甚至 0.5cm 左右范围内。因此，混合料的保护作用能够进一步降低纤维的老化性能损失。

为验证上述分析，分别对两条高速公路的 SMA 路面进行风镐冷取料及小型加热器加热取料，进行抽提筛尽可能地回收混合料中的纤维以测定相应的纤维含量，分析路面纤维使用状况及加热对路面纤维的影响状况。为考虑试验操作造成的纤维损失，采用 0.3% 的纤维用量室内配制 SMA，取新沥青混合料按规范混合料老化方法进行室内人工老化,取经过室内人工老化后的沥青混合料置于 400℃烘箱中加热 10min 以间接模拟现场热再生路面加热状况,并对三种状态下的 SMA 进行抽提筛分回收纤维。相应的试验结果见表 4-9。

表 4-9　混合料纤维含量测定

纤维	新料	新料人工老化	新料高温烘烤	路面 1 冷取料	路面 1 热取料	路面 2 冷取料	路面 2 热取料
测定纤维含量/%	0.285	0.281	0.273	0.252	0.233	0.271	0.249
设计纤维含量/%	0.3	0.3	0.3	0.3	0.3	0.3	0.3

从表 4-9 中的试验结果可以看出,去掉试验误差的影响,如果以 0.3% 作为路面初始纤维设计含量,纤维在长期使用和加热过程中,均有一定的损失,但是损失量并不大,纤维含量相对较为稳定。

4.5　SMA 性能老化特征

从前述的沥青、级配及纤维的性能衰变分析可以看出,经过长期使用后 SMA 的级配和纤维性能都会有一定程度的损失,但是在初始混合料设计正确的情况下二者的性能衰变程度并不是太大,而长时间使用后沥青的性能老化则比较明显,相关研究也指出沥青性能老化后对混合料的路用性能会产生明显的影响。因此,本节重点分析沥青老化对 SMA 性能老化的影响,并在此基础上分析 SMA 性能老化的基本表现特征。

4.5.1　老化 SMA 的力学性能

选取 SBS 改性沥青,进行 163℃烘箱老化 5h、10h、15h、20h,获取不同老化程度的老化沥青,选择两种级配类型 SMA13 和 SMA16,将老化沥青与集料拌制 SMA 混合料,试验分析两种老化 SMA 的静态回弹模量和动态回弹模量。

1. 静态回弹模量

对老化 SMA 进行劈裂回弹模量试验,试验温度为 20℃,设备为 UTM 试验机,试验结果如图 4-34 所示。从试验结果可以看出,老化混合料劈裂回弹模量随着老化时间逐渐增加,表明沥青老化后 SMA 逐渐变硬,这与前述分析中老化沥青不断变硬的试验结果相一致,也验证了虽然试验对象不同,但无论从混合料的角度还是沥青的角度同样可以反映出老化后沥青材料的性能特点。

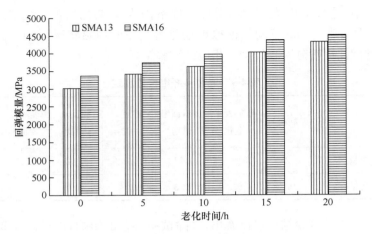

图 4-34　老化 SMA 劈裂回弹模量试验结果

2. 动态回弹模量

沥青与沥青混合料的动态力学行为是指在交变或应变作用下所作出的响应行为,是分析沥青与沥青混合料黏弹特性的重要研究手段[71]。在动态模量试验中,通常用 $G'=G^* \cos\delta$ 表征材料在变形过程中由于弹性变形而储存的能量,称为储能模量;虚数部分 $G''=G^* \sin\delta$ 则表征材料在变形过程中因黏性变形而以热能形式损耗的能量,称为损耗模量。在沥青与沥青混合料的动态力学性能研究中,常用储能模量 G' 和损耗因子 $\tan\delta$ 来分别表征其弹性性能和黏性性能。

针对所成型的老化 SMA 试件,采用 SPT 试验设备进行动态模量试验,试验温度为 20℃,试验结果如图 4-35 和图 4-36 所示。

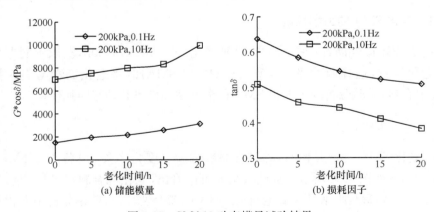

图 4-35　SMA13 动态模量试验结果

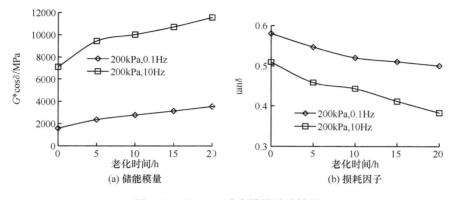

图 4-36　SMA16 动态模量试验结果

　　如图 4-35 与图 4-36 所示,沥青混合料储能模量 G' 随着老化时间的增加而不断升高,损耗因子 $\tan\delta$ 则随着老化时间的增加而不断下降,表明沥青老化使得混合料的弹性部分逐渐增加,黏性部分逐渐减小,混合料逐渐趋于弹性材料并呈现较好的规律性,对于黏弹性的沥青混合料而言,老化后脆性破坏的风险增大。

4.5.2　老化 SMA 的路用性能

　　为了进一步分析老化 SMA 的性能特征,验证其与沥青性能老化之间的相关性,对两种老化 SMA 的高温稳定性、低温抗裂性和水稳定性等路用性能进行试验分析。

　　1. 高温稳定性

　　老化 SMA 的车辙试验结果如图 4-37 所示。可以看出,随着老化时间的增加,沥青的老化程度不断加深,沥青逐渐变硬也带来混合料的不断硬化,从而表现为混合料的动稳定度随着老化时间的增加而增加。这种混合料变硬的现象表明混合料的高温稳定性会随着老化时间的增长而增长,因此,对于设计良好的 SMA 路面,车辙一般出现在新建路面的初期,如果初期没有出现高温稳定性问题,那么随着道路使用年限的增加一般使用环境和交通条件下也不应出现严重的车辙等高温稳定性问题。

　　2. 低温抗裂性

　　老化 SMA 的低温小梁试验结果如图 4-38 所示。可以看出,随着沥青老化程度的加深,混合料低温极限应变逐渐减小,表明混合料低温变形能力逐渐减弱,这正是混合料老化后变脆的表现。因此,随着老化的进行,SMA 路面抗裂性能会逐渐的劣化。

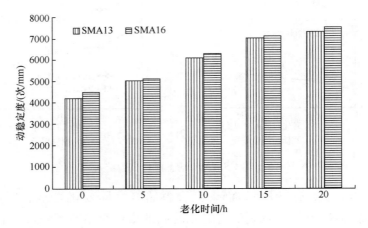

图 4-37　老化 SMA 的车辙试验结果

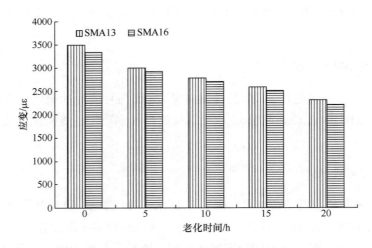

图 4-38　老化 SMA 的低温小梁试验结果

3. 水稳性能

老化 SMA 冻融劈裂试验结果如图 4-39 所示。从图中可以看出,随着老化时间的增大,残留强度逐渐降低,也就意味着水稳定性逐渐变差。但是在试验过程中发现随着老化时间的增加,无论是经过冻融循环还是没有经过冻融循环的试件,其本身的劈裂强度都是在增加的,这也是沥青老化后混合料变硬的一种表征。

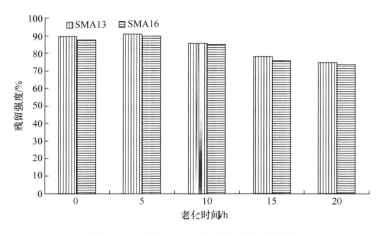

图 4-39　老化 SMA 冻融劈裂试验结果

4.5.3　SMA 性能老化机理

可以看出,沥青混合料的性能及其老化规律受沥青性能及老化规律影响很大。沥青是典型的随时间而老化硬化的黏弹性材料,从而使得沥青混合料也成为随时间而老化硬化的黏弹性材料,既有弹性体的力学性质,又有黏性体的力学性质,因此其综合力学性能是由其弹性性质和黏性性质组合而成的。从物理学和材料学原理看,对于同一材料来讲,弹性模量与脆性(韧性)往往是对立的,所以通常会有“弹性模量越高材料越脆”的现象。因此,随着老化的进行,沥青混合料会表现出高模量和脆性化特征,同时其柔性和韧性则在不断降低。

无论沥青还是沥青混合料其老化后性能变化本质可以总结为两个方面:变硬和变脆,而不同试验方法所得出的性能,一定程度上都是对这两方面的反映。图 4-40 比较详细地描述了沥青性能老化和混合料性能老化的本质特征。当沥青老化时,其弹性成分(沥青质和树脂)不断增加,而柔性成分(芳香分和饱和分)不断减少,从而表现出黏稠缺乏韧性的材料特征,在性能试验中则体现为针入度的降低,软化点、车辙因子和低温劲度模量的增大,以及延度和 m 值的减小。沥青性能的老化进而会造成沥青混合料的变硬变脆,在性能试验中则表现为劈裂强度,模量和动稳定度的提高,以及低温变形和断裂能的下降。

可以看出,对老化 SMA 进行再生利用,老化沥青的性能恢复是核心,在此基础上还必须修复由于级配和纤维的性能衰变带来的性能损失。

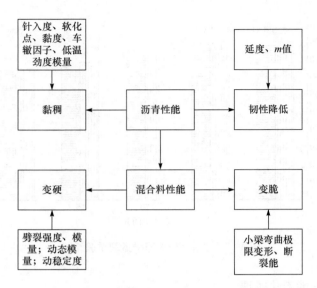

图 4-40　沥青及混合料性能及指标关系示意图

第 5 章 再生剂作用机理与改性再生

5.1 概　　述

　　基于第 4 章的分析可以看出,尽管长期使用过程中旧料级配及纤维性能会出现一定程度的性能下降,但其基本性能与功能损失不大,材料基本属性也没有本质改变,相对易于恢复。而沥青的老化及性能恢复则非常复杂。因此,旧沥青性能的恢复是旧沥青混合料再生利用成功与否的关键。目前最常用的方法是通过添加新沥青或者再生剂对旧沥青性能进行恢复。针对就地热再生工艺中新沥青添加量较小的特点,通过降低新沥青的黏度来软化旧沥青的途径可行性较小,添加合适的再生剂应该是主要手段。

　　沥青再生技术在国外发展较早,进行沥青再生和再生剂开发的指导思想主要是从沥青老化理论发展而来,主体是以胶体结构理论为指导,对老化沥青组分进行补充协调。不论是我国早期针对渣油路面开发的轻质油分再生剂,还是目前应用较多的路面专用再生剂,大都是在这种思想指导下配制的。然而,国外沥青路面技术发展较早相对较为成熟,交通状况和环境条件都与我国差异较大,早期损害不像我国这么严重,路面的破坏多为道路使用寿命末期沥青长期老化引起的网裂、疲劳开裂等,直接引入或者套用国外的老化沥青再生技术或再生剂未必适用于我国的沥青路面再生。因此,有必要对再生剂的再生机理及其存在问题进行深入分析,有助于再生剂的合理使用及进一步研发。

　　目前关于再生剂性能的判断以及用量的确定通常是基于室内试验将再生剂与旧沥青均匀混溶后的性能测试,然而实际再生工程中再生剂是直接撒布在旧沥青混合料中进行短暂的拌和,与旧沥青的拌和混溶不可能达到室内的均匀混溶效果。尤其是在就地热再生技术中,旧料加热温度相对较低,拌和时间较短,初始成型的再生混合料中再生剂很可能只是裹覆在旧沥青表面或存在于沥青外层。因此,从材料性能复合角度,室内试验与实体工程中再生剂的作用特性和作用过程有很大的不同,探究再生剂的实际作用特性及其对再生沥青混合料性能的影响具有重要的实用价值。

　　研究表明,目前的再生剂能够在一定程度上改善老化沥青及混合料的性能,但同时也存在明显的不足,尤其是对老化改性沥青的适用性不够,然而 SMA 多使用改性沥青,因此,必须针对改性沥青的老化特点判定现行再生剂的适用性及开发新的再生剂，才能够保障老化 SMA 的性能恢复。

因此，在深入理解和掌握沥青老化与再生机理的基础上，针对我国沥青路面的实际使用情况，采取有效措施保障沥青性能的恢复是成功实施 SMA 沥青路面再生利用的基本前提与保障。本章进一步对老化沥青性能再生进行探讨分析。

5.2　再生剂再生机理

首先从微观结构和宏观性能两个方面对再生剂的作用机理进行阐述，并指出和分析目前存在的普遍问题，有助于深入理解老化沥青的性能再生机理以及后续的改性再生剂研发。

5.2.1　微观结构调和

尽管由于沥青基属、油源的不同，沥青的微观组分及其含量与沥青路用性能之间仅存有大致的对应关系。但沥青适宜的路用性能仍然对应于一定的组分配比范围，在沥青组分构成方面，单一组分对沥青路用性能指标有单调定性的影响关系[72]。结合老化机理的分析可知，在老化过程中，从胶体结构角度，沥青组分呈重质化转移，沥青质含量增多，芳香分含量减少；从溶液相容理论出发，沥青老化使其组分组成改变的同时，其各组分溶度参数也同时发生改变，沥青老化的最终结果造成沥青胶体溶液多项体系的失衡。因此，再生应是基于沥青组分高分子热力学可逆过程对胶体相系的调衡。这也是再生剂开发之初最主要的指导思想。

1. 溶液相容性调衡

表 5-1 所示为依据相关研究[73]提供的沥青不同组分的溶度参数，经简单计算得到沥青各组分老化前后溶度参数的变化情况。可以看出，老化前后沥青质的溶度参数变化最大，达到 0.81。这既说明经过老化，沥青组分之间的相容性降低，胶体的多相平衡被打破，同时也说明沥青再生时可从组分溶度参数方面考虑溶解沥青质、胶质的能力。芳香分同老化后的沥青质、胶质的溶度参数差分别为 1.62 和 0.682，显然芳香分是调和沥青质和胶质的较好选择。另外，组分中只有胶质与沥青质的溶度参数差小于 1.5，故而针对较多含量沥青质时，一定的胶质含量对调和、溶解沥青质是必要的。

表 5-1　沥青各组分老化前后溶度参数的变化

沥青组分名称		溶度参数 $\delta/(\mathrm{cal/cm^3})^{1/2}$	与沥青质溶度参数的差值 $/(\mathrm{cal/cm^3})^{1/2}$	老化前后溶度参数的变化 $/(\mathrm{cal/cm^3})^{1/2}$
饱和分(S)	老化前	8.3464	1.4558	—
	老化后	8.6252	1.9872	0.2788
芳香分(A_r)	老化前	9.0453	0.7567	—
	老化后	8.9904	1.6220	0.0549
胶质(R)	老化前	9.5313	0.2702	—
	老化后	9.6666	0.9458	0.1333
沥青质(A_t)	老化前	9.8020	—	—
	老化后	10.6124	—	0.8104

由此,从微观方面讲,根据溶液相容理论,将老化的沥青组分看作溶质,将再生剂(包括软沥青)视为溶剂,沥青的再生应是在旧沥青中按一定比例设计加入沥青质含量少、芳香分含量高、胶质含量适当的添加剂,调和形成新的沥青组分配伍,并调节、降低沥青各组分溶解度参数差,增加沥青溶液相容性的过程。

2. 组分调和

从组分角度很容易联想沥青的再生方法:将老化沥青和原沥青的组分进行比较后,向老化沥青中加入所缺少的那部分组分,使组分重新协调,以恢复老化沥青性能。

表 5-2 是相关研究[74]给出的老化沥青以及化工厂的几种抽出油组分情况。可以看出,尽管几种抽出油组分不尽相同,但是相对老化沥青而言,总体上均表现出芳香分含量大,沥青质含量小的特点。同时不同抽出油在化学组成(如饱和分和胶质含量)上具有一定的互补性,具有较好的旧沥青组分调和针对性。因此,从组分调和角度,设计掺用不同比例的抽出油,理论上是能够对老化沥青的组分构成进行调配的。同时,考虑到沥青组分协调性对沥青性能的影响,则可能进一步调制出组分配比更趋合理、性能更趋完善的再生沥青。

表 5-2　旧沥青与再生剂组分组成

项目		饱和分 S/%	芳香分 A_r/%	胶质 R/%	沥青质 A_t/%
老化沥青		21.01	22.67	37.69	18.63
Ⅰ	抽出油 A	41.33	46.80	10.16	1.71
Ⅱ	抽出油 B	14.94	59.35	23.61	2.10
Ⅲ	重芳烃	13.78	66.63	11.31	8.28
Ⅳ	催化油浆	46.16	34.00	14.23	5.61

为进行旧沥青组分的调和,利用表中抽出油材料,分析并建立计算表达式,以使旧沥青能够恢复到原来的组分配伍,或设计的目标配伍。

首先,比较老化沥青组分含量与其原始沥青组分含量(或设计目标组分含量),得到各组分差值:ΔS、ΔA_r、ΔR、ΔA_t。如果只针对芳香分含量并采用抽出油 A 进行调和,其用量为 x_{I},并设抽出油 A 芳香分含量与旧沥青芳香分含量差值为 $\Delta A_{r\mathrm{I}}$,则有

$$x_{\mathrm{I}} \Delta A_{r\mathrm{I}} = \Delta A_r \tag{5-1}$$

由式(5-1)即可解出将旧沥青芳香分调和至原沥青含量所需的抽出油 A 的用量 x_{I}。

如果要将旧沥青四种组分均调和到适合的含量,相应则有

$$\begin{cases} x_{\mathrm{I}} \Delta A_{r\mathrm{I}} + x_{\mathrm{II}} \Delta A_{r\mathrm{II}} + x_{\mathrm{III}} \Delta A_{r\mathrm{III}} + x_{\mathrm{IV}} \Delta A_{r\mathrm{IV}} = \Delta A_r \\ x_{\mathrm{I}} \Delta A_{t\mathrm{I}} + x_{\mathrm{II}} \Delta A_{t\mathrm{II}} + x_{\mathrm{III}} \Delta A_{t\mathrm{III}} + x_{\mathrm{IV}} \Delta A_{t\mathrm{IV}} = \Delta A_t \\ x_{\mathrm{I}} \Delta R_{\mathrm{I}} + x_{\mathrm{II}} \Delta R_{\mathrm{II}} + x_{\mathrm{III}} \Delta R_{\mathrm{III}} + x_{\mathrm{IV}} \Delta R_{\mathrm{IV}} = \Delta R \\ x_{\mathrm{I}} \Delta S_{\mathrm{I}} + x_{\mathrm{II}} \Delta S_{\mathrm{II}} + x_{\mathrm{III}} \Delta S_{\mathrm{III}} + x_{\mathrm{IV}} \Delta S_{\mathrm{IV}} = \Delta S \end{cases} \tag{5-2}$$

通过式(5-2)可解出四种抽出油掺配量 x_{I}、x_{II}、x_{III}、x_{IV},但求解的添加含量可能出现负值,可采用减少约束并增加人为约束调节来解决。具体讲就是由四种配料来调节三种沥青组分,而另一组分则人为地控制在目标配比设计的合适范围内,如式(5-3)所示:

$$\begin{cases} x_{\mathrm{I}} \Delta A_{r\mathrm{I}} + x_{\mathrm{II}} \Delta A_{r\mathrm{II}} + x_{\mathrm{III}} \Delta A_{r\mathrm{III}} + x_{\mathrm{IV}} \Delta A_{r\mathrm{IV}} = \Delta A_r \\ x_{\mathrm{I}} \Delta A_{t\mathrm{I}} + x_{\mathrm{II}} \Delta A_{t\mathrm{II}} + x_{\mathrm{III}} \Delta A_{t\mathrm{III}} + x_{\mathrm{IV}} \Delta A_{t\mathrm{IV}} = \Delta A_t \\ x_{\mathrm{I}} \Delta R_{\mathrm{I}} + x_{\mathrm{II}} \Delta R_{\mathrm{II}} + x_{\mathrm{III}} \Delta R_{\mathrm{III}} + x_{\mathrm{IV}} \Delta R_{\mathrm{IV}} = \Delta R \\ x_{\mathrm{I}} \cdot 1 + x_{\mathrm{II}} \cdot 0 + x_{\mathrm{III}} \cdot 0 + x_{\mathrm{IV}} \cdot 0 = x_{\mathrm{I}} \end{cases} \tag{5-3}$$

针对表 5-2 所示组分情况,利用式(5-3)可计算得到表 5-3 所示的配比设计结果。

表 5-3　再生剂组分配伍对老化沥青组分的调和

项目		饱和分 $S/\%$	芳香分 $A_r/\%$	胶质 $R/\%$	沥青质 $A_t/\%$
老化沥青		21.01	22.67	37.69	18.63
配比设计	5% I +22.4% II +2.5% IV +70.1%老化沥青	21.30	32.38	32.57	13.75
	21.5% I +5% II +1.8% III +71.7%老化沥青	24.95	30.48	30.59	13.98
	23.6% II +5% III +12.9% IV +58.5%老化沥青	22.46	34.99	30.02	12.53
适合含量范围		5~15	30~35	30~35	5~15

　　基于前述分析可知,无论是从胶体结构出发还是从溶液相容理论出发,最终老化结果都是造成了沥青胶体溶液多项体系的失衡,而再生则是基于沥青组分高分子热力学可逆过程对胶体相系的重新调衡。

　　3. 问题分析

　　表 5-4 为相关研究[75]进行的两条实体高速再生工程回收旧料及再生沥青的组分分析以及胶体不稳定指数 I_C 的计算结果。不难看出,老化沥青的胶体不稳定指数较高,表明其内在结构较为不稳定,也就造成路用性能的下降。而再生剂的加入缓解了这种不稳定状态,有助于提高沥青的路用性能。但同新沥青相比,再生沥青的胶体不稳定指数仍然较高,表明再生沥青的胶体结构较新沥青不稳定,更容易产生老化。这也是目前再生剂存在的一个普遍问题。

表 5-4　老化与再生沥青组分分析

项目	组分含量/%				I_C 值
	饱和分	芳香分	胶质	沥青质	
再生剂	28.14	53.08	16.89	1.91	—
旧沥青一	20.42	23.42	39.90	16.26	0.5783
旧沥青二	21.98	20.11	33.90	24.01	0.8515
旧沥青一再生	21.27	38.72	27.71	12.30	0.5053
旧沥青二再生	23.78	38.41	24.31	13.50	0.5944
对比新沥青	19.03	38.38	29.44	13.15	0.4740

　　图 5-1 为利用差示扫描量热法(DSC)测试的再生剂加入后对老化沥青玻璃化温度的改变情况。从图中结果可以看出,随着再生剂的加入,老化沥青的玻璃化温度明显降低,说明再生剂的加入有利于改善老化沥青的低温脆性。图 5-2 同时给出了原样沥青(T90),老化沥青(T90RP)以及分别使用两种再生剂再生的沥青[T90RP+10%R(900),T90RP+5%R(FY)]的热氧焓变特征,可以看出再生沥青所表现出来的焓变特征与原样沥青明显不同,仍然与老化沥青比较接近。再次说明目前再生剂对沥青的再生只是表观使用性能或组分量级方面的再生,并没有全面实现微观结构特征方面的再生。

　　化学组分只是将沥青分离为几个化学性质相近的组,由于沥青的化学结构极其复杂,即使化学组分相同的沥青,因为它们的油源基属及生产工艺不同,化学结构可能会相差很远,其路用性能可能有很大变化。美国 SHRP 计划研究之初,花了很大的精力进行沥青化学成分分析,但未能得出与路用性能相关性的实用性成果,最后只能放弃这方面的努力。直到现在国际上还没有"最佳沥青化学组分"的说法。

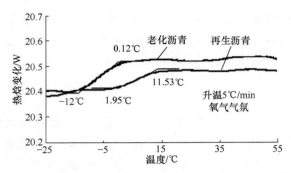

图 5-1　再生剂加入对老化沥青玻璃化温度的改变情况

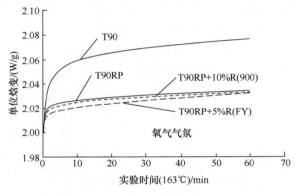

图 5-2　再生沥青的热氧熵变特征

与此同时要精确合成某种固定组分的再生剂,从工艺上来说有相当大的难度,对设备和工艺都有很高的要求,成本也较高。对于改性沥青而言,针对组分恢复合成的再生剂能够在一定程度上起到对老化基质沥青相的调和,但是无法恢复老化改性剂的组成与结构,这也是目前现有再生剂不能很好地适用于改性沥青再生的根本原因。

因此,完全以化学组分为指标来控制旧沥青的再生是不现实的。再生剂的研制从理论的角度应该是对沥青关键组分和结构的调整;而从实用角度出发,再生剂的控制指标应是老化沥青路用性能的恢复,因此,再生沥青的性能测试才是更合理的评定手段。

5.2.2　宏观性能恢复

1. 性能复合理论

材料复合理论将复合材料视为一个多相系统,复合材料性能遵循一定的混合物定律方程,如复合法则[76]:

$$K_c^n = \sum K_i^n \phi_i \tag{5-4}$$

式中，K_c 为复合材料的性能；K_i 为组分材料 i 与 K_c 对应的性能；ϕ_i 为组分材料 i 的体积参数；n 为复合效应常数。

根据复合理论，针对两相液体的混溶，早在 1887 年，Arrhenius 就提出模型[77]：

$$\ln\eta = \nu_1\ln\eta_1 + \nu_2\ln\eta_2 \tag{5-5}$$

式中，ν_1、ν_2 分别为混合液体的体积比；η_1、η_2、η 分别为两种液体及其混溶后液体的黏度。

而 Chaffin 则认为下述 Grunberg 方程表达得更准确和科学：

$$\ln\eta = x_1\ln\eta_1 + x_2\ln\eta_2 + x_1 x_2 G_{12} \tag{5-6}$$

式中：x 为质量比或体积比；G_{12} 为修正系数，是两种液体黏度差值的函数。

复合材料的两个主要特点是性能可设计性和材料与构件成型的一致性。通过改变材料组分及结构来调节材料的性能，就是性能的可设计性；采用某种方法把组分材料混溶形成复合材料的同时，也形成了复合材料的构件，称为材料与构件成型的一致性。

2. 沥青黏度调和

沥青黏度的调和实质就是性能复合理论的一种实际应用。将两种不同黏度的沥青调配成预期黏度的沥青，这就是沥青黏度的调和。相关研究[78]表明计算调和沥青的黏度时，可使用如下公式：

$$\lg\eta^{\text{mix}} = a\lg\eta^{\text{A}} + b\lg\eta^{\text{B}} \tag{5-7}$$

式中：η^{mix} 为混溶后的沥青黏度（mPa·s）；η^{A} 为 A 沥青的黏度（mPa·s）；η^{B} 为 B 沥青的黏度（mPa·s）；a 为 A 沥青的质量百分比（%）；b 为 B 沥青的质量百分比（%）。

式(5-7)与复合理论公式是一致的，说明沥青黏度的调和符合材料复合理论。为进一步揭示黏度指标与其他指标的内在联系，对 AH70 基质沥青进行薄膜烘箱老化试验，每过 5h 测定一次老化沥青性能指标（包括黏度、针入度、延度、软化点），测试分析老化过程中黏度与其他物理性能指标之间的相关关系，相应的试验结果如图 5-3 所示。

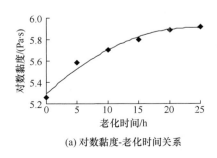
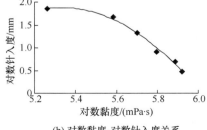

(a) 对数黏度-老化时间关系   (b) 对数黏度-对数针入度关系

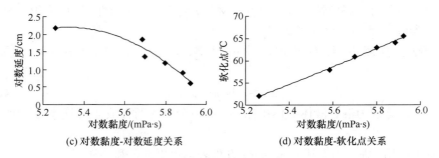

(c) 对数黏度-对数延度关系　　　　　　(d) 对数黏度-软化点关系

图 5-3　黏度与其他物理指标的对应关系

从图中的结果可以看出,沥青老化过程中,常规物理性能指标的变化均与黏度有良好的相关性。分析各指标定义与测定方法,针入度事实上是条件黏度,而软化点则是等黏度条件的温度,从本质上讲这两个指标都是黏度的不同反映形式;而沥青的延度与沥青化学结构及空间网络结构密切相关,从试验方法上看,其反映的仍是流变学性质,与黏度存在一定的内在联系。国外曾做过大量的试验研究,回归出了较好的黏度与延度关系曲线。因此,沥青的物理性能指标与沥青黏度之间存在内在的必然联系,结合前述的沥青老化机理分析,可以认为沥青老化的第一行为反映是黏度的增长,而随着黏度的增长,沥青的常规物理性能指标也会发生有规律的变化。因此,黏度的调和在一定程度上反映了沥青常规性能指标的调和。

因此,再生剂在研制之初的首要目的就是从降低老化沥青黏度角度出发,使再生沥青的黏度降低到一定程度以恢复其路用性能,这也是目前的再生剂选择时比较重视黏度指标,而在用量确定时将再生沥青针入度恢复作为第一评价指标的一个重要原因。

3. 问题分析

图 5-4 中 A 曲线显示了不同比例再生剂对沥青 60℃黏度的调和规律,图中 B 直线为按式(5-7)所绘,可以看出实测值与公式间存在较大差距;同时可以看出,当再生剂的掺入量小于 20％时,掺入量与混溶后的沥青黏度对数基本上呈线性关系,但当大于 20％时,则曲线趋缓。这主要是由于式(5-7)是以两种沥青相调和的试验数据回归所得,适用于两种沥青的黏度差异不太大的情况,而通常老化沥青和再生剂的黏度相差很大,所以确切地讲,再生剂对沥青性能的调和更符合式(5-6)的 Grunberg 方程。由此可以判断,老化沥青与再生剂调和后的流变学行为和普通的调和沥青有着较大的差别,也充分说明了再生剂与旧沥青融合过程中复杂的流变学关系。

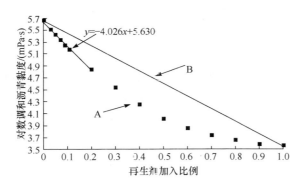

图 5-4　再生剂对沥青黏度的调和

　　针对选用的老化沥青,采用目前工程应用中比较有代表性的四种再生剂进行性能再生试验,四种再生剂的编号为 A、B、C、D,相应的黏度顺序为 D(4mPa·s)<A(15mPa·s)<C(90mPa·s)<B(215mPa·s),其中 D 和 A 再生剂黏度较小是因为其小分子轻质油分含量较大,而 C 和 B 再生剂中大分子增黏成分有所增加,因而黏度较大。重点将常规沥青性能指标中表征高温性能指标的针入度(P)和表示低温性能指标的 10℃延度(D)的测试结果列入表 5-5 中,进行对比分析。

表 5-5　再生沥青性能随再生剂掺量变化

添加比例/%	再生剂 A		再生剂 B		再生剂 C		再生剂 D	
	P/0.1mm	D/cm	P/0.1mm	D/mm	P/0.1mm	D/cm	P/0.1mm	D/mm
0	39.0	6.3	39.0	6.3	39.0	6.3	39.0	6.3
2	52.7	8.1	42.3	7.2	44.8	7.9	58.8	8.5
4	71.0	15.8	50.0	9.6	55.3	9.6	75.0	14.1
6	92.7	32.1	31.3	16.4	63.3	16.9	97.5	35.6
8	116.3	51.2	71.8	22.5	74.8	28.7	123.3	60.7
原样沥青	67.3	41.8	67.3	41.8	67.3	41.8	67.3	41.8

　　从表中的试验结果可以看出,不同再生剂对沥青性能的恢复状况具有较大的差异。同时再生剂对再生沥青高低温性能的恢复并不完全同步,当针入度恢复至新沥青近似程度时,延度的恢复并不理想。基于延度与微观结构的良好关系,一定程度上说明四种再生剂不具备非常理想的改善沥青微观胶体结构的作用。这也是目前再生剂存在的一个共性问题。

　　结合前述沥青老化机理以及再生剂微观作用机理的分析,沥青的物理性能指标与沥青的内在化学组成有一定的相关性,尤其是延度与沥青的胶体结构具有良好的内在关联性。再生剂中含有相当多的芳香族组分,对沥青质具有良好的分散溶解能力:一方面芳香族分相对分子质量较小,能够渗入沥青质胶团内,阻断沥青质分子长链;另一方面芳香族分与沥青质的亲和能力较强,一定程度上能够分散沥青质。因此,再生剂的添加可以缓解沥青因老化造成的流变性能衰减,表现为针入度和延度的增加。但是,再生剂对针入度(实质是条件黏度)和延度的影响本质又有所不同,当再生剂无法与老化的沥青质胶团充分融合时,就会存在于胶团之间,起到润滑作用,仍然能够大幅提高沥青针入度,但是对延度改善效果不佳。与此同时,若进一步加大再生剂用量,尽管能够融合老化沥青质胶团,改善延度,但轻质组分的过分增加也会大大降低沥青的黏度。这也是再生剂对沥青高低温性能恢复不同步的根本原因。

为验证前述分析,将 5%再生剂 A 添加至老化沥青中,一组搅拌均匀后即测试 10℃延度为 19.1cm,一组在 100℃恒温烘箱中养护 24h 后测试延度为 28.5cm,说明即使再生剂与老化沥青经过均匀混合后,再生剂仍然需要足够的时间才能够扩散进入沥青胶团内部以发挥沥青结构体系调节作用。否则,再生剂很可能只是存留在沥青质颗粒之间起到一定的润滑作用,只是起到对沥青延性的表观改善作用。

5.3　再生剂作用特性

再生实体工程中,再生剂是直接喷洒于旧沥青混合料中,虽然有后续的搅拌过程,但是在短时间内仍然很难保证再生剂与老化沥青的完全混溶,因此,很大一部分再生剂可能只是裹覆于老化沥青的表面再进一步通过扩散渗透作用与老化沥青进一步混溶,达到恢复老化沥青性能的作用,因此有必要对再生剂的这一实际作用过程进行深入分析,了解其实质作用特性。

5.3.1　再生剂扩散作用特性分析

Karlsson 等[79,80]从微观角度研究了再生剂在不同品种沥青中的扩散情况,并得出:环境温度、沥青膜厚和沥青组分构成等是影响扩散速度的因素,扩散过程可用 Fick 定律模型来表征。

1. 扩散过程模型

混合物中不同成分的分布存在浓度梯度时会发生分子扩散,描述扩散问题的数学模型最基本而且发展比较成熟的是 Fick 定律。Fick 定律假设研究对象整体具有统一的压力和温度,简化的微分守恒方程如下:

$$\frac{\partial c}{\partial t} = D\left(\frac{\partial^2 c}{\partial z^2} + \frac{1}{A}\frac{\partial A}{\partial z}\frac{\partial c}{\partial z}\right) \tag{5-8}$$

式中,c 为浓度;t 为时间;z 为位置;D 为扩散系数;A 为扩散发生的截面积。

当面积 A 为常数时,就成为一维非稳态扩散的基本方程:

$$\frac{\partial c}{\partial t} = D \cdot \frac{\partial^2 c}{\partial z^2} \tag{5-9}$$

理论上,再生剂分子扩散依赖于扩散过程中扩散系数的分布,扩散过程中沥青被再生剂软化会导致扩散系数变化,导致再生剂在沥青中的扩散系数在各个位置和各个时间都是不同的。因而分析影响再生剂扩散系数大小的因素有助于理解再生剂与沥青扩散混溶的复杂性。估算 Fick 定律中扩散系数 D 的最常用方法是Stoke-Einstein 公式:

$$D = \frac{k_B T}{F} = \frac{k_B T}{6\pi\mu R_0} \tag{5-10}$$

式中,k_B 为玻尔兹曼常量(1.3807×10^{-23} J/K);T 为绝对温度;F 为溶质的摩擦力;μ 为溶剂黏度,在再生沥青中,溶剂就是沥青胶结料;R_0 为溶质分子半径,在再生沥青中,溶质就是再生剂。

根据式(5-10),$k_B T$ 代表内部热焓参数,可以理解为物质的内部热量与物质分子布朗运动成正比;同时扩散系数 D 与给定状态下溶质在溶剂中运动的平均摩擦力 F 成反比,而摩擦力 F 主要与溶剂黏度 μ 和扩散分子的平均分子半径 R_0 相关联。这就从微观分子运动方面对扩散运动进行了解释,说明分子间的相互作用是很重要的,并可能在两个方面减缓扩散运动:第一,强分子作用导致分子凝聚成较大的分子团;第二,分子间增大的相互作用导致扩散物质与扩散媒介之间摩擦增大。由此可以推测,影响沥青热再生中再生剂扩散能力的三个重要因素为:温度、再生剂性质和沥青性质。

2. 扩散影响因素

1) 温度对扩散的影响

按照 Stoke-Einstein 公式判断:扩散系数与绝对温度成正比,假如温度由 20℃(293K)上升到 140℃(413K),那么相应的扩散系数仅增加 41%,这与实际情况是相差很大的。因为沥青在 20℃下的存在状态近似为固体,其扩散系数的数量级为 10^{-14},而沥青在 140℃下的存在状态近似为液体,其扩散系数的数量级为 10^{-11},相差在 1000 倍以上。因而 Karlson 等提出扩散系数与温度的关系符合式(5-11),即扩散系数的自然对数 $\ln D$ 与绝对温度的倒数 $1/T$ 成正比,并在 26~140℃的温度范围内进行了大量试验,如图 5-5 所示,最终确证温度 >30℃情况下,式(5-11)是准确的。

$$D(T) = D_0 e^{\frac{k_1}{T} + k_2} \tag{5-11}$$

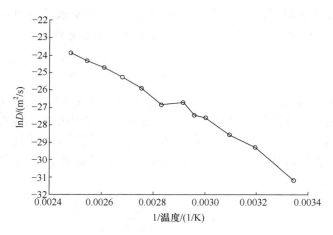

图 5-5　扩散系数与温度的关系

可以看出温度对扩散速度的影响,主要是改变了沥青的存在状态,而这种影响可以成为再生剂在沥青中扩散的主要影响。

2) 再生剂性质对扩散的影响

扩散系数 D 和扩散分子的相对分子质量 M 的关系通常遵循下面的关系,即

$$D \propto M^{-k} \tag{5-12}$$

式中,系数 k 在 1/3 和 1 之间变化,等于 1/3 时表示扩散分子形状近似于球形,等于 1 表示扩散分子形状近似于线形的链状结构。但如果是两种聚合物间的扩散,即大分子溶质在另一大分子溶剂中扩散,扩散分子就会被纠缠而受到阻碍,导致扩散速度减慢,聚合物扩散试验的研究结果表明 k 值接近于 2。可以看出扩散不仅受到扩散分子相对分子质量的影响,还受到分子形状的影响,根据 Stoke-Einstein 公式,分子形状与平均分子半径有密切关联。分子(团)形状对扩散速度的影响可以按照如下思路考虑:若分子间发生的聚集类似球体形状,其体积增大 100 倍时,半径增加 4.6 倍,那么在理论上对扩散速度的影响较小;但实际上分子很可能会聚集成类似椭圆体形状,体积增加 100 倍时,平均分子半径将最大增加 20 倍,这样对于扩散系数的影响明显增大。

根据 Stoke-Einstein 公式,分子的极性是用它们的偶极矩 μ 来定量表征的,偶极矩越大,分子的极性越强。由于相邻的极性分子趋向于以偶极子的不同极相互确定指向,这时分子之间将产生静电吸引力,其结果之一就是使极性分子趋向于缔合,导致分子更易相互聚集成为相对分子质量更大的分子团,必然影响到扩散速度。

因此,可以看出再生剂分子(团)的相对分子质量、形状和极性对其扩散速度影响均很大,这也是初期开发的再生剂多是以轻质小分子油分为主的主要原因。

3）沥青性质对扩散的影响

依据扩散理论，扩散媒介黏度与扩散速度成反比。因此，从直观上分析，相比于新沥青，老化沥青稠度更大，应该更加难以浸透。但是国外已有试验结果却与此推论矛盾，无论是人工短期老化还是路面取芯所得沥青都没有显著影响再生剂的扩散速度。

SHRP 沥青微结构模型认为，针对沥青中的扩散行为，主要是由可溶质（软沥青质）作为扩散媒介；沥青的老化导致沥青黏度增加，可能是将部分可溶质转化为沥青质，但是剩余的可溶质与未老化胶结料中的可溶质性质是相似的。为了说明这一问题，有研究选择了不同老化程度的沥青，使用光谱分析测定再生剂扩散速度，得到如图 5-6 所示的结果[R-V115 代表再生剂，A-180 表示 25℃针入度为 180（0.1mm）的沥青，其他符号意义相同]。

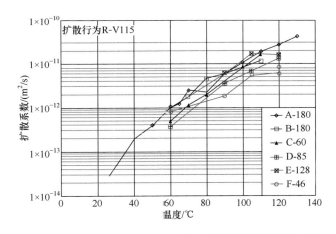

图 5-6　不同温度下再生剂在不同沥青胶结料中的扩散系数

研究结果表明，是可溶质的黏度，而非沥青的总体黏度，控制着扩散速度，因此沥青老化对扩散过程并没有显著的影响，并推荐使用可溶质的黏度来预测扩散系数。但是如何准确地界定可溶质和沥青质以及测定可溶质黏度，目前仍没有公认准确的方法。

由此可以判定，温度是影响再生剂扩散的关键因素，而再生剂本身的微观结构性质同样对于其在老化沥青中的扩散有着重要影响，而老化沥青的黏度虽然对再生剂的扩散有一定的影响，但与前面两种影响因素相比，这种影响反而相对较弱。

5.3.2　再生剂对老化沥青的扩散分析

目前还没有良好的手段精确分析再生剂对老化沥青的扩散混溶过程。因此，本节设计了两种简易的模拟扩散试验月以分析再生剂的扩散混溶过程，尽管无法对再生剂扩散规律进行精确量化,但是测试方法比较简单可行,可以在一定程度上表征和分析再生剂的扩散能力,了解再生剂的扩散过程。

1. 针入度扩散试验

如图 5-7 所示,在针入度试模内浇入 60g 沥青,待冷却后再浇注 10% 的再生剂 6g 在沥青表面形成薄层,在烘箱内保温固定时间后取出冷却,并仔细漂洗掉表层再生剂,进行 25℃ 针入度测试。进行对比分析的具体试验条件设计如下:

(1) 为反映再生剂的影响,选取四种比较常用且黏度差异较大的再生剂 A (15mPa・s)、B(215mPa・s)、C(90mPa・s)和 D(4mPa・s)。

(2) 为反映沥青的影响,选取经过短期老化的两种沥青,即 70♯ 基质沥青和 70♯ SBS 改性沥青。

(3) 为反映温度的影响,固定保温时间 3h,取 60℃、100℃ 及 160℃ 三个不同的温度。

(4) 为分析扩散时间的影响,固定保温温度 100℃,取 0.5h、1h、2h、3h 及 4h 五个不同的扩散时间。

相应的试验结果(四次试验结果的平均值)如图 5-8 及图 5-9 所示。

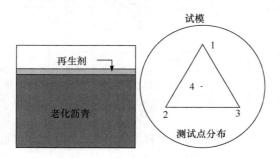

图 5-7　再生剂针入度扩散模拟试验示意图

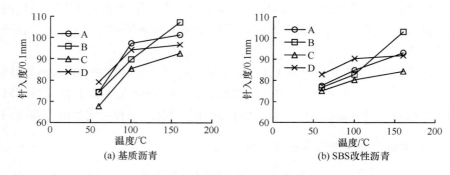

图 5-8　针入度随再生剂扩散温度的变化

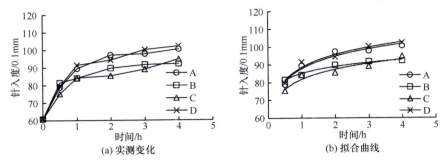

图 5-9　针入度随再生剂扩散时间的变化

图 5-8 的试验结果表明,温度对再生剂扩散影响显著,但是其对再生剂扩散能力的影响规律又随着再生剂以及沥青品种的不同具有较大的差异,众多的影响因素之间亦会产生相互影响,很难对多种因素的综合作用进行定量化对比分析。说明再生剂的扩散是个非常复杂的过程,也验证了前述扩散影响因素的分析结论。

但是结合实体工程应用条件,将温度以及沥青品种条件固定以简化影响因素,分析再生剂随扩散时间的作用规律,一定程度上有助于对比分析不同再生剂的扩散能力。

首先从图 5-9(a)中可以看出,随着再生剂扩散时间的增加,沥青针入度在最初 1h 内变化最快,其后逐渐平缓。分析其原因,随着扩散时间的延长,较多再生剂扩散进入沥青以后,浓度梯度逐渐变小,沥青大分子的阻滞作用增强,削弱了其扩散动力。

进一步对图 5-9(a)中的沥青针入度随扩散时间的变化规律进行拟合,可以在一定程度上消除试验误差的影响,如图 5-9(b)所示;针对不同再生剂的拟合数学表达式 $P=a\ln t+b$ 见表 5-6,其中系数 a 可视为表征再生剂扩散速度的指标,其值越大,说明再生剂扩散速度越快。

表 5-6　再生剂扩散拟合公式

再生剂	拟合公式	系数 a	相关系数 R^2
再生剂 A	$P=10.128\ln t+87.757$	10.128	0.9501
再生剂 B	$P=7.5949\ln t+83.105$	7.5949	0.9581
再生剂 C	$P=9.2254\ln t+83.195$	9.2254	0.9598
再生剂 D	$P=10.301\ln t+88.47$	10.301	0.9554

基于拟合系数 a 的对比,再生剂扩散能力顺序为 D>A>C>B,而这一结论与再生剂的黏度顺序 D(4mPa·s)<A(15mPa·s)<C(90mPa·s)<B(215mPa·s) 具有良好的相关性;D 和 A 再生剂黏度较小是因为其小分子轻质油分含量较

大,而 C 和 B 再生剂中具有一定的黏性成分,因而黏度较大,基于前述的扩散机理分析,C 和 B 在扩散过程中受到的黏滞阻力就相应较大,进而造成扩散能力的下降。

因此,前述设计的扩散针入度试验一定程度上验证了温度以及再生剂对扩散的重要影响,能够用来对比评价不同再生剂的扩散能力,但是必须注意的是,这种评价规律只在相对固定的条件下成立,对于不同的温度及沥青而言,其规律可能会发生变化。

2. DSR 扩散试验

为了进一步分析再生剂在再生沥青中的微观扩散混溶过程,采用 DSR 动态剪切试验的试验参数来研究再生过程中指标的变化所反映的扩散规律。在 DSR 试样表面涂抹 8% 的再生剂,然后放入 100℃ 的烘箱中养护固定时间,取出冷却并仔细清除掉表层的再生剂,通过单面渗透来反映渗透效果。进行对比分析的具体试验条件设计如下:

(1) 为反映再生剂的影响,选取两种比较常用且黏度差异较大的再生剂,即 B(黏度 215mPa·s)和 C(黏度 90mPa·s)。

(2) 为分析扩散时间的影响,固定保温温度 100℃,取 1h 和 4h 两个不同的扩散时间。

(3) 将老化沥青与再生剂充分搅拌均匀后的状态视作再生剂完全扩散混溶进入老化沥青的理想状态。

(4) 为了体现再生剂中轻质油分的作用,采用较低的温度 52℃ 来进行 DSR 试验。

(5) 为了进行对比分析,对原样沥青、老化沥青以及老化沥青与再生剂搅拌均匀后的再生沥青同样进行 DSR 试验。

相应的试验结果(四次试验结果的平均值)见表 5-7 和表 5-8。

表 5-7　再生剂 B 对老化沥青单面渗透作用试验结果

沥青试样　　　　　　　测试指标	G^*/kPa	$G^*/\sin\delta/kPa$
原样沥青	29.87	33.29
老化沥青	71.63	83.56
老化沥青+再生剂 B、渗透 1h	31.92	36.88
老化沥青+再生剂 B、渗透 4h	26.30	30.26
老化沥青+再生剂 B、搅拌均匀	34.59	39.18

表 5-8　再生剂 C 对老化沥青单面渗透作用试验结果

沥青试样　　测试指标	G^*/kPa	G^*/sinδ/kPa
原样沥青	29.87	33.29
老化沥青	71.63	83.56
老化沥青＋再生剂 C、渗透 1h	30.62	35.32
老化沥青＋再生剂 C、渗透 4h	20.18	22.57
老化沥青＋再生剂 C、搅拌均匀	28.69	32.23

从表 5-7 和表 5-8 的试验结果可以看出,无论是再生剂 B 还是再生剂 A,再生剂渗透入沥青后都能起到明显的软化作用,再生沥青的车辙因子 G^*/sinδ 明显小于老化沥青,再生剂 B 自身的黏性成分较多,自身黏度大于再生剂 C,因此其软化作用略弱于再生剂 C,表现为再生沥青车辙因子 G^*/sinδ 略大;将老化沥青视作再生剂渗透 0h 的再生沥青,对比再生剂渗透 0h、1h 以及 4h 三种再生沥青的测试结果可以看出,车辙因子 G^*/sinδ 随着渗透时间的增长是单调减小的,表明随着时间的增长再生剂不断渗透入老化沥青,从而起到软化作用;从这一角度讲,再生剂与老化沥青搅拌均匀的再生状态可以代表再生剂经过足够长时间完全渗透入老化沥青中的状态,其车辙因子 G^*/sinδ 测试结果应该小于再生剂渗透 4h 的再生沥青,然而两种再生剂的测试结果均显示出与前述规律相反的现象;分析其原因,两种再生剂都是由不同组分混合而成的,其中的轻质油分扩散速度快,随着时间的增长不断进入老化沥青中,而其中的黏性成分扩散速度慢,必须经过较长时间的渗透才能够融入老化沥青中,因此再生剂渗透 4h 的再生沥青中含有较多的轻质油分,而黏性成分因部分没有渗透入老化沥青则有一定的缺失,造成其车辙因子 G^*/sinδ 测试结果要小于再生剂与老化沥青搅拌均匀的再生沥青。

可以看出,对于常规再生剂,无论采用含有黏性成分较多还是较少的产品,其实际扩散再生效果都很难在较短的时间内达到搅拌均匀的再生效果,轻质油分能够较快地渗透进入老化沥青,而黏性成分则较难在短时间内完全渗透进入,从而导致老化沥青性能的恢复无法达到预想的设计状态。由此也进一步反映了再生剂再生过程的复杂性。

5.3.3　再生沥青胶浆状态分析

尽管要精确探究再生剂与旧沥青之间的扩散混溶这一复杂的微观过程非常困难,但是微观作用特性必然会在宏观性能中有所体现,因此进一步评价再生沥青混合料中的再生沥青胶浆存在状态及其对混合料性能的影响,有助于进一步深入了解再生剂的实际作用特性。

1. 沥青胶浆层状差异性分析

若再生剂无法与混合料中旧沥青完全融合就会造成集料表面沥青胶浆性状呈层状差异分布,如图 5-10 所示,即再生剂与外层部分老化沥青混溶形成较软的再生沥青层,而内层则依然是原样的老化沥青。为评价集料表面再生沥青胶浆的存在状态,设计了再生沥青性能层状差异分析试验。

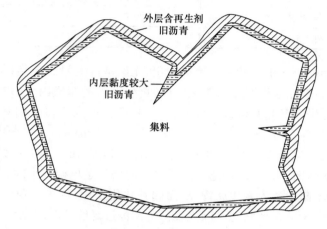

图 5-10　再生混合料内外层沥青示意图

采用室内老化沥青与集料按照设计配合比获得模拟旧料,为使旧沥青充分渗入集料孔隙中更接近路面实际情况,将混合料放入 100℃恒温烘箱中养护 12h 获得试验用的老化沥青混合料试样;依据 5.3.2 节的分析选用两种代表性再生剂 A(轻质油分含量相对较大,扩散能力相对较强)和 B(大分子增黏组分相对较多,扩散能力相对略弱),依据表 5-4 针入度试验结果分别选取 A 和 B 添量为旧沥青用量的 4％和 7％;模拟就地热再生施工条件,将 130℃保温的旧料与 100℃保温的再生剂拌和 2min 获得再生沥青混合料;为进行对比,同时对不添加再生剂的旧料进行分析。

经过前期反复试验,最终确定的混合料沥青内、外两层剥离的具体过程如下:

(1) 用网篮称取 1500g 再生沥青混合料,浸入 1500mL 左右的三氯乙烯中,静置浸泡 45min 后迅速提起网篮,溶解在三氯乙烯中的沥青即可认为是包裹集料的外层沥青。

(2) 将浸泡残留的沥青混合料再次浸入 1500mL 左右的三氯乙烯中,浸泡 45min 并不停搅动,所溶解的沥青即可认为是包裹集料的内层沥青。

(3) 对回收的内外层沥青进行 SHRP 动态剪切流变试验(DSR),以车辙因子为指标评价内外层沥青性能的差异性。

　　在沥青膜分层剥落的过程中,内外层沥青分界线所处的位置决定了内外层沥青的性质,分离的过程中可借助内外层沥青质量来判断层位分界位置,测定按上述方法分层回收的内外层沥青质量,见表 5-9,两者质量基本相等,也就意味着采用这种方法分离的沥青内外层厚度基本相等。图 5-11 的车辙因子测试结果显示,无再生剂作用时内外层沥青车辙因子基本相当;而有再生剂作用时,外层沥青的车辙因子明显小于内层沥青,表明再生剂并没有与旧沥青充分融合,而是较多分布在外层沥青中,形成了呈层状差异分布的再生沥青胶浆。

表 5-9　剥离的内、外层沥青质量　　　　　　（单位:g）

再生使用的再生剂	再生剂 A	再生剂 B	无再生剂
沥青膜内层	53.7	54.9	53.9
沥青膜外层	60.6	62.0	48.6

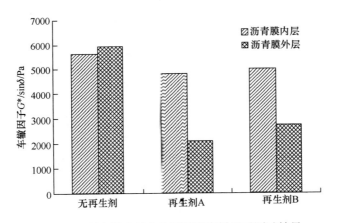

图 5-11　再生混合料内外层沥青车辙因子测试结果

2. 沥青胶浆转移分析

　　再生剂与老化沥青的扩散混溶状态不仅会影响到再生沥青胶浆本身的性能状态,同时会影响到再生沥青胶浆在再生沥青混合料系统中的分布状态,因此进一步设计了沥青胶浆转移试验对沥青胶浆在新旧集料间的转移分布状态进行试验分析。

　　当新集料与老化沥青混合料拌和均匀后,想要再次相互分离是很难实现的。因此,为简化试验便于将新旧集料分离测试,旧料采用 4.75mm 集料代替,沥青用量根据一般沥青膜厚度范围 6~12μm 结合规范集料比表面计算公式(集料比表面积系数见表 5-10)来估算,通过试拌确定采用 500g 4.75mm 集料添加 10g 矿粉与9.6g 室内老化沥青经拌和以及 100℃ 烘箱养护 12h 后获取模拟旧料;新料采用

500g 13.2mm 集料代替。

表 5-10　集料比表面积系数

筛孔尺寸/mm	0.075	0.15	0.3	0.6	1.18	2.36	≥4.75
表面积系数/(m²/kg)	32.77	12.29	6.14	2.87	1.64	0.82	0.41

为对比分析四种再生剂 A、B、C 和 D 的作用特性,均选用两种添加量,依据表 5-6 的试验结果选取各自适宜的工程掺量(A-4%,B-7%,C-7%,D-4%)以及统一掺量 10%;模拟就地热再生施工条件,将加热至 120℃的旧料与 100℃再生剂拌和 1min 后,添加 160℃新集料再拌和 1min,待冷却至 70℃以下后分离新旧料并冷却称重,测定转移到新集料表面的沥青胶浆质量并根据比表面积转换成沥青膜厚,见表 5-11 和图 5-12。

表 5-11　再生过程中沥青胶粉料转移结果

再生剂	添加比例/%	胶浆转移百分比/%	新料转移沥青膜厚度/μm	旧料残留沥青膜厚度/μm	新旧料沥青膜厚度差值/μm
无再生剂	—	15.41	5.63	11.04	5.41
再生剂 A	4	17.45	6.30	10.83	4.53
	10	29.85	8.70	9.96	1.26
再生剂 B	7	21.43	7.36	10.50	3.14
	10	26.38	8.14	10.24	2.10
再生剂 C	7	23.62	8.03	10.19	2.16
	10	25.41	7.63	10.46	2.83
再生剂 D	4	19.44	6.68	10.75	4.07
	10	31.79	8.96	9.77	0.81

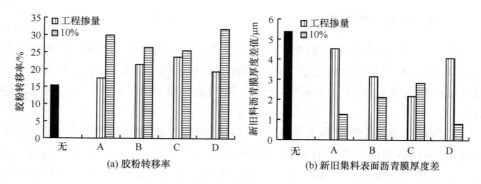

(a) 胶粉转移率　　　　　　　(b) 新旧集料表面沥青膜厚度差

图 5-12　沥青胶粉转移试验

通过表 5-11 和图 5-12 的试验结果对比分析,基本可以获得如下结论:

(1) 不添加再生剂时,旧料胶浆转移量较小,转移比例只有 15% 左右,也就造成新旧集料表面沥青厚度及性质的不均。再生剂对旧料胶浆向新料表面的转移有较大帮助,添加 10% 的再生剂后,其胶浆转移量大幅增加,转移到新集料表面的沥青膜厚度最高可达到或接近原来的 2 倍,说明再生剂对旧沥青具有一定的软化作用,从而使更多的旧料表层沥青在拌和过程中转移到新集料表面,从而有利于新旧沥青之间的混溶,也有利于再生沥青在新旧集料之间的均匀分布。

(2) 不同再生剂对沥青胶浆转移的贡献并不相同,而且受掺量变化的影响程度与规律亦有所不同:当再生剂剂量较小时(各自的工程掺量),再生剂 A 和 D 对沥青胶浆的转移效果明显弱于再生剂 B 和 C,但是随着再生剂用量增大(达到 10%),再生剂 A 和 D 的作用效果又明显超过了再生剂 B 和 C。

(3) 再生剂工程掺量是基于再生剂与沥青的室内均匀混溶试验条件确定的,由于再生剂 A 和 D 的轻质油分较多黏度较小,因而确定的用量也较小(4%),但混合料拌和试验不同于前述的沥青拌和试验,两种再生剂的轻质特点反而使得其在混合料拌和试验条件下容易挥发,再加上本身用量就较小,因而很容易失去应有的软化作用;再生剂 B 和 C 由于黏性组分相对较多黏度相对较大,与沥青拌和试验确定的工程用量相对也就较大(7%),而其组分特性也降低了其在混合料拌和条件下的挥发性;因此当再生剂剂量较小时,再生剂 A 和 D 对沥青胶浆的转移效果要弱于再生剂 B 和 C。

(4) 当再生剂用量均增大至 10% 时,再生剂 B 和 C 的扩散能力增加不大,但再生剂 A 和 D 的含量相对于其工程掺量(4%)大大增加,导致其扩散能力较强的作用效果超过了拌和挥发造成的扩散损失,因此扩散效果反而超过了再生剂 B 和 C。

上述试验结果再次证明了再生剂在实际再生过程中作用特性的复杂性,由于再生剂本身的特点复杂多变,因此目前常用的再生剂与老化沥青混合均匀后确定再生剂用量的方法并不是完全可靠的,需要混合料拌和与性能测试试验加以验证。

3. 再生混合料路用性能影响分析

为分析再生沥青胶浆分布状态对再生沥青混合料性能的影响,设计了三组对比试验:①采用新沥青进行配合比设计获取新沥青混合料;②分别选用再生剂 A(4% 掺量)和 B(7% 掺量)与室内老化沥青均匀混合获取室内再生沥青并进行配合比设计以获取表征再生剂与老化沥青混溶均匀状态的再生沥青混合料;③先将老化沥青与集料拌和形成老化沥青混合料,再添加再生剂,进行配合比设计以获取表征实际再生过程中再生剂与老化沥青扩散不均匀状态的再生沥青混合料。

对三组设计试验获得的沥青混合料进行室内性能评价,包括车辙试验、低温弯曲试验及冻融劈裂试验。为使性能对比更加清晰直观,重点以新沥青混合料性能为基准,将另外两组混合料性能与其进行对比,分析再生沥青胶浆分布状态对混合料性能变化规律的影响。混合料路用性能对比结果如图 5-13 所示。图中新沥青,A 均匀和 B 均匀,A 不均与 B 不均分别表示由设计试验①、②、③获得的混合料。

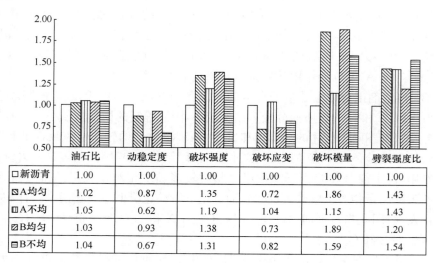

	油石比	动稳定度	破坏强度	破坏应变	破坏模量	劈裂强度比
□新沥青	1.00	1.00	1.00	1.00	1.00	1.00
⊠A均匀	1.02	0.87	1.35	0.72	1.86	1.43
⊞A不均	1.05	0.62	1.19	1.04	1.15	1.43
⊘B均匀	1.03	0.93	1.38	0.73	1.89	1.20
⊟B不均	1.04	0.67	1.31	0.82	1.59	1.54

图 5-13　不同沥青混合料路用性能对比

依据沥青混合料空间结构理论,沥青与集料之间的作用不仅与沥青、集料的性质有关,而且也受沥青膜厚度的影响。集料与表层沥青作用力较强,形成结构沥青;随着沥青膜厚度的增加,集料表面完满地包裹结构沥青时,沥青混合料获得最大的黏聚力;随着沥青膜厚度进一步增加,过剩的沥青与集料相互作用减弱而形成自由沥青,成为矿料颗粒发生位移的润滑剂,致使沥青混合料黏聚力降低,变形能力增强。以此为基础,观察各性能的对比结果,基本可以得到如下结论:

(1)油石比。最佳油石比对比结果表明,再生剂扩散不均匀再生沥青混合料>扩散均匀再生沥青混合料>新沥青混合料;分析其原因主要与确定油石比的马歇尔试验和计算过程有关,混合均匀的再生沥青综合流变性能要差于新沥青,而再生剂扩散不均匀的状态下,部分旧沥青不能软化为胶结料,类似于"黑石"作用,造成再生沥青流变性能会更弱,从而导致需要增大沥青用量以达到相同的流变性能要求。与相关研究提出的老化沥青混合料"黑石"作用导致再生油石比增大的观点基本一致。

(2)高温性能。车辙动稳定度对比表明,三种沥青混合料的高温性能,再生剂扩散不均匀,再生沥青混合料<扩散均匀再生沥青混合料<新沥青混合料。造成这一现象的主要原因是:再生剂黏度低,扩散不均匀时主要存在于集料外层的自由沥青中,在集料间形成软弱夹层,在集料相对滑移过程中起到润滑作用;而扩散均匀的再生沥青虽然不存在这一问题,但其油石比略大,更重要的是再生沥青中油分的存在使其本身高温性能弱于新沥青,因比造成高温稳定性也略差。很多再生工程的实测数据表明,再生沥青路面的劲度比预期设计的要低,与前述分析的再生剂润滑作用观点基本是一致的。

(3)低温性能。通过低温弯曲试验的试验参数(破坏强度、破坏应变以及破坏劲度)的综合对比,可以认为,低温性能方面,新沥青混合料>扩散不均匀再生混合料>扩散均匀再生混合料。与扩散均匀的再生沥青混合料相比,新沥青混合料破坏时所承受的最大荷载较低,跨中挠度较大,也即相同荷载下产生的应变较大而应力较小,破坏时劲度模量小,表现出良好的应力消散特性和流变能力,与新沥青流变能力优于再生沥青的结论是一致的;扩散不均匀的再生沥青混合料其破坏最大荷载以及破坏模量均高于新沥青混合料,而破坏应变则比混合均匀的再生沥青混合料更接近于新沥青混合料,其主要原因仍然与再生剂不均匀扩散的存在状态有关,再生剂较多滞留在外层自由沥青中,其润滑作用使得试件在荷载作用下变形能力增大,而内层老化结构沥青较大的黏结力则提高了其最大破坏荷载。必须注意的是,上述试验结果只是反映了再生剂扩散不均匀的影响,并不代表再生剂扩散不均匀有利于改善再生沥青混合料低温性能,主要原因在于室内模拟制备的老化沥青混合料与实际路面老化沥青混合料的状态有很大的出入,室内制备的老化沥青混合料中老化沥青与集料之间得到了良好的拌和,其黏附性以及沥青用量都得到了良好的保障,这与实际路面中的老化沥青混合料正好相反。因此,常规情况下再生沥青混合料的低温性能一般要弱于新拌沥青混合料。

(4)水稳性能。在冻融劈裂试验中,再生沥青混合料与新沥青混合料相比,无论冻融与否其劈裂抗拉强度均较新沥青高,且冻融劈裂强度变化幅度小,这与老化沥青混合料和再生沥青混合料的制备过程、冻融劈裂试验的测试机理以及再生沥青本身的胶体结构有很大关系。针对扩散均匀的再生沥青,由5.2节再生机理的分析可知,再生沥青中老化沥青组分依然存在,再生剂更多的是在表观上降低了测试黏度其实并没有形成良好的稳定胶体结构,这也是前述再生沥青高温稳定性差的原因之一,因此较多沥青质及树脂成分的存在反而会与矿料形成较好的结构沥青层,而劈裂抗拉强度的主体影响因素是裹覆在集料表层的结构沥青,因此反而表现出对水稳性能是有利的。从这一角度出发,扩散不均匀的再生沥青混合料由于内层老化沥青在矿料表面形成了黏度较大的强作用界面,水分很难渗入,应该也会表现出更好的水稳性能,而试验结果也验证了这一点。但是与前述低温性能的分析类似,上述试验结果只是反映了再生沥青性质及其扩散不均匀状态的影响,并不代表再生沥青混合料具有更优的水稳性能。相反,实际再生过程中再生沥青混合料常常会表现出劣于新拌沥青混合料的水稳性能。

综上所述,再生沥青胶浆的存在状态对混合料的性能有很大的影响。扩散均匀的再生沥青混合料其综合路用性能劣于新沥青混合料,说明现有再生剂对老化沥青性能的改善并没有达到理想状态;扩散不均匀的再生剂则明显降低了老化沥青本来良好的高温稳定性能,尤其是再生剂本身的抗老化性能较差,游离于老化沥青之外必然会导致其老化速率加快,这也是目前普遍认为再生沥青混合料抗老化性能弱于新沥青混合料的根本原因之一;同时在长期使用过程中,如果游离的再生剂进一步扩散软化老化沥青胶结料,反而会造成集料表面自由沥青膜厚度比设计之初增加,从而降低集料间的黏结作用,进一步降低再生沥青混合料的路用性能。

此外,性能试验中还发现,尽管再生剂的加入有时无法达到新沥青相同的性能,但是仍然能够满足规范要求。分析认为,规范的性能指标要求并不能理解为实际应用的需求值,而应理解为形成正常的沥青混合料所需达到的最低值,低于此标准则混合料不具备抵抗病害的基本能力,而即使满足了标准并不代表不会发生病害。以车辙为例,对于车辆荷载作用导致出现车辙等流动变形病害的路面而言,如果仍然按照原有标准要求进行再生就不能确保再生后路面不会重蹈覆辙。因此,目前实体工程中简单地追求再生沥青混合料性能设计达到技术标准的最低要求也是造成关于再生沥青混合料实际使用性能评价没有统一结论的重要原因之一。

5.4　改性再生剂研制

基于前述的分析可以看出,目前的再生剂能够在一定程度上改善老化沥青及混合料性能,同时也存在明显的不足,因此有必要针对老化改性沥青的再生进一步开展再生剂的研发工作,以期能够在一定程度上弥补上述不足,适应老化改性沥青的再生需求。

5.4.1　改性再生剂研制思路

1. 指导思想

我国路面再生应用现状与国外有较大的区别,很多沥青路面在远没有达到设计使用寿命时就出现了病害,且多为功能性病害。因此,采用国外思路开发的再生剂未必适用于我国再生技术现状。分析认为我国再生剂开发的指导思想应是以沥青老化机理为参考依据,以恢复病害路面的路用性能为基本出发点,以提高抗病害能力避免再次出现类似病害为支撑,最终落脚于延长路面的长期使用寿命。

无论是基质沥青还是改性沥青,如若严格按照"再生"概念,则意味着应将老化沥青恢复到与原样沥青相同的材料组成,但是基于前述的分析可知这是很难实现的,尤其是对于改性沥青,要想恢复其改性剂至原样结构,以现阶段的技术手段是不现实的。

目前国内外在选择沥青时,基本上都是以性能为基础,即使对沥青进行改性,其目的也是为了更好地提高沥青的路用性能,而不是刻意追求其内在结构的变化。基于此,无论是对于老化基质沥青还是老化改性沥青,结合前述的指导思想,将"再生"定义为性能的恢复,将"改性"定义为性能的提高,进而提出"改性再生"理念:即首先追求能够恢复沥青的基本路用性能,进而在此基础上根据修复路面病害需要,进一步有针对性地改善沥青综合路用性能或者某一方面的性能需求。

2. 研发模式

依据前述指导思想,可以认为沥青胶体相系的调衡只是再生剂开发的起点和参考,而路用性能的检验评价才是再生剂的主要控制指标和手段。因此,再生剂开发应具有的功能为:①良好的浸润扩散能力;②有效改善旧沥青的结构体系;③恢复沥青综合路用性能;④根据病害防治需求有针对性的改善提高沥青路用性能。

沥青是成分极其复杂的混合物,作为其补充部分,再生剂理应是多种成分的混合物,只不过各成分应根据性能需要进行设计混合。为此,依据前述的功能要求分析提出再生剂开发的"模块化"模式,即将再生剂的组成按照在再生过程中应起到的功能进行划分,定义为浸润扩散组分、结构调节组分、改性组分以及针对性组分。

浸润扩散组分应是能够快速侵蚀溶解沥青的组分,因而对其首要要求是具有良好的溶解扩散能力;结构调节组分应是能够恢复和调节老化沥青组分及胶体结构的组分,因而组分补充及结构调节是其首要功能;改性组分应是能够进一步改善再生沥青性能的组分,因而改性组分应具备良好的性能改善作用;针对性组分主要是针对路面特殊病害防治的需要进一步添加的附加组分。

因此,从功能上划分,浸润扩散组分是保障其他各组分在较短的拌和时间内向老化沥青迅速扩散融合的通道;结构调节组分目的是调节老化沥青结构从而保障各组分以合理稳定的状态存在于沥青结构中,而要调节老化沥青结构就要求结构调节组分既具有一定的软化溶解作用又能形成稳定的结构状态,因此可以认为结构调节组分是浸润扩散组分到改性组分的过渡;改性组分可以认为是结构调节组分的延伸,但是其首要目的是依据病害修复的需要,进一步保障沥青路用性能得到改善提高;而针对性组分可以认为是特殊的改性组分,主要是针对路面特殊病害防治的需要而可选的附加组分(如紫外线吸收组分、抗剥落组分等)。

3. 材料选择基本原则

在材料合成技术高度发达的今天,具有溶解、再生或改善沥青功能的材料种类很多,筛选出适宜的品种是十分困难的工作。在开发的初始探索阶段,应首先着眼于一些石化产业废油、废液提取物及少量具有特殊功能的材料，这样既可以满足再生功能需要，又能充分利用废弃物，有效降低合成再生剂成本，并重点从以下三个方面进行考察：

（1）功能性。要求所选择的材料能满足所设计的功能需求，如具有较强的扩散能力，或能够很好地协调沥青结构，或具有改性功能等，同时具有与沥青较好的相容性以及耐久性能。

（2）安全性。由于再生剂是喷洒到加热旧沥青混合料表面使用，因此，再生剂的各组成材料应具有足够高的闪点（以高于 200℃为宜，对于含量较低的成分可适当放宽），以防止拌和过程中引起火灾。另外，再生剂在加热拌和及其后的使用过程中会有一定的挥发，因此，从人员或环境安全的角度，再生剂的各组成材料不能具有毒性。

（3）经济性。很多再生剂没有得到大面积推广的一个重要原因是由于再生剂的价格较高，使得再生沥青混合料综合成本提高。降低再生剂的价格，首选应是价格低廉、货源充足的材料。从国内的一些研究可见，使用化工行业的废料可满足再生剂的部分功能需求，而且可以达到"以废养废"的目的，具有良好的经济效果。

5.4.2　改性再生剂配制

依据前述"模块化"开发模式，首先根据材料选择原则筛选各单组分材料，然后对单组分进行相应功能试验，初步确定所需添加比例范围，最后进行复合调整，确定最终的各组分合理比例，并通过性能验证获得所需的再生剂。以下借助一个配制示例详细阐述再生剂模块化研发过程中的关键步骤与环节，为简化初始设计，此阶段暂时没考虑针对性组分。

1. 浸润扩散组分

1）基本原则

基于前述的分析，浸润扩散组分的选择依据仍然是以扩散理论为基础，相对分子质量小的组分通常具有较强的扩散能力，然而其挥发性通常也较强、闪点较低，这是相互矛盾的两个方面，应综合考虑。另外，还要求扩散组分对沥青的性能有一定的改善作用，至少在沥青中应不影响再生沥青性能。

2）材料选择

首先依据前述的材料选择原则，经由成分及相容性等化学分析初选了容易获取，价格比较低廉，黏度较低且无毒的两种轻油 A、B 及两种溶剂 C、D。进而采用之前章节中设计的扩散针入度试验考察各材料对老化沥青的扩散软化能力，试验结果如图 5-14 所示。

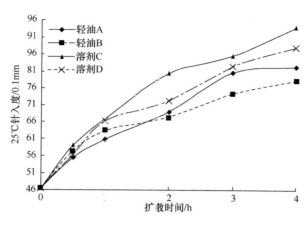

图 5-14　各材料对沥青的浸润扩散能力

从图中针入度的变化趋势可以看出,对沥青的渗透软化性能,溶剂 C>溶剂 D>轻油 A>轻油 B,进一步测定四种材料的闪点见表 5-12,综合扩散要求以及施工安全性能要求,认为四种材料中溶剂 D 最适宜用作再生剂的浸润扩散组分。

表 5-12　扩散材料的闪点

材料	轻油 A	轻油 B	溶剂 C	溶剂 D
闪点/℃	123	152	127	178

3) 初始添量确定

浸润扩散组分的目的就是增强再生剂软化旧沥青的能力,提高旧沥青从旧集料表面剥落并转移至新集料表面的能力,以促进新旧沥青的均匀混溶。因此,新旧集料表面沥青膜的转移平衡可以作为确定扩散组分掺量的一个指标。借助之前设计章节中设计的沥青胶浆转移试验,测定不同浸润扩散组分掺量下旧沥青胶浆向新集料转移情况,结果见表 5-13。

表 5-13　不同剂量的浸润扩散组分作用下旧沥青转移情况

添加比例/%	胶浆转移百分比/%	旧集料沥青膜厚度/μm	新集料沥青膜厚度/μm
0	15.11	5.63	11.04
3	24.39	8.03	10.20
6	35.10	9.00	9.85
9	40.79	9.33	9.63

由试验结果不难看出,随着浸润扩散组分添量(占沥青质量的百分比)的增大,沥青胶浆转移量及新集料表面沥青膜均在增加,旧集料表面残留沥青膜则逐渐变薄,说明在浸润扩散组分软化作用下旧沥青逐渐转移到新集料表面。添量达到

6%左右后,新旧集料表面的沥青膜厚度基本接近一致,各指标的变化幅度已经较小,可以认为 6%用量已经能够满足浸润扩散要求。

浸润扩散组分能够软化沥青,在一定程度上改善老化沥青的性能。但过量的掺加则会对再生沥青的路用性能尤其是高温性能产生负面影响。因此向老化沥青中添加不同比例的该组分,测定其对老化沥青性能指标的影响情况,结果见表 5-14。从表中数据可以看出,浸润扩散组分可使老化沥青的软化点降低、针入度和延度增大,对沥青的流变性能有一定改善,其添量控制在 6%以内是可行的,未对沥青高温性能产生比较严重的影响。

表 5-14　浸润扩散组分对沥青性能的影响

添量/%	针入度/0.1mm			PI	10℃延度/cm	软化点/℃
	15℃	25℃	30℃			
2	16.3	45.0	81.0	−0.91	9.9	54.6
3	18.3	50.3	89.0	−0.83	10.8	52.2
4	19.3	54.3	97.3	−0.98	13.7	51.9
5	21.3	61.5	110.0	−1.08	17.2	51.2

2. 结构调节组分

1）基本原则

结构调节组分需要有效地改善老化沥青胶体结构,也就意味着与沥青的相容性是其应具备的最基本性能,因此其初始选择原则应遵循极性相似以及溶解度相似相溶原则。

极性相似原则指出,高分子材料相溶性与极性有关,遵循极性近似的原则。高分子材料极性大小可根据介电常数来判断,通常介电常数大于 3.6 为极性材料;介电常数在 2.8～3.6 范围内为弱极性材料;2.8 以下为非极性材料。一般情况下,沥青材料的介电常数为 2.6～3.0,属于非极性或弱极性材料。

溶解度参数相似原则认为,高分子材料与溶剂溶解度参数越接近,相容性越好。目前尚没有沥青的溶解度参数可供查询,但可根据经验公式（5-13）进行近似计算。

$$\delta = \left(\frac{\Delta H - RT}{M/D} \right)^{1/2} \tag{5-13}$$

式中,δ 为溶解度参数;ΔH 为蒸发潜热;R 为气体常数;T 为温度;M 为相对分子质量;D 为密度。

表 5-15 所示是相关研究给出的几种沥青组分的溶解度参数,可以看出,无论新沥青还是经氧化的老化沥青,其溶解度参数值一般为 17～18$(kJ/m^3)^{1/2}$。

表 5-15 几种沥青的计算溶解度参数[81]

沥青材料	溶解度参数/$(kJ/m^3)^{1/2}$		沥青的溶解度参数/$(kJ/m^3)^{1/2}$
	软沥青质	沥青质	
大庆氧化沥青	17.1	19.2	17.2
胜利渣油	17.9	19.4	18.0
胜利氧化沥青	17.8	19.3	17.9
阿尔巴尼亚沥青	17.9	18.7	18.0

因此,为使再生剂能与沥青形成稳定的胶体结构,应选择极性较低或非极性材料进行复合,介电常数在 2.6～3.0 附近为宜;同时从溶解度相似角度,应选择与沥青溶解度参数接近的材料[溶解度参数宜在 18$(kJ/m^3)^{1/2}$左右]才能与沥青具有较好的相溶性。

然而,考虑到沥青是一种组成极其复杂的混合物,即使按性能相似的原则分成饱和分、芳香分、胶质和沥青质,这四组分间的极性、溶解度参数也有一定差距。饱和分基本没有极性,芳香分具有微弱的极性,而胶质与沥青质具有稍强的极性。依据相关研究[81],各组分间的溶解度参数差异见表 5-16。为照顾各组分的相溶性,采用多种材料的混合物合成结构调节组分可能会取得更佳的效果。

表 5-16 沥青各组分的溶解度参数　　　　(单位:$cal/cm^3)^{1/2}$

状态	饱和分	芳香分	胶质	沥青质
老化前	8.3464	9.0453	9.5313	9.8020
老化后	8.6252	8.9904	9.6666	10.6124

注:$1cal/cm^3 = 2.04J/m^3$。

2) 材料选择

研究表明,芳香族组分对沥青质有较好的分散作用,最容易为沥青质吸附,而且吸附力很大。芳香族组分的相对分子质量较小,具有良好的溶解性和贯入性。一方面可将大分子链间的许多连接点隔断,使网络结构中的连接点大大减小,降低老化沥青的劲度;另一方面,还可使处于凝胶状态的沥青溶胀,促使大分子间的相互运动,增加沥青的柔顺性。因此,芳香分含量成为再生剂质量的一个重要衡量指标。国外有研究提出,再生剂的芳香分含量应大于 60%。尽管国产沥青的沥青质含量较小,但国内学者还是建议再生剂中芳香烃含量应高于 30%。由此可见,作为调节恢复沥青结构的组分,应富含芳香分。

因此,依据前述的材料选择原则,经由化学组分分析从富芳贫蜡的石化废油、渣油材料中推荐了三种材料,石化渣油 A、芳烃基橡胶油 B 及芳烃油 C。

3）初始添量确定

在选择室内评价试验时，从试验的简便性和实用性角度出发，认为延度一定程度上能够反映与沥青微观胶体结构相关的流变性能，因此重点基于延度改善效果评价选择三种推荐材料。三种材料不同添加比例对老化沥青延度性能的改善情况见表 5-17。

表 5-17　结构调节组分对沥青延性的改善效果　　　　（单位：cm）

试剂	0%	2%	4%	6%	8%
渣油 A	6.4	11.2	16.3	37.6	67.2
芳烃油 B	6.4	15.3	23.0	41.0	92.4
橡胶油 C	6.4	10.2	12.9	18.3	24.7

从表中数据可以看出，渣油 A 和芳烃油 B 对沥青的延性均有较大幅度的改善，添加 6% 左右基本可接近原样沥青延度 41cm 的水平，而添加 8% 左右可使延度增加一倍左右，特别是芳烃油 B 改善效果最佳，而橡胶油对沥青延性改善效果相对有限。因此选择芳烃油 B 作为自制再生剂的结构调节组分。同时进一步测定不同芳烃油 B 添加比例下对沥青其他性能，25℃针入度、60℃黏度与软化点的影响，结果见表 5-18。

表 5-18　芳烃油对沥青性能的影响

指标	0%	2%	4%	6%	8%
25℃针入度/0.1cm	33.7	44.3	52.5	64.3	75.7
软化点/℃	56.9	55.2	52.8	50.9	48.3
60℃黏度/(Pa·s)	950	497	307	202	138

由表中数据可以看出，选择的结构调节组分的添加可有效降低沥青软化点、提高沥青针入度，在添加量达到 8% 的情况下，各指标并没有出现大幅衰减，依然符合 70 号沥青的技术标准，说明该组分对高低温性能的改善较为同步，对沥青的结构具有较好的改善。通过上述试验，可确定芳烃油添加比例在 6%～8% 范围内可较好地调节旧沥青结构。

3. 改性组分

1）基本原则

首先从结构稳定角度，要求改性组分的最佳参数应介于轻质组分与老化沥青之间，既能够吸附轻质组分形成稳定的再生剂共混物，又能够与老化沥青组分形成很好的吸附作用，从而实现轻质组分到老化沥青组分的良好过渡。

由沥青老化迁移式：油分（主要是芳香分）→胶质→沥青质，按化学反应平衡条件可知,浸润扩散组分以及结构调节组分在一定程度上具有促进老化速率的倾向,因此改性组分应能够起到减缓老化速率的作用。

从性能改善角度,借助改性沥青的改性机理分析,就要求改性组分能够通过溶胀作用形成一定的网络结构,强化再生沥青胶体结构,改善路用性能。

改性组分又可以划分为多种功能不同的组分,包括改善沥青综合路用性能的组分或根据抗病害需要针对性提高沥青某一方面路用性能如高温性能或低温性能的组分。

在目前的高温气候和重载交通条件下,沥青的高温稳定性不足产生的车辙病害已经成为当前的主要病害形式之一。而根据前面的试验分析,再生剂的加入降低了旧沥青的黏度,在一定程度上改善了旧沥青的流变性能,但却对再生沥青的高温性能是相对不利的,进而影响到了沥青混合料的高温性能,导致车辙路面经再生处理后很可能再次出现车辙病害。因此,此次再生剂开发重点针对改善高温性能的需要探索改性组分,定义为增黏改性组分,在力求不损害低温性能等其他性能的同时,以提高高温性能为首先目标进行材料选择。

2）材料选择

化学工业中,吸附性树脂的应用十分广泛,对一般的分散介质具有很强的吸附力。不同极性的树脂,通过进一步的化学合成后,不仅能够保障良好的吸附作用,同时能够调试出需要的树脂极性以及合理的黏度应用范围。从化学组分上看,树脂的相对分子质量一般为 500~50000,与沥青胶质组分较为接近,吸附油分后所形成的溶液能够符合沥青中软沥青质要求。因此,树脂材料比较符合结构稳定性的要求。

而目前的沥青生产工业中,存在着多种沥青改性剂,能够很好地改善沥青的高温性能,因此,同样可以考虑通过合理的方式应用为再生剂的改性组分。

基于前述材料选择原则,首先经由化学分析方法推荐了比较容易融化的两种固态添加剂 A、B 及一种液态树脂 C 以供分析比较。

3）添量确定

为确定前述材料对再生沥青性能的影响,室内试验中首先用 4% 的再生剂 A 对老化沥青进行再生,然后添加不同比例的选择材料,进行均匀混溶,测定再生沥青性能随选择材料添量的变化情况,见表 5-19。

表 5-19　沥青性能随选定材料添量的变化情况

添量	固态添加 A				
	0%	1%	2%	3%	4%
针入度/0.1mm	70.3	58.6	56.9	56.3	54.9
软化点/℃	50.1	53.9	62.6	65.8	70.2
10℃延度/cm	21.3	16.0	12.1	8.8	7.8

参量	固态添加 B				
	0%	3%	6%	9%	12%
针入度/0.1mm	70.3	64.7	60.8	53.9	51.4
软化点/℃	50.1	54.6	62.6	67.1	74.2
10℃延度/cm	21.3	25.8	36.9	48.5	66.9
参量	液态树脂 C				
	0%	2%	4%	6%	8%
针入度/0.1mm	70.3	77.8	86.5	94.2	101
软化点/℃	50.1	49.3	48.9	47.1	46.4
10℃延度/cm	21.3	28.4	65.2	49.3	71.6

从表 5-19 中数据可以看出,两种固态添加剂均能降低针入度,增大软化点;但固态添加剂 A 会造成延度降低,固态添加剂 B 则能够提高延度;而液态树脂 C 在大幅提高延度的同时,造成了针入度的增大以及软化点的下降。因此,如果从改善低温性能角度出发,液态树脂 C 是比较理想的选择;由于此次开发目的是针对高温性能改善,故而固态添加剂 A 和 B 均是可行的,但 B 能够同时改善沥青延度性能,因此首先选择固态添加剂 B 作为增黏改性组分进行分析。

在再生剂 A 中进一步添加不同比例的固态添加剂 B,重点测定其 135℃旋转黏度,结果见表 5-20。可以看出,添加剂会使得再生剂黏度大幅增加,势必会影响再生剂的扩散性能。因此,固态添加剂 B 的添加比例应控制在再生剂总质量的15%以内。

表 5-20　改性剂与再生剂混合物黏度

改性剂 B 添量/%	5	10	15	20
135℃旋转黏度/(mPa·s)	0.10	0.25	0.64	1.15

改性组分的选择是一个较为困难的问题,固态的添加剂可以很好地提高再生沥青高温性能,但会对再生剂的扩散性能产生不利影响;液态添加剂有利于再生剂的流动性和扩散性,但是对沥青的高温性能改善效果不佳。因此,关于增黏改性组分的选择是一项非常复杂的工作,其主体目标是希望能够分析找到某种材料,不仅能够在拌和过程中迅速扩散进入旧沥青中,同时具有一定的活性,能够与沥青中的官能团发生反应,逐步提高其高温稳定性。

4. 再生剂的复配

通过单一组分分析试验,基本确定了满足相应功能要求的组分添量(占沥青质量的百分比),浸润扩散组分 5%~6%,结构调节组分 6%~8%,而增黏改性组分应控制在上述两组分和的 15% 以内,也即为沥青质量的 1.5%~2.1%。

同时可以看出,三种功能组分对沥青性能的影响既有重叠又有冲突,三种组分均能改善沥青的流变性能,浸润扩散组分和结构调节组分均有利于扩散能力而不利于高温性能,增黏改性组分在扩散能力及高温性能方面则是与其他两种组分相反的。因此,进一步借助正交试验方法试验分析确定三种组分的详细复合比例,以完成再生剂复配。

本试验中,所要考察的因素为三种组分,即浸润扩散组分、结构调节组分与增黏改性组分,分别计为因素 A、因素 B、因素 C。每种因素取三个水平,浸润扩散组分 A:$A_1=5.0\%$、$A_2=5.5\%$、$A_3=6.0\%$;结构调节组分 B:$B_1=6.0\%$、$B_2=7.0\%$、$B_3=8.0\%$;增黏改性组分 C:$C_1=1.5\%$、$C_2=1.8\%$、$C_3=2.1\%$,采用 $L9(3^4)$ 正交表安排试验方案见表 5-21,以确定三因素最佳水平组合。

表 5-21 再生剂开发正交试验方案

试验号	因素水平		
	A 扩散组分/%	B 结构调节组分/%	C 改性组分剂量/%
1	A_1:5.0	B_1:6.0	C_1:1.5
2	A_1:5.0	B_2:7.0	C_2:1.8
3	A_1:5.0	B_3:8.0	C_3:2.1
4	A_2:5.5	B_1:6.0	C_2:1.8
5	A_2:5.5	B_2:7.0	C_3:2.1
6	A_2:5.5	B_3:8.0	C_1:1.5
7	A_3:6.0	B_1:6.0	C_3:2.1
8	A_3:6.0	B_2:7.0	C_1:1.5
9	A_3:6.0	B_3:8.0	C_2:1.8

按照上述配方,获取各复合再生剂,为便于检测结果比较,向老化沥青中添加 8% 固定比例的各复合再生剂,获取原样沥青,老化沥青以及相应再生沥青的性能测定结果见表 5-22。结合表中数据进行各因素的水平分析,可获得各因素对再生沥青不同性能的影响情况,结果如图 5-13 所示。

表 5-22 各再生性能指标

试验号	25℃针入度/0.1mm	10℃延度/cm	软化点/℃	60℃黏度/(mPa·s)	I-I	当量脆点/℃
原样	67.2	41.8	49.1	211.3	−0.798	−13.2
老化	39.0	6.3	55.4	530.3	−0.359	−10.9
1	71.7	32.2	49.7	334.0	−0.584	−14.9
2	71.0	39.2	49.7	328.0	−0.893	−12.8

续表

试验号	25℃针入度/0.1mm	10℃延度/cm	软化点/℃	60℃黏度/(mPa·s)	PI	当量脆点/℃
3	69.7	42.9	50.3	348.0	−0.658	−14.5
4	70.3	33.3	50.1	346.0	−0.824	−13.6
5	69.3	38.2	50.9	368.0	−0.865	−13.2
6	73.0	43.9	48.7	284.0	−0.870	−13.7
7	69.0	38.7	51.3	415.0	−0.403	−15.8
8	73.0	39.5	49.1	328.0	−0.782	−13.9
9	72.0	43.0	49.5	319.0	−0.738	−14.4

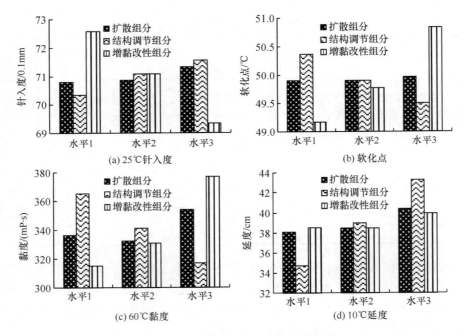

图 5-15　各组分对再生沥青性能的影响

基于图 5-15 中三种组分的对比发现,改性组分水平波动对针入度、软化点以及黏度影响最大,随着添量增加,针入度减小,软化点和黏度增大,同时对延度有一定的改善作用,说明增黏改性组分发挥了良好的改善高温性能而不降低低温性能的作用;结构调节组分水平波动对针入度、软化点以及黏度也有一定的影响,尤其是对延度的影响最大,随着添量的增加,针入度增加,软化点和黏度降低,延度显著增大,说明结构调节组分起到了调节胶体结构的作用;扩散组分对各指标的影响规律与结构调节组分类似,但影响程度明显偏弱,基本符合前述对扩散组分主要起到扩散作用而不是改善沥青性能的要求。

各组分功能的叠加就形成了最终的复合再生剂对老化沥青的再生效果。对比各再生沥青与原样沥青以及老化沥青的性能，可以看出，各复合再生剂均能够将老化沥青的三大指标性能恢复到满足规范标准且与原样沥青相当的水平，且高低温性能恢复较为同步，与此同时黏度则明显的大于原样沥青，说明初步达到了性能再生的同时改善高温性能的预期目的。

进一步对比各再生沥青可以看出，由于复配时各组分的含量变化范围较窄，因此各再生沥青之间性能相差并不明显，基于数据对比分析，确定复配再生剂 7 为最佳配比再生剂，尽管其延度改善并不是最大，但其软化点较高，黏度最大，温度敏感性较低，更符合针对改善高温性能的开发目的。

5.4.3　改性再生剂性能评价

1. 常规技术指标测试

表 5-23 所示为我国《公路沥青路面再生技术规范》(JTG F41—2008)对再生剂性能的要求。可以看出，我国目前的再生剂技术标准主要还是借鉴了国外的经验指标，对再生剂的闪点、饱和分含量及老化损失作了一定的限制，以保证再生剂具有基本的施工安全性及耐热耐候性，并减少饱和分含量对沥青性能产生的不利影响。同时并没有对芳香分含量做具体规定，主要与目前再生剂种类繁多，还没有确定相对统一的认识有关。

表 5-23　我国热拌沥青混合料再生剂技术要求

检验项目		RA-1	RA-5	RA-25	RA-75	RA-250	RA-500	试验方法
60℃黏度/(mPa·s)		50～175	176～900	901～4500	4501～12500	12501～37500	37501～60000	T0619
闪点/℃		≥220	≥220	≥220	≥220	≥220	≥220	T0611
组分含量	饱和分/%	≤30	≤30	≤30	≤30	≤30	≤30	T0618
	芳香分/%	实测	实测	实测	实测	实测	实测	T0618
薄膜烘箱试验	黏度比	≤3	≤3	≤3	≤3	≤3	≤3	T0619
	质量变化/%	≤4,≥−4	≤4,≥−4	≤3,≥−3	≤3,≥−3	≤3,≥−3	≤3,≥−3	T0619
15℃密度		实测	实测	实测	实测	实测	实测	T0603

按照此要求对自制改性再生剂的各项指标进行技术评价，结果见表 5-24，可以看出自制改性再生剂能够很好地满足规范技术指标要求。

表 5-24　自制改性再生剂技术指标测定结果

60℃运动黏度/(mPa·s)	闪点/℃	组分含量/%		薄膜烘箱试验	
		饱和分	芳香分	质量变化/%	黏度比
204.1	224	18.61	62.23	−1.07	1.24

2. 扩散能力分析

基于前述的分析可知,再生剂扩散能力是影响再生剂路用性能的一个非常关键的因素。因此,借助之前设计的扩散针入度试验以及沥青胶浆转移试验,评价改性再生剂的软化扩散能力,并与前述分析中扩散能力最强的再生剂 D 进行对比分析。相应的扩散针入度试验结果和沥青胶浆转移试验结果分别如图 5-16 和表 5-25 所示。

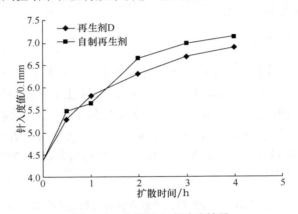

图 5-16　扩散针入度试验结果

表 5-25　沥青胶浆转移试验结果

再生剂	添加比例/%	胶浆转移百分比/%	新料转移沥青膜厚度/μm	旧料残留沥青膜厚度/μm
再生剂 D	4	19.44	6.68	10.75
	10	31.79	8.96	9.77
自制再生剂	8	28.52	7.87	10.40

由图 5-16 的针入度扩散试验结果可以看出,自制改性再生剂的扩散能力优于轻质油分含量大扩散能力强的再生剂 D;而表 5-25 的沥青胶浆转移试验结果表明,相比于再生剂 D,自制改性再生剂的胶浆转移量有所提高,表明自制改性再生剂具有良好的软化能力;同时也可以看出自制改性再生剂还没有达到理想的沥青胶浆均布状态,主要是由于增黏改性组分的添加使得其黏度增大,在一定程度上降低了其软化能力,还需要进一步对此进行深入研究与优化改进。

3. 老化基质沥青再生性能分析

进一步与前述试验中使用的不同类型再生剂(A、B、C、D)进行对比,分析自制改性再生剂对老化基质沥青的性能恢复与改善作用。表 5-26 给出了不同类型再生剂以针入度为恢复标准确定的再生剂最佳工程用量对老化沥青性能的恢复试验结果。表 5-27 则进一步对比了使用不同再生剂的再生沥青的抗老化性能。

表 5-26　不同再生剂再生沥青性能比较

沥青试样	25℃针入度/0.1mm	10℃延度/cm	软化点/℃	60℃黏度/(mPa·s)	PI	当量脆点/℃
原样沥青	67.2	41.8	49.1	211.3	−0.798	−13.2
老化沥青	39	6.3	55.4	530.3	−0.359	−10.9
老化沥青+8%自制	69	38.7	51.3	415	−0.403	−15.8
老化沥青+4%A	71	15.8	49.3	172.7	−0.751	−14.3
老化沥青+7%B	67.5	12.5	48.5	248.5	−1.365	−10.2
老化沥青+6%C	63.3	16.9	49.4	187.1	−1.157	−11.8
老化沥青+4%D	62	14.1	49.3	206.9	−0.686	−14.3
规范要求	60~80	>20	≮44	>160	−2.5	—

表 5-27　再生沥青薄膜烘箱老化试验结果

再生剂	质量损失率(后−前)/前	针入度比(后/前)	残留10℃延度/cm	软化点增量/℃	黏度比(后/前)
原样沥青	0.072	64.6	9.2	3.7	1.99
老化沥青+8%自制	−0.029	91.7	14.0	3.2	1.40
老化沥青+4%A	−0.214	69.4	7.7	5.3	2.17
老化沥青+7%B	−0.037	74.5	9.7	2.3	1.68
老化沥青+6%C	−0.083	63.0	11.4	3.4	1.70
老化沥青+4%D	−0.156	70.1	7.5	4.1	2.02
规范要求	≤±0.8	≥61	≥6.0	—	—

可以看出,自制改性再生剂的再生沥青具有最大的延度、软化点、黏度,同时具有最小的当量脆点,表明自制改性再生剂的再生沥青具有优于使用其他再生剂再生沥青的高低温性能和温度敏感性等综合路用性能;同时,使用自制改性再生剂的再生沥青的抗老化性能不仅符合规范要求,而且与使用其他再生剂的再生沥青相比,其短期老化后质量损失和黏度增长比均较小,残留针入度比和延度均较大,在抗老化性能方面也体现出比较明显的优势。

4. 老化改性沥青的再生性能分析

基于前述分析可以看出,自制改性再生剂对老化基质沥青具有良好的性能恢复作用。尽管改性沥青与基质沥青在老化规律上相似,但是考虑到改性沥青自身结构的复杂性,以及改性剂老化的复杂影响。有必要对自制改性再生剂对改性沥青的适用性做进一步分析。

表 5-28 和表 5-29 即为添加不同比例再生剂后,老化改性沥青常规性能指标和 SHRP 性能指标的再生恢复情况测试结果。

表 5-28　老化改性沥青常规指标再生规律

沥青	掺加比例 /%	25℃针入度 /0.1mm	软化点 /℃	5℃延度 /cm	弹性恢复 /%
原样 SBS70#	0	68	62.0	35.5	95
老化 SBS70#	0	38	74.5	0	36
老化 SBS70# 掺加自制改性再生剂	2	47	71.0	2.4	48
	4	54	67.5	6.8	62
	6	63	64.5	10.2	74
	8	71	60.5	15.4	86
	10	78	55.0	17.2	88
	12	84	52.0	16.8	85

表 5-29　老化改性沥青 SHRP 指标再生规律

沥青品种	掺加比例 /%	DSR($G^*/\sin\delta$) /MPa	BBR(S)/MPa	BBR(m)
原样 SBS70#	0	6.5	53	0.468
老化 SBS70#	0	25.9	116	0.369
老化 SBS70# 掺加自制改性再生剂	4	16.4	89	0.405
	8	6.9	43	0.461
	10	5.8	31	0.488

从试验结果可以看出,常规性能指标与 SHRP 沥青性能指标基本具有类似的变化规律,随着再生剂的加入,老化沥青的高温性能不断下降,而低温性能有所提高。

SHRP 指标以及针入度和软化点的再生规律性较强,随着再生剂掺量的增加,软化点、$G^*/\sin\delta$ 和 S 均不断下降,而 m 值则不断增加,8%~10% 的再生剂用量可以将老化沥青的性能指标恢复至与原样沥青接近的程度。

低温延度及弹性恢复两种指标的恢复程度相对其他指标要弱,尽管随着再生剂掺量的增加,延度和弹性恢复也在不断增加,但是增长幅度逐渐趋缓,达到 10%

的掺量后基本不再继续增长,同时较原样沥青水平仍有一定的差距,说明再生沥青胶体结构的改善还没有达到原样沥青的良好水平。

进一步对原样改性沥青以及再生沥青进行 RTFOT 短期老化和 PAV 长期老化试验,测定了不同老化时间时的 SHRP 性能指标。图 5-17 即为 RTFOT 老化(R),PAV 老化 5h,PAV 老化 25h 条件下的不同老化沥青的 $G^*/\sin\delta$ 和 S 的变化规律。可以看出在原样沥青指标值接近的情况下,随着老化的不断深入,再生沥青的 $G^*/\sin\delta$ 和 S 均表现出大于原样改性沥青的增长速率,说明再生沥青的老化速率大于原样改性沥青。

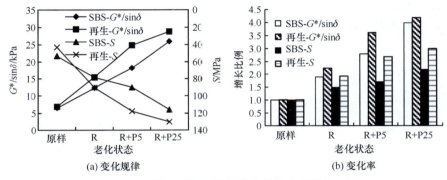

图 5-17　原样沥青及再生沥青的长期老化性能验证

由于测力延度试验能够很好地反映改性沥青的改性结构特征,因此采用测力延度试验对比再生沥青与原样改性沥青,如图 5-18 所示。可以看出,再生沥青具

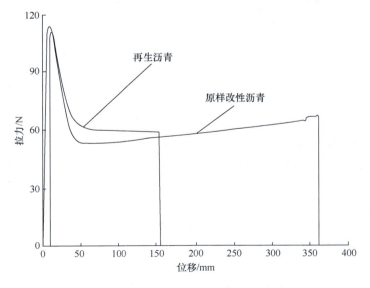

图 5-18　测力延度试验(5℃)

有与原样改性沥青类似的性能变化曲线,说明改性再生剂起到了一定的改性恢复作用,但是其最大拉力峰值及延度明显差于原样改性沥青,说明其胶体结构仍然差于原样 SBS 改性沥青,验证了前述常规性能指标的分析结论。

5. 再生混合料性能分析

进一步借助混合料性能试验来对比评价改性再生剂的应用性能,重点分析模拟实际拌和状态下的再生沥青混合料性能,因此,采用与 5.3 节中再生沥青胶浆对混合料路用性能影响分析试验设计中的试验③相同的试验方法,进行再生混合料性能对比分析。图 5-19 所示为 8% 自制再生剂,4% 再生剂 A 以及 7% 再生剂 B(均为老化沥青质量的百分比)所获取的再生沥青混合料与新沥青混合料的性能对比结果。

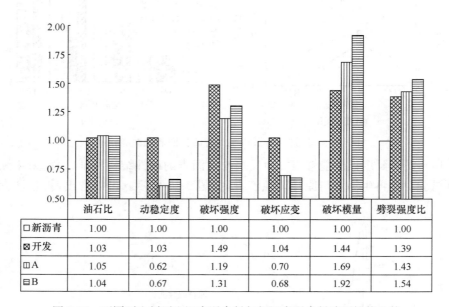

	油石比	动稳定度	破坏强度	破坏应变	破坏模量	劈裂强度比
□新沥青	1.00	1.00	1.00	1.00	1.00	1.00
⊠开发	1.03	1.03	1.49	1.04	1.44	1.39
▯A	1.05	0.62	1.19	0.70	1.69	1.43
▤B	1.04	0.67	1.31	0.68	1.92	1.54

图 5-19　不同再生剂再生沥青混合料与新沥青混合料路用性能比较

可以看出,改性再生剂的再生沥青混合料最佳油石比仍然略大于新沥青混合料,但相对于其他两种再生沥青混合料略小,基于 5.3 节的分析结论说明改性再生剂仍然没有与老化沥青充分扩散融合,但其融合效果要优于其他两种再生剂,与前述的扩散能力试验评价结论是一致的。同时可以看出,不论是高温性能还是低温性能,使用改性再生剂的再生沥青混合料均优于其他沥青混合料,说明改性再生剂对再生沥青混合料高低温性能具有良好的恢复改善作用,与前述的沥青再生试验分析结论是一致的。

综上所述,自制改性再生剂符合规范的技术指标,与现有的常用再生剂相比,不仅有更好的扩散软化能力,同时有更好的综合路用性能恢复能力,达到了预期的设计目标。当然改性再生剂对老化改性沥青的恢复程度还没有达到理想状态,这一现象不难理解,SBS 改性剂所具备的优良改性性能是目前自制的再生剂所不具备的,但是仍然可以看到自制的再生剂对老化改性沥青能够起到性能恢复作用,并在一定程度上起到改性作用,初步符合了"改性再生"的研发思路与目标,为进一步的后续开发研究指明了方向,提供了良好的基础。

5.5　改性再生剂应用评价

依据前述的研发模式,针对 SBS 改性沥青的老化特性,进一步优选各组分材料,研发了三种典型的改性再生剂,并对其应用性能进行了评价分析。

5.5.1　改性再生剂配比

根据前述的研发模式,优选了三种浸润扩散组分,分别命名为渗透组分 1、渗透组分 2 和渗透组分 3;优选了三种结构调节组分,分别命名为再生组分 1、再生组分 2 和再生组分 3;优选了两种改性组分,分别命名为改性组分 1 和改性组分 2;最后优选了一种针对性组分,主要是抗剥落组分,可以根据需要添加,如果沥青的黏附性较好不需要改善,可以不添加,否则可以通过抗剥落组分的添加制备出抗剥落型改性再生剂。表 5-30 给出了改性再生剂不同性能组分的材料初始配比范围。

表 5-30　再生剂的组成

浸润扩散组分		结构调节组分		改性组分		针对性组分	
种类	用量范围/%	种类	用量范围/%	种类	用量范围/%	种类	用量范围/%
渗透组分 1 渗透组分 2 渗透组分 3	0~20	再生组分 1 再生组分 2 再生组分 3	60~90	改性组分 1 改性组分 2	5~20	抗剥落组分	0~5

根据性能要求,将研发的改性再生剂划分为 3 大类:抗低温开裂型(1 类)、抗高温车辙和抗低温开裂综合型(2 类)、抗剥落型(3 类)。表 5-31 列出了三种改性再生剂的典型配比。

表 5-31　三种典型改性再生剂的配比

改性再生剂类型	浸润扩散组分用量/%	结构调节组分用量/%	改性组分用量/%	抗剥落组分用量/%
改性再生剂 1	5	80	15	—
改性再生剂 2	15	65	20	—
改性再生剂 3	15	61	20	4

5.5.2 改性再生剂评价

1. 基本性能指标

对三种典型配比的改性再生剂的基本性能进行测试分析,其结果见表 5-32。由试验结果可见,改性再生剂具有以下三个显著特点:①黏度大,目前的常用普通再生剂黏度低,虽在用量很小时可软化老化沥青,但是不利于再生路面的路用性能提高,更容易出现车辙等损害,改性再生剂有效地避免了这一点;②闪点高,有效保证了施工的安全性;③耐老化性能较好,能够提高再生路面的耐老化性能。

表 5-32   改性再生剂的基本性能指标

检验项目	改性再生剂 1	改性再生剂 2	改性再生剂 3
60℃黏度/cSt	512.14	2039.36	1598.10
闪点/℃	227	242	235
薄膜烘箱试验前后黏度比	1.16	1.05	1.20
薄膜烘箱试验前后质量变化/%	−0.22	−0.13	−0.15
15℃相对密度	0.97	0.99	0.99

2. 扩散渗透性能

针入度扩散试验检测结果见表 5-33。与前述试验研究中的黏度小、扩散能力较强的普通再生剂 D 进行对比,可以看出三种改性剂具有相当或者更优的扩散渗透性能,说明改性再生剂组分中的浸润扩散组分发挥了其应有的功能作用,在保证再生剂高黏度的条件下,又保证了其良好的扩散渗透性能。

表 5-33   针入度扩散渗透试验检测结果

名称	不同养护时间下的针入度测试结果/0.01mm			
	1h	2h	3h	4h
再生剂 D	91.5	93.2	100.2	102.2
改性再生剂 1	95.5	97.7	100.8	103.6
改性再生剂 2	90.9	94.8	99.8	104.4
改性再生剂 3	89.1	92.9	97.8	102.3

通过 DSR 扩散渗透试验做进一步的对比分析:在 DSR 试样表面涂抹一定量(8%)的改性再生剂,然后把试样放入烘箱在 100℃条件下分别保温 1h 和 4h 后进行 DSR 试验,与搅拌均匀的再生沥青以及老化沥青的 DSR 试验结果进行对比分析,以判断改性再生剂各组分向老化沥青中扩散渗透过程中的同步性,从而评价其

整体结构的协调性。相应的试验数据见表 5-34～表 5-36。

表 5-34　改性再生剂 1 渗透效果的 DSR 评价试验结果

沥青试样＼测试指标	G^*/kPa	$G^*/\sin\delta$/kPa
老化沥青	71.63	83.56
老化沥青＋8％再生剂、渗透 1h	33.18	37.54
老化沥青＋8％再生剂、渗透 4h	29.12	32.59
老化沥青＋8％再生剂、搅拌均匀	27.01	30.61

表 5-35　改性再生剂 2 渗透效果的 DSR 评价试验结果

沥青试样＼测试指标	G^*/kPa	$G^*/\sin\delta$/kPa
老化沥青	71.63	83.56
老化沥青＋8％再生剂、渗透 1h	39.25	44.61
老化沥青＋8％再生剂、渗透 4h	34.53	38.82
老化沥青＋8％再生剂、搅拌均匀	32.13	36.97

表 5-36　改性再生剂 3 渗透效果的 DSR 评价试验结果

沥青试样＼测试指标	G^*/kPa	$G^*/\sin\delta$/kPa
老化沥青	71.63	83.56
老化沥青＋8％再生剂、渗透 1h	41.68	47.74
老化沥青＋8％再生剂、渗透 4h	36.26	40.73
老化沥青＋8％再生剂、搅拌均匀	33.20	38.41

　　与前述常规再生剂的 DSR 扩散试验对比可以看出，改性再生剂的渗透规律与常规再生剂不同，常规再生剂渗透过程中的再生沥青的车辙因子小于拌和均匀的再生沥青的车辙因子，说明其轻质油分率先扩散进入老化沥青，而其中的黏性组分由于扩散不佳则留在了外面；而改性再生剂的扩散性能则比较均匀，随着扩散时间的增加，车辙因子降低，在扩散渗透过程中的车辙因子大于搅拌均匀的再生沥青的车辙因子，说明其组分中的轻质组分和增黏组分扩散步骤比较协调，共同进入老化沥青中，具有良好的结构协调性。

　　同时由以上数据分析可以看出，改性再生剂由 1 号到 3 号充分搅拌均匀后抗车辙能力逐渐增强，这也表明其中所含的增黏增韧成分是逐渐增加的。三种改性再生剂尽管在组分上有所差异，但其表现出来的扩散渗透规律是比较一致的，也再次验证了自制的改性再生剂具有稳定的结构性能。

3. 再生沥青性能

采用上述 3 种改性再生剂对老化的改性沥青进行再生,并检测再生沥青的针入度、软化点和低温延度,试验结果见表 5-37。

表 5-37　再生沥青性能

沥青试样	再生剂	用量/%	针入度/0.1mm	软化点/℃	5℃延度	
					延度/cm	最大拉力/N
SBS 改性沥青	—	—	52.5	66.1	36.3	113.97
老化改性沥青	—	—	46.2	74.4	2.1	—
再生沥青	改性再生剂 1	8	52.8	66.3	30.4	132.20
	改性再生剂 2	8	50.6	69.5	25.5	126.80
	改性再生剂 3	8	51.0	68.0	27.1	111.50

从检测结果可以看出,改性再生剂对老化改性沥青具有良好的性能恢复作用,对高低温的性能指标恢复比较同步,在将老化改性沥青针入度和软化点恢复到接近原样沥青水平的同时,对低温延展性也有非常大程度的恢复,且再生沥青的抗拉强度比原改性沥青还要大,因此有利于提高再生沥青路面的低温抗开裂性能。特别是改性再生剂 2 和 3,不仅有利于改善低温抗开裂,而且再生沥青具有较高的软化点,也有利于再生沥青路面的抗高温变形性能。

综上所述,自制改性再生剂对老化 SBS 改性沥青具有良好的适用性,具有良好的性能恢复作用,达到了改性再生的研发和使用目标要求。

5.5.3　混合料性能验证

采用自制改性再生剂,进行再生沥青混合料设计,并重点对再生沥青混合料的路用性能进行室内试验分析,以验证改性再生剂对再生沥青混合料性能的保障作用。为了进行对比分析,在再生沥青混合料中分别采用了自制改性再生剂和普通常规再生剂,并在再生沥青混合料中采用了两种旧料掺量——30% 和 50%(旧料占再生沥青混合料的质量百分比)。

1. 高温稳定性

新沥青混合料以及使用不同再生剂获取的再生沥青混合料的车辙试验结果见表 5-38。

表 5-38　再生沥青混合料车辙试验结果

混合料类型	旧料含量/%	再生剂种类	动稳定度/(次/mm)
新 SBS 改性沥青混合料	—	—	3975
再生沥青混合料	30	改性再生剂	3551
	50		4355
	30	普通再生剂	2309
	50		3059

从表 5-38 中的试验结果可以看出,采用改性再生剂的再生沥青混合料的动稳定度明显大于使用普通再生剂的再生沥青混合料,在两种旧料掺量下均能满足规范中大于 2800 次/mm 的要求;相对于普通再生剂,改性再生剂的使用,使再生混合料的高温稳定性提高了 30%～50%,证明改性再生剂起到了良好的改善高温性能的作用。

同时可以看到,随着旧料掺量的增加,再生改性沥青混合料的动稳定度增加,主要是旧料中的沥青经过了长期的使用而老化变硬,劲度变大,致使再生沥青混合料的抗车辙性能比新沥青混合料要好。

2. 低温性能

采用低温弯曲破坏试验,通过测得混合料的抗弯拉强度、破坏弯拉应变,计算破坏时的弯曲劲度模量,来评价再生沥青混合料的低温抗裂性。不同沥青混合料的低温弯曲破坏试验结果见表 5-39。

表 5-39　再生沥青混合料低温性能试验结果

混合料类型	旧料含量/%	再生剂种类	最大弯拉应变/$\mu\varepsilon$
新混合料	—	—	3049
再生沥青混合料	30	改性再生剂	3205
	50		2975
	30	普通再生剂	2658
	50		2511

从表 5-39 中的试验结果可以看出,采用改性再生剂的再生沥青混合料的破坏应变明显优于使用普通再生剂的再生沥青混合料,且两种旧料掺量下的破坏拉伸应变都能够良好地满足规范规定的改性沥青混合料的破坏应变应大于 2500$\mu\varepsilon$ 的要求。在表 5-39 中,虽然添加了 30%～50% 的旧料,但由于使用了改性再生剂,再生混合料的低温变形能力仍和新的 SBS 改性沥青混合料相当。

同时可以看出,随着旧料掺量的增加,再生沥青混合料的低温性能有所下降,由前述的再生剂再生工艺特性分析可知,再生剂与旧料的混融需要一个过程,当旧料含量增大时,必然也会增大再生剂与旧料中老化沥青的混融难度,这应该是造成低温性能下降的主要原因之一。

3. 水稳定性

采用浸水马歇尔试验和冻融劈裂试验两种方法来测试分析再生沥青混合料的水稳定性能,并与新沥青混合料进行对比分析。相应的试验结果见表 5-40。

表 5-40　再生沥青混合料水稳定性试验结果

混合料类型	旧料含量/%	再生剂种类	浸水马歇尔残留稳定度比/%	冻融劈裂试验残留强度比/%
新混合料	—	—	92.9	87.6
再生沥青混合料	30	改性再生剂	92.4	90.3
	50		90.5	85.7
	30	普通再生剂	89.5	86.3
	50		85.5	80.1

从表 5-40 的试验结果可以看出,使用改性再生剂的再生混合料具有良好的水稳性能,明显优于使用普通再生剂的再生沥青混合料,且与新 SBS 改性沥青混合料基本相当。同时可以看出,随着旧料含量的增加,两种再生剂再生的混合料的水稳性能均有所下降,也进一步体现了旧料含量增加带来的再生沥青混合料性能的不稳定性。相比于新拌沥青混合料,旧料存在级配不均匀性、老化沥青的表面活性低等多种影响混合料性能的不利因素,随着旧料含量的增加,这些不利因素带来的影响也更容易凸显。

4. 疲劳性能

采用小梁弯曲疲劳试验对再生混合料的疲劳性能进行评价。相应的试验结果见表 5-41。

表 5-41　再生沥青混合料疲劳性能试验结果

混合料类型	应力比	旧料含量/%	疲劳寿命/次	提高比例/%
改性再生剂	0.3	30	14516	73.4
		50	9274	40.6
	0.5	30	3850	112.4
		50	1857	4.4
	0.7	30	1416	48.7
		50	902	60.2

续表

混合料类型	应力比	旧料含量/%	疲劳寿命/次	提高比例/%
常规再生剂	0.3	30	8371	—
		50	6594	—
	0.5	30	1813	—
		50	1778	—
	0.7	30	952	—
		50	563	—

从表 5-41 的试验结果可以看出,旧料含量的增加对疲劳寿命的影响非常明显,随着旧料含量的增加,再生混合料的性能明显下降。相对于普通再生剂,改性再生剂的使用可以明显延长再生沥青混合料的疲劳寿命,从表 5-41 的数据分析可以看出,相比于普通改性剂,改性再生剂使再生混合料的疲劳寿命延长了 50%～70%。

综合使用改性再生剂的再生沥青混合料路用性能的评价结果可以看出,再生沥青混合料的路用性能均能够满足规范的要求,因此,只要对再生沥青混合料进行合理的质量控制,用其铺筑的路面性能与新拌沥青路面不会有明显的区别。同时也必须看到,相对于新拌沥青混合料,再生沥青混合料由于包含了旧料,旧料本身的不均匀性以及老化沥青性能都会影响到再生混合料的性能质量,而减少再生沥青混合料性能变异性的重要途径包括:性能优越的再生剂,合理的再生沥青混合料配合比设计以及优良的再生沥青混合料施工工艺等。

第 6 章　老化 SMA 性能再生关键技术

6.1　概　　述

基于 SMA 老化特性的研究可知,老化改变了沥青的组分结构特征,削弱了集料级配骨架特性,但并没有改变材料本质,由此赋予了 SMA 旧料是一种可以进行再生设计与利用的材料资源。因此,如何基于现有的材料和工艺特征,正确设计与恢复老化沥青胶浆以及骨架结构的性能成为老化 SMA 性能再生的根本,也是本章的阐述重点。

第 5 章中探讨了再生剂对老化沥青的作用机理,并且研发了改性再生剂,为老化沥青的性能恢复提供了良好手段和基本保障。目前对再生剂的选择以及再生效果的判断手段主要是将老化沥青从旧料中抽提回收并与再生剂搅拌均匀后进行相应的性能测试,尽管实际再生过程中再生剂对老化沥青的作用过程并不像室内试验那么简单,但是前述的测试手段相对比较简单,尤其是对于实体工程而言易于操作,便于推广应用,因此仍然是目前选择和确定再生剂用量的主要手段。但是将老化沥青从旧料中精确抽提回收出来是进行前述试验操作、正确判断老化沥青性能以及再生剂再生效果的前提。实体工程经验和相关研究均表明抽提回收过程中的干扰因素是导致老化沥青性能以及再生剂再生效果判断失误的重要原因,因此本章重点针对老化沥青的抽提回收试验进行相应的改进分析。并在此基础上提供一种全新的更接近实体工程再生实际过程的再生效果测试方法。

基于骨架结构衰变特性的分析可知,SMA 的骨架结构同样会在长期荷载作用下出现一定程度的衰变。尽管这种衰变通常并不严重,但是如果能够通过一定的措施弥补这一衰变,必然会进一步提高再生 SMA 的整体路用性能。因此,如何恢复老化 SMA 的骨架特性也是进行 SMA 再生沥青混合料设计的基本内容之一。

相对于沥青和集料是 SMA 必需的结构组分,纤维是一种功能组分,其作用主要是对混合料性能的进一步补充。同时,基于前述纤维的室内老化试验以及旧路面纤维使用调查可以看出,在初始含量设计正确的情况下,本身良好的抗老化性能与混合料的保护作用下,原路面的纤维性能衰变并不严重。因此,考虑到现场添加纤维的操作困难性,在没有特殊要求的情况下,新纤维的添加并不是必需的,而是需要根据混合料性能需求以及实际施工工艺条件是否允许进行判断。

尽管就地热再生 SMA 的设计以及施工工艺与新拌 SMA 存在一定的差异,但是就地热再生 SMA 仍然必须满足新拌 SMA 的核心设计要求与路用性能规定。

因此就地热再生 SMA 的设计方法原则上依然遵循我国现行的 SMA 设计方法,不过由于老化混合料本身的特殊性,在具体的技术细节和要点上需要做相应的改进。

同时必须指出,老化 SMA 的"再生"应理解为路用性能的恢复甚至是有针对性提高,而不是片面的追求将老化 SMA 恢复到其原始设计状态。

6.2　老化沥青性能恢复关键技术

对于再生混合料尤其是就地热再生混合料而言,旧料的性能准确判定是影响其再生设计精确度的关键前提条件,而目前进行旧料性能判断的最基础性试验就是抽提回收试验。通过抽提回收试验,不仅可以将老化沥青从沥青混合料中剥离进而进行性能测试,同样可以通过筛分试验进一步确定老化沥青混合料的级配状况,因此本节重点针对抽提回收试验进行相应的优化分析。

6.2.1　老化沥青抽提回收方法分析

1. 沥青抽提回收试验方法

沥青的回收主体分为两个步骤:第一步是抽提,用溶剂将沥青从混合料上溶解,分离出沥青溶液;第二步是蒸馏,通过蒸馏将沥青溶液中的溶剂除去,从而得到沥青,用于后续相应的性能试验。

1) 沥青的抽提

美国 ASTM 2172 试验规程中,沥青抽提方法主要有 5 种(方法 A~E):方法 A 为离心抽提法;方法 B 为回流抽提法;方法 C 和 D 是回流抽提法的变化;方法 E 为真空抽提法。其中最常用的两种是离心抽提法和回流抽提法。国内规定的沥青抽提方法主要有 3 种:离心抽提法、回流抽提仪法和脂肪抽提器法。从目前已有的研究发现,离心抽提法优于回流抽提法,原因是离心抽提法使用冷溶剂完成操作,可以使加热可能导致的沥青老化影响降至最低,因而优于使用热溶剂的回流抽提方法,因此,离心抽提法也是我国目前应用最广泛的沥青混合料抽提方法。

美国在抽提回收操作中使用的溶剂种类相对较多,主要有:三氯乙烯、二氯甲烷、甲苯、三氯乙烷、含有 15% 乙醇的三氯乙烯、含有 15% 乙醇的甲苯和溴代正丙烷等。目前国内所使用的抽提回收溶剂则主要为三氯乙烯。

2) 沥青的回收

《公路工程沥青及沥青混合料试验规程》(JTG E20—2011)中提供了两种从溶剂中回收沥青的试验方法:阿布森法和旋转蒸发器法。

阿布森法回收沥青的具体步骤参见《公路工程沥青及沥青混合料试验规程》(JTG E20—2011),其蒸馏试验装置如图 6-1 所示,主要是用高速离心分离法清除抽提液中的矿粉,再对抽提液进行常压蒸馏回收试验。相关研究[82]认为阿布森回收方法可能在沥青结合料中剩余较多的残余溶剂,会显著减小结合料劲度。

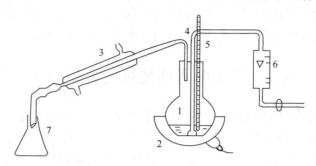

图 6-1　阿布森法

1-平底烧瓶;2-油浴加热器;3-冷凝管;4-通气管;5-温度计;

6-气体流量计;7-溶剂回收瓶

旋转蒸发器法从 20 世纪 70 年代开始逐渐被采用,并在欧洲得到了广泛应用。由于该方法具有较少的残留溶剂问题和较低的加热温度,第 17 届道路会议也推荐采用此种方法,我国近年来已经开始引进并普及使用这种设备。旋转蒸发器法试验装置如图 6-2 所示,回收沥青的具体步骤参见《公路工程沥青及沥青混合料试验规程》(JTG E20—2011),准备工作与阿布森法相似,均是将沥青混合料抽提出沥青溶液,用离心法分离矿粉,再对抽提液进行减压蒸馏。

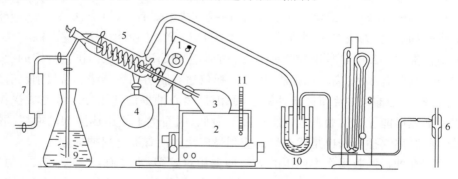

图 6-2　旋转蒸发器法

1-电源及旋转速度控制器;2-加热装置;3-旋转烧瓶;4-溶剂回收烧瓶;5-冷凝器;6-抽气机或真空泵;

7-气体流量计;8-真空计;9-沥青抽提液;10-凝气井;11-温度计

可以看出,不管是采用什么样的试验设备和试验步骤,将沥青从沥青混合料中抽提回收必经的三个基本步骤为:①采用溶剂将沥青从沥青混合料中抽提;②去除沥青抽提液中的矿粉;③去除沥青抽提液中的抽提溶剂。也就意味着,沥青的抽提回收过程有三个关键影响因素:①溶剂对沥青的溶解性,若溶剂不能良好地溶解混合料中的沥青,必然会对回收的沥青性能造成影响;②回收沥青中的矿粉残留度,残留矿粉过多必然会影响到回收沥青的测试性能;③回收沥青中的溶剂残留度,残留溶剂过多同样会影响到回收沥青性能测试的准确性。因此,接下来重点针对抽提回收试验过程中的关键影响因素展开讨论分析,并提出相应的优化措施。

2. 抽提回收关键影响因素分析与对策

1) 溶剂的影响与对策

为了评价可能残存于沥青中的三氯乙烯对沥青性质的影响,通过在已知性质的 AH70 基质沥青中,掺入不同比例三氯乙烯并充分拌匀后,进行常规性能指标的测定,试验结果见表 6-1。

表 6-1　不同比例三氯乙烯对沥青的性能影响

沥青	25℃针入度/0.1mm	软化点/℃
AH70	66	51
AH70+0.5%三氯乙烯	76	50
AH70+1%三氯乙烯	85	49
AH70+2%三氯乙烯	105	47
AH70+5%三氯乙烯	121	40

通过对比试验发现,即使很小比例的三氯乙烯都会对沥青的针入度和软化点产生显著的影响。因此,在沥青回收过程中,必须确保把三氯乙烯清除干净,否则无法准确反映回收沥青的性能。

由前述抽提回收方法分析可知,我国目前较多使用阿布森回收方法,阿布森法是在常压下蒸馏溶剂,由于蒸馏温度较高、时间较长,很容易造成沥青在回收过程中的老化,且溶剂容易残留在沥青中;而国外较多使用旋转蒸发器法,旋转蒸发器法通过减压蒸馏去除溶剂,降低了蒸馏温度以避免沥青二次老化。因此选择旋转蒸发器法作为分析对象,对旋转蒸发器法的合适真空度进行探讨。

为了确定合适的真空度,选择基质沥青进行空白对比试验,在测试基质沥青性能指标的基础上,配置基质沥青和三氯乙烯的抽提液,采用不同真空度的旋转蒸发器法进行沥青回收,并测定其相应的性能,试验结果见表 6-2。

表 6-2　不同真空度回收沥青性能对比试验结果

沥青类型			检测指标		
			25℃针入度/0.1mm	软化点/℃	15℃延度/cm
基质沥青			71.0	48.4	>150
回收沥青	真空度/MPa	0.090	99.6	44.4	>150
		0.095	86.5	45.2	>150
		0.096	78.5	46.5	>150
		0.097	70.6	47.9	>150

基于表 6-2 中的对比数据可以看出,随着真空度的提高,回收沥青的针入度逐渐变小,软化点逐渐变大,说明残留三氯乙烯对沥青的软化作用在逐渐被清除,回收沥青的测试性能不断向基质沥青靠拢;当采用 0.097MPa 的真空度时,回收获取的沥青性能与原样基质沥青性能基本相当,误差在可接受范围之内,因此推荐和在后续的分析中均采用 0.097MPa 真空度的旋转蒸发器法对旧料进行老化沥青回收。

2) 矿粉的影响与对策

按现行规范,抽提试验将不可避免地在沥青中混入矿粉颗粒,如果不能有效地消除残留其中的矿粉颗粒,势必会影响到沥青性能的测试与判断。因此,将不同掺量的矿粉添加到原样沥青中,进行性能试验测试,模拟分析回收沥青中残留矿粉对沥青性能的影响,试验结果见表 6-3。

表 6-3　矿粉对回收沥青常规性能的影响

沥青类型	25℃针入度/0.1mm	软化点/℃	5℃延度/cm
原样沥青	60	73	41
原样沥青+0.5%矿粉	63	74	40
原样沥青+1%矿粉	61	75	38
原样沥青+2%矿粉	59	73	33
原样沥青+3%矿粉	60	76	28
原样沥青+5%矿粉	58	77	22
原样沥青+7%矿粉	55	79	15

结果显示,少量矿粉的存在对沥青针入度和软化点的影响较小,基本不改变沥青自身的胶体结构,但是随着矿粉含量的增加,影响也会逐渐凸显。相比于针入度和软化点,矿粉含量对延度的影响相对较大,少量矿粉的存在导致沥青结构成分的不均匀变化,在拉伸过程中,很容易导致应力集中,从而在矿粉与沥青的结合部出现断裂。另外,从表 6-3 的试验结果可以看出,矿粉含量不超过 1%时,对回收沥青

的性能评价基本无明显影响。因此,建议回收沥青的残留矿粉含量应尽量清除干净。

工程实践也已经证明,矿粉的去除不净会导致沥青的硬化,导致回收沥青测试结果产生较大的变异性。为了消除矿粉的影响,规范规定采用离心机,以 1660r/min 的转速对抽提溶液进行 30min 离心分离。然而老化沥青尤其是老化改性沥青的黏度相对较大,对矿粉的黏附性也比较强,因此规范规定的试验参数是否具有良好的适用性,值得进一步推敲与验证。在实际工程中采用规范方法经常出现矿粉清除不净导致性能测试变异性较大的现象。

根据沉降理论,离心分离的加速度越大,时间越长,则矿粉清除的越干净。因此,在沥青中加入 1% 的矿粉,然后设置不同的转速(3880r/min、4190r/min、4480r/min)对其进行离心抽提,获取抽提回收沥青的测试指标,并与原样沥青进行对比分析,以确定合适的离心抽提转速。相应的试验结果如图 6-3~图 6-5 所示。

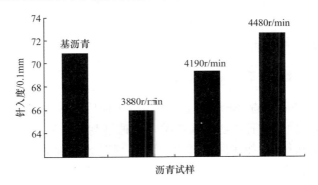

图 6-3　不同转速回收沥青针入度与基质沥青对比

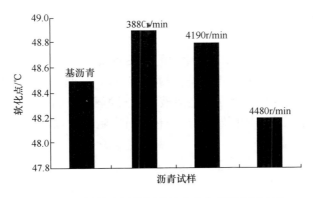

图 6-4　不同转速回收沥青软化点与基质沥青对比

从图中的对比结果可以看出,不同转速获取的抽提回收沥青,软化点和延度与基质沥青比较接近,但是低转速时(3880r/min)抽提回收沥青的针入度与新沥青相

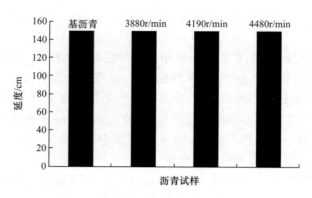

图 6-5　不同转速回收沥青延度与基质沥青对比

比具有一定的差异性,随着转速的提高这种差异性逐渐减小。由于规范转速远低于本试验的最低转速,因此不难理解规范转速容易带来试验结果变异性的现象。建议试验条件允许的情况下应采用尽可能高的转速(如不低于 4000r/min)进行旧沥青混合料的老化沥青抽提回收。

3. 针对 SBS 改性沥青的抽提回收方法改进

相比于普通基质沥青,SBS 改性沥青中由于使用了 SBS 改性剂,其抽提回收过程更加复杂,在回收过程中还必须考虑 SBS 改性剂尤其是老化后的 SBS 改性剂在三氯乙烯中的溶解性,如在回收过程中造成 SBS 改性剂的损失,则会严重影响回收改性沥青的性能评价。

1) SBS 改性剂的溶解性分析

为了观察 SBS 改性沥青在三氯乙烯中的溶解性,取 5%SBS 改性剂含量的原样 SBS 改性沥青及其老化后的试样(经过旋转薄膜烘箱短期老化 5h 后再经过 PAV 压力老化试验长期老化 20h)进行三氯乙烯溶解试验。试验过程中,分别称取 2.0g 的原样 SBS 改性沥青和老化后的 SBS 改性沥青,置于玻璃杯中,加入一定量的三氯乙烯,每隔固定时间用玻璃棒搅拌溶液,观察两种沥青试样的溶解效果,观察时间持续 12h。观测结束后,将溶液减压过滤测试沥青试样的溶解度。在试验过程中,为防止三氯乙烯挥发,需对烧杯进行密封处理,试验在室温条件下进行,最终的试验结果见表 6-4。

表 6-4　SBS 改性沥青溶解试验

样品名称	过滤后滤纸增重	溶解现象
原样 SBS 改性沥青	0.003g	5h 后样品完全溶解,滤纸增重为微量沥青杂质
老化 SBS 改性沥青	0.011g	溶解较慢,仍有少量沥青置于烧杯底部,无法分辨改性剂是否完全溶解

改性沥青溶解试验结果表明,经过长期老化的改性沥青溶解能力明显下降,浸没 12h 后,仍有部分沥青未能溶解,滤纸前后增重较大,但无法分辨不溶物中是否存在改性剂,因此进一步针对改性剂单独进行溶解试验。

将 SBS 改性剂分别进行薄膜烘箱 TFOT 老化 1h,真空热老化 1h 以及真空热老化 1h 后再 PAV 长期老化 20h 以获得不同老化程度的 SBS 改性剂,将原样 SBS 改性剂以及不同老化程度的 SBS 改性剂分别在三氯乙烯中浸没 12h 后,观察各自的溶解现象,相应的测试结果见表 6-5。

表 6-5　SBS 改性剂溶解试验

样品名称	过滤后滤纸增重	溶解现象
未老化试样	0.002g	3h 后完全溶解
TFOT 老化 1h 试样	4.074g	发生溶胀现象
真空热老化 1h 试样	0.002g	6h 后完全溶解
真空热老化 1h+PAV20h 试样	0.360g	12h 后有部分未溶,继续静置 10h,完全溶解

改性剂溶解试验结果表明,经真空热老化后,改性剂仍能被溶解,只是溶解时间明显增长,而进一步经过长期老化后,改性剂需要更长时间才能被完全溶解,但两种情况下改性剂最终都能被三氯乙烯穿解,说明在此种老化过程中,有机溶剂依然能够分散其高分子链段;而经薄膜烘箱老化后,滤纸增重 4.074g(大于初始 2.00g 样品重),说明 SBS 改性剂已完全不能溶于三氯乙烯,其主要原因是在高温热氧老化条件下,SBS 改性剂高分子发生交联反应使分子链段缠绕,有机溶剂已无法解开缠绕的分子链段,进而发生了溶胀反应。

基于之前分析的 SBS 改性沥青老化持性可知,SBS 改性剂与沥青经过充分的剪切后,二者之间能够相互保护,因此 SBS 改性剂的老化程度不会像单独老化那么严重,老化反应也与单独老化并不完全一致,因此综合上述改性沥青和改性剂的溶解度试验结果可以推断,现有的沥青回收方法对改性沥青仍然有适用性,但是改性沥青需要与三氯乙烯浸没更长时间才可能充分溶解。

2) 老化 SBS 改性沥青回收试剂的改进

结合实际操作发现,对老化 SBS 改性沥青进行回收和性能测试,有时会出现回收沥青的指标与原样沥青差异性较大的现象,基于前述分析,一个很可能的原因就是相比于 SBS 改性剂,沥青在三氯乙烯中的溶解更快,以至于所形成的沥青溶液还需要更长的时间才能充分溶解改性剂。因此,采用传统的抽提回收方法可能会带来改性剂的流失,从而导致测得的回收沥青指标与原样沥青差异较大。为此,设计了不同有机溶剂溶解 SBS 改性剂的溶解速度试验。分别取等质量 SBS 改性剂(20g)置于烧杯中,加入 250mL 不同种类的有机溶剂,测试每种溶剂完全溶解 SBS 改性剂所需要的时间,相应的试验结果见表 6-6。

表 6-6　SBS 改性剂在不同溶剂中的溶解时间

溶剂种类	完全溶解所需时间	溶剂种类	完全溶解所需时间
甲苯	5h	乙醇	12h
三氯乙烯	10h	环己烷	5.5h
四氢呋喃	7h	醋酸乙酯	9.5h
甲醇	>12h	四氯化碳	11h

　　试验结果表明甲苯、四氢呋喃、环己烷溶剂对改性剂的溶解能力均远高于三氯乙烯,因此可以考虑将其与三氯乙烯混合作为改性沥青回收的抽提溶剂,以提高溶剂溶解改性剂的能力,避免改性剂在抽提过程中流失。已有文献表明甲苯具有较强的毒性易对人体健康造成危害,环己烷在温度较高时容易发生爆炸,而四氢呋喃则是良好的溶剂,且易挥发,因此可以考虑作为 SBS 改性剂的抽提溶剂。

　　鉴于三氯乙烯对沥青的溶解能力极强,且具有良好的挥发性,完全用四氢呋喃作为抽提溶剂弊端较多,因此选用三氯乙烯和四氢呋喃混合溶剂作为改性沥青的抽提溶剂,既不影响抽提回收,同时又可以避免改性剂的流失。下面进行试验验证,取 SBS 改性沥青 80g,加入足量三氯乙烯和约 80mL 四氢呋喃溶剂,静置 12h(每隔一段时间搅拌一次),采取前述改进的抽提回收方法回收沥青,严格控制试验温度,避免沥青再老化。将回收所得沥青进行常规指标试验,试验结果见表 6-7。

表 6-7　回收沥青与原样沥青性能比较

沥青类型	25℃针入度/0.01mm	软化点/℃	5℃延度/cm
原样 SBS 改性沥青	60	72	41
回收 SBS 改性沥青	62	69	38

　　试验结果显示,在三氯乙烯中加入少量四氢呋喃作为抽提回收溶剂,回收所得的改性沥青常规性能指标测试结果与原样 SBS 改性沥青比较相近,可以较为准确地评价回收改性沥青性能。

6.2.2　基于混合料性能恢复的再生评价方法

　　通过上述试验研究可以发现,虽然通过对现有抽提回收方法的改进,可以在一定程度上保证回收沥青性能的真实性,但其方法仍较为复杂,且稳定性较差。与此同时,将老化沥青抽提回收后和再生剂混合均匀的性能判定方法与再生沥青混合料再生过程中的再生剂和老化沥青相互作用过程并不完全相符,因此,本小节阐述一种新的试验方法,能够模拟再生剂在混合料中的实际作用过程,进而判断再生剂的作用效果。

1. 环形加载试验设计

1）设计原理

基于前述的分析可知，沥青的老化会导致沥青混合料呈现硬化和脆化性质，沥青混合料路用性能的衰退则是其材料硬化和脆化本质的表观特征，沥青老化的恢复实质是为了消除沥青混合料性能的硬化和脆化，进而保障其良好的综合路用性能，因此再生的实质是再生沥青混合料材料属性以及路用性能的恢复，沥青性能的恢复只是其再生过程与手段。从材料构成来看，我们可以把再生沥青混合料看成由“旧集料＋旧沥青＋再生剂＋新沥青＋新集料＋空隙”构成的一种复杂的多相复合材料，而其中由“旧集料＋旧沥青”组成的旧料（RAP）在实际再生过程中并没有分开，而是作为一个整体存在于再生混合料中。因此，再生沥青混合料构成的更准确的表述为：“RAP＋再生剂＋新沥青＋新集料＋空隙”，老化混合料性能恢复的过程则是调节各部分比例及性质，使再生混合料性能达到最优的过程。

图 6-6 描述了沥青性能再生恢复与混合料性能再生恢复的区别。传统的评价方法将 RAP 中的旧沥青与旧集料人为地分离开来，将分离出的旧沥青与再生剂作为再生的研究对象，如图 6-6（a）所示；更加符合再生实质的方法应该是将 RAP 作为一个整体，进而与再生剂一起作为研究对象，如图 6-6（b）所示，后续按照此原则设计的环形加载试验方法能够综合评价老化沥青混合料的硬化和脆化性能，进而直接评价再生沥青混合料的性能恢复效果，而不用将老化沥青分离来间接评价再生效果。

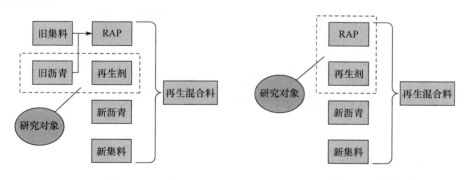

(a) 以旧沥青与再生剂为研究对象　　　　　　(b) 以RAP与再生剂为研究对象

图 6-6　老化沥青混合料性能恢复过程示意图

2）试验步骤

基于图 6-6（b）的设计理念，设计了新型测试方法——环形加载试验。环形加载试验方法采用 UTM 试验机进行试验操作，试验示意图如图 6-7 所示，实物测试如图 6-8 所示。

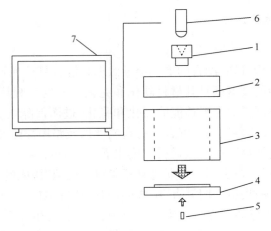

图 6-7　环形加载试验示意图
1-压头；2-圆柱体沥青混凝土试件；3-中空圆柱体模具；
4-垫块；5-对中装置；6-动力装置；7-数据采集系统

图 6-8　环形加载试验实物图

具体的试验步骤如下：

（1）对老化沥青路面可以现场取芯（或经过进一步修整）获得直径为 150mm，高度为 40mm 的混合料测试试件，对于新沥青混合料可以通过旋转压实成型试件后再切割修整获得直径为 150mm，高度为 40mm 的混合料测试试件。

（2）将切割好的沥青混凝土试件置于规定的恒温空气浴中，直至沥青混凝土试件内部温度达到要求的试验温度，打开 UTM 试验机，使环境温度箱达到要求的试验温度。

（3）首先将垫块放入 UTM 加载设备底座中的圆孔内，进而将中空圆柱体模具置于垫块上,并使得中空圆柱体模具的内径正好卡入垫块的突起处,以保持模具的稳定性,在中空圆柱体模具顶面放置双层橡胶薄膜,两层橡胶薄膜之间涂抹凡士林等润滑剂,橡胶薄膜的直径应与中空圆柱体模具的外径相同,以保证边缘对齐。

（4）将位移传感器置于中空圆柱体模具中,使数据线通过中空圆柱体模具侧壁的圆孔将传感器与数据采集系统相连(如加载压头可以测量变形则无需此步骤)。

（5）将待测试件从恒温空气浴中取出,立即安放在中空圆柱形模具上部并保证边缘重合,同时将荷载压头放于试件顶部中心。

（6）利用 UTM 的动力装置施加以一定速率增大的轴向静态压力荷载于压头上直至试件完全破坏,并利用数据采集系统记录加载的轴向压力、试件的竖向位移和加载时间的相关数据,试验过程中试验环境温度应保持不变。

3）关键试验参数选择

试验过程中由于试件放置在中空圆柱体模具顶部,因此在压头的竖向压力作用下,试件底部受力状态为三相拉应力状态,最终在底部中心由于变形过大产生开裂,并向四周扩散,破坏后的试件形态如图 6-9 所示,破坏过程中试件中心的竖向变形曲线如图 6-10 所示。

沥青混合料属于典型的黏弹性材料,试验温度以及试验加载速率都会影响其最终的破坏形态。过高的试验温度下,沥青混合料会出现非脆性破坏,很难出现图 6-10 中所示的峰值曲线,而过低的试验温度则会造成沥青混合料的直接脆性破坏,表现为

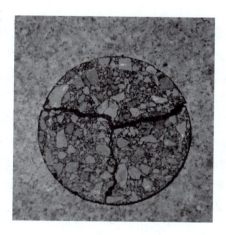

图 6-9　环形加载试件破坏形态

图 6-10中外荷载达到峰值后的突然断裂。由于本试验重点在于考察老化沥青混合料的脆化和硬化属性及其相应的恢复程度,试验过程应该能够兼顾沥青混合料的弹性和黏性特征,需要试件出现脆性破坏的同时展现出一定的韧性变化,因此需要选择中等温度作为试验温度;与此同时,加载速率过快会导致混合料破坏过快无法显示其韧性,过低则会降低试验效率,需要合适的加载速率保障试验效率的同时得到良好的试件破坏变形曲线。经过反复的尝试,建议选择的试验温度为 10℃,加载速率为 5mm/min。

进一步观察图 6-10 中的荷载变形曲线,可以看到,随着变形的增加荷载不断增大,除去初始变形阶段,荷载基本与变形呈线性相关,当荷载达到最大值后随着

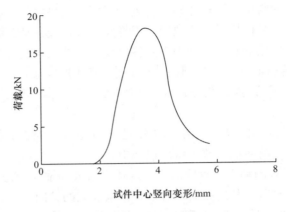

图 6-10　　环形加载试件破坏变形曲线

变形的增加开始下降,直至试件完全破坏。在试件破坏前的变形阶段,荷载与变形基本呈线性增长关系,直线的斜率越大,表示单位变形所需要施加的荷载越大,一般达到破坏时的极限荷载也相应越大,意味着沥青混合料的硬度越大,抵抗荷载的能力越强,因此,荷载随变形增加阶段的斜率以及试件开始出现破坏时的极限荷载均能够反映沥青混合料的硬化程度。结合后续的分析,从使用方便的角度可以选择极限荷载反映沥青混合料的硬度。试件破坏时的变形反映了试件加载直至破坏过程中材料的柔韧性,变形越大也就意味着材料的柔韧性越好,变形越小意味着材料的脆性越大,因此破坏时的变形可以作为衡量沥青混合料脆性的指标。我们通常希望沥青混合料既具有较高的硬度,又具有较小的脆性,但是这二者一定程度上又相互矛盾,很难同时兼具。因此,还需要寻找一种能够综合反映强度和变形的技术参数,结合相关研究,通过对荷载变形曲线进行积分计算曲线所包裹的面积,获得测试试件的断裂能,能够满足前述综合反映需求。通过反复的试验尝试,最终从参数的敏感度、稳定性及使用方便性角度选择极限荷载和断裂能作为试验测试指标来反映沥青混合料的硬化和脆化程度。

2. 环形加载试验分析

1) 实例分析

接下来通过一个实例分析,对设计的环形加载试验的实用性进行验证分析。

为了简化试验设计,采用 163℃烘箱对原样沥青分别进行 5h、10h、15h 和 20h 老化,获得不同老化程度的老化沥青,进而采用相同的油石比和设计级配成型获得不同老化程度的沥青混合料。按照环形加载试验试样制备要求,采用旋转压实成型不同老化程度的沥青混合料试件,通过试压调整旋转压实次数保证试件空隙率均达到 4%,并切割成 φ150mm×40mm 的圆柱形试件,将切割好的试件按照 6.2.2 节所述步骤进行试验,每组试验平行试件为 6 个。试验结果分析如下。

原样沥青混合料试件以及老化 20h 的沥青混合料试件的荷载变形曲线如图 6-11 所示。对比两条曲线可以看出,相比于原样沥青混合料试件,老化沥青混合料试件的破坏极限荷载明显较大,而达到破坏荷载时的变形量以及试件最终破坏时的总变形量均明显偏小,且在试件出现破坏后的曲线阶段明显下降速度要快,并且缺乏荷载随变形增加缓慢下降的尾部阶段,说明老化沥青混合料试样的脆化和硬化程度较原样沥青混合料明显增加。

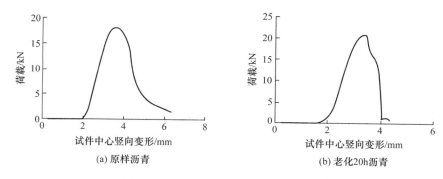

图 6-11　加载过程中的荷载与变形曲线

针对不同老化程度的沥青混合料,提取其荷载变形曲线中的关键指标参数——试件从加载至破坏阶段的斜率、出现破坏时的极限荷载、出现破坏时的变形以及试件的总断裂能,分析各指标随老化程度(老化 0h、5h、10h、15h 和 20h)不同的变化规律,相应的分析结果如图 6-12~图 6-15 所示。

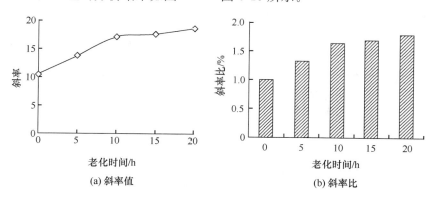

图 6-12　荷载随变形增长直线部分斜率随老化时间变化规律

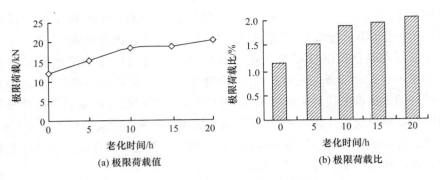

图 6-13　极限荷载随老化时间变化规律

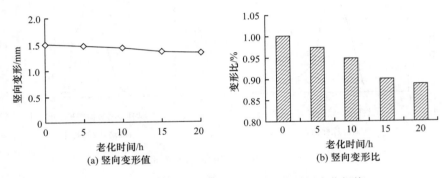

图 6-14　初始破坏时的竖向变形随老化时间变化规律

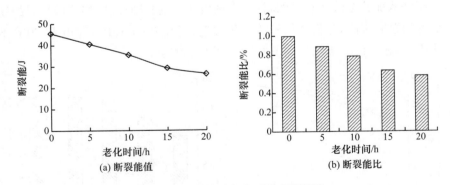

图 6-15　断裂能随老化时间变化规律

　　从图中曲线可以看出,随着老化程度的加深,直线段斜率以及极限荷载均不断增加,试件初始破坏时的变形量以及试件的总断裂能均在不断减小,表明沥青混合料抵抗荷载的能力在不断增强,但是其变形能力却在不断下降,总体来讲表现出了明显的弹性增强而柔韧性下降趋势,良好地反映了沥青混合料随老化程度加深的硬化和脆化规律。

试验过程中发现，荷载加载至破坏阶段的直线斜率以及试件出现破坏时的极限荷载具有类似的变化规律，均能有效反映出不同老化程度的沥青混合料的硬化规律，但是斜率的读取需要人为判断直线段的起始，操作烦琐且人为因素干扰大，因此选取极限荷载作为沥青混合料硬化程度的表征；初始破坏时的竖向变形量以及试件总断裂能均能够反映不同老化程度的沥青混合料的脆化规律，但是相比于总断裂能，竖向变形数据离散性大，对不同老化程度的敏感性差，数据之间的区分度较小，且断裂能是试件破坏的综合反映，因此选择断裂能指标作为沥青混合料脆化程度的表征。前述分析是环形加载试验选择极限荷载以及断裂能作为测试分析指标的主要依据。

2）与其他试验方法的比较

硬化和脆化是材料性质的变化，最终反映的应该是其路用性能的变化，为分析环形加载试验结果对沥青混合料路用性能的反映，将前述环形加载测试获取的不同老化程度的沥青混合料的各性能指标（极限荷载、斜率、初始破坏时的变形量）与其对应的各项路用性能测试结果（动稳定度、劈裂强度以及低温应变）进行相关性分析，相应的分析结果见表 6-8。

表 6-8　环形加载试验指标与路用性能回归

X（环形加载）	Y（路用性能）	线性回归公式	R^2
极限荷载	动稳定度	$y=374.9x-1707$	0.908
极限荷载	劈裂强度	$y=0.676x+6.549$	0.930
斜率	动稳定度	$y=359x-919.3$	0.906
斜率	劈裂强度	$y=0.648x+7.952$	0.931
变形	低温应变	$y=2980x-2468$	0.932
断裂能	低温应变	$y=-65.04x+2869$	0.975

从表 6-8 中可以看出，反映沥青混合料变硬程度的极限荷载和斜率与沥青混合料的劈裂强度及动稳定度均有良好的线性关系，均能反映出混合料的硬化程度；而试件初始破坏时的变形量以及总断裂能均能反映沥青混合料抗裂性的低温应变有良好的线性相关性，均能反映出沥青混合料的脆化程度；因此，环形加载试验结果与路用性能试验结果之间有较好的相关性，通过环形加载试验综合反映沥青混合料的老化和路用性能衰变是可行的。

可以用来评价沥青混合料硬化和脆化程度的试验方法有很多种，评价指标也有很多个，如车辙试验的动稳定度，劈裂试验的强度、模量，低温小梁弯曲的弯曲强度、模量、应变，单轴压缩试验的强度、模量和变形等，但是相应的试验方法要么缺乏试验精度，测试手段复杂、测试设备昂贵，要么试验量过大、与现场联系不够紧密；环形加载试验不仅可以综合反映沥青混合料的硬化和脆化程度，与沥青混合料的路用性能之间有良好的相关性,且测试方法简单,操作方便,更重要的是便于现场取芯来进行测试评价,因此环形加载试验具有良好的推广应用性。表 6-9 给出了环形加载试验与其他一些常用试验方法的综合比较。

表 6-9　各种试验方法的综合比较

评价内容	试验方法	试验指标	数据稳定性	数据敏感性	设备要求度	操作难易度	是否便于现场检测
硬化程度	环形加载	极限荷载	较好	较好	低	简单	是
	劈裂试验	强度	较好	较好	低	简单	是
		模量	较好	较好	高	简单	是
	单轴压缩	强度	较好	较好	低	简单	否
		模量	较好	较好	高	简单	否
	动态模量	动态模量	较好	较好	高	一般	否
	低温小梁弯曲试验	强度	较好	较好	中	一般	否
	车辙试验	动稳定度	一般	一般	低	一般	否
脆化程度	环形加载	断裂能	较好	较好	低	简单	是
	劈裂试验	横向变形	—	—	高	—	—
	单轴压缩	横向变形	—	—	高	—	—
	低温小梁弯曲试验	极限应变	较好	较好	低	一般	否

3) 基于环形加载试验的老化性能指标

结合前述关于环形加载指标的分析,进一步定义反映沥青混合料老化程度的指标:

硬化指数＝老化混合料极限荷载/新沥青混合料极限荷载
脆化指数＝老化混合料断裂能/新沥青混合料断裂能

也即图 6-13(b)和图 6-15(b)中的极限荷载比值和断裂能比值。根据室内试验及现场取芯检测,初步提出旧料老化程度分级建议见表 6-10。

表 6-10　旧料老化程度分级建议

分级指数	轻微老化	中度老化	严重老化
硬化指数	1～1.1	1.1～1.3	>1.3
脆化指数	0.9～1	0.7～0.9	<0.7

当然上述分级指数,只是根据室内试验和现场取芯检测的部分数据提出的初步建议值,还需要经过大量的试验和实体工程的验证与修正。

3. 基于环形加载试验的混合料再生性能评价

环形加载试验可以较好地评价出沥青混合料的性质变化,本节进一步分析环形加载试验对再生沥青混合料性能恢复评价的适用性。

1) 老化沥青混合料再生效果评价

基于前述未老化的原样沥青制备的沥青混合料和老化 20h 的老化沥青制备的老化沥青混合料进行再生效果分析。分析过程中,以未老化的沥青混合料作为性能恢复目标,以老化沥青混合料作为对比基准,分别向老化沥青混合料中添加 2%、4%、6%、8% 的再生剂掺量(再生剂用量为老化沥青质量的百分比),并注意保证再生沥青混合料与老化沥青混合料以及未老化沥青混合料具有相同的油石比,采用旋转压实试验成型具有 4% 统一空隙率的试样,切割获取环形加载试验试样,统一进行环形加载试验。试验过程中同时采用了两种再生剂以进行对比分析。

未老化的原样沥青混合料、老化沥青混合料掺加不同比例再生剂 A 的再生沥青混合料及掺加不同比例再生剂 B 的再生沥青混合料的环形加载试验结果如图 6-16 所示。

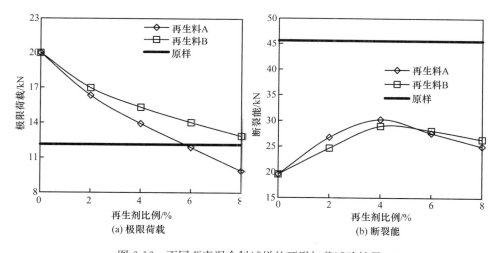

图 6-16　不同沥青混合料试样的环形加载试验结果

从图 6-16(a)的极限荷载试验结果可以看出,随着老化沥青混合料中再生剂掺量的增加,老化沥青逐渐被软化,表现为沥青混合料的极限荷载不断降低,逐步接近原样沥青混合料的极限荷载,表明再生剂的使用使得老化沥青混合料的硬化程度逐步得到缓解;从图 6-16(b)的断裂能试验结果可以看出,随着老化沥青混合料中再生剂掺量的增加,再生沥青混合料的断裂能也不断增加,然而这种增加规律并没有一直持续下去,而是在达到一定的峰值后转而随着再生剂掺量的增加出现下降趋势。

可以看出,极限荷载的变化规律基本符合再生剂对老化沥青及混合料作用的常规认识,再生剂的加入导致再生沥青混合料的强度不断下降。断裂能试验结果则表现出与极限荷载试验结果不同的变化规律,出现这种规律的原因之一是再生剂本身的性能无法将老化沥青恢复到原样沥青的性能,这在之前的再生剂再生机理中已经有所阐述;另外一个重要的原因则与之前分析的再生剂的扩散作用特性有关,适量的再生剂的加入能够软化老化沥青混合料,表现为再生沥青混合料柔韧性的增长,断裂能增大,然而短时间内再生剂无法与老化沥青发生充分的均匀混溶,再生剂掺量不断增加会导致再生沥青混合料内部出现软弱的胶结料夹层,反而导致再生沥青混合料强度以及变形能力的下降,进而表现为断裂能的下降。

将两种再生剂各自的硬化脆化指数分别绘制于图 6-17 中,结合图 6-16 可以看出,基于极限荷载和硬化指数的判断,再生剂 A 对老化沥青混合料的软化效果强于再生剂 B,与后面再生沥青常规性能测试中针入度的变化规律基本一致,也符合再生剂越软则再生沥青混合料强度下降越快的常规认识,这点在现行传统的基于再生沥青性能测试的再生效果评价方法中也有所体现;然而,基于断裂能和脆化指数的判断,再生剂 A 与再生剂 B 尽管变化规律有一定的差异,但是差异并不太大,二者最终的恢复效果基本相当,说明再生剂尽管能软化老化沥青混合料,但是并不意味着就能够恢复其柔韧性,换句话说,再生剂的使用降低了老化沥青混合料的强度,但是对其变形能力却恢复不够,这也解释了为什么在实体工程中经常会出现再生剂加入后再生沥青混合料动稳定度明显下降但是低温抗裂性能却恢复不尽理想的常见现象。

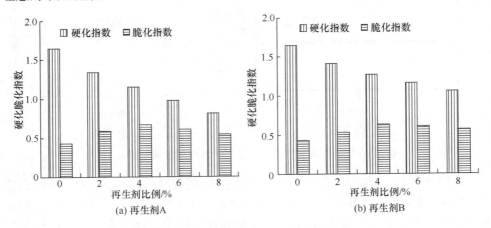

图 6-17　不同再生剂的硬化脆化指数

对于老化沥青混合料性能的恢复,我们希望改善其低温抗裂性能的同时保持其良好的高温稳定性,对应于材料性质,则希望改善其变形能力的同时保持其良好的强度,因此合理再生剂用量的确定应该以断裂能(脆化指数)为主要指标,以极限荷载(硬化指数)为次要指标,换言之最佳的再生剂用量应该是最大限度地提高再生沥青混合料的断裂能(脆化指数),同时尽可能地保持较大的极限荷载(硬化指数)。

  2) 与常规方法的对比分析

  基于前述的环形加载试验结果,从图 3-16 和图 6-17 中可以看出,针对再生剂 A,当掺量为 4% 时断裂能和脆化指数达到最大值,极限荷载和硬化指数依然大于原样沥青混合料,当掺量为 6% 时,断裂能和脆化指数已经开始出现下降,同时极限荷载和硬化指数基本接近原样沥青混合料,因此再生剂 A 的合理掺量范围为4%～6%;针对再生剂 B,断裂能和脆化指数同样在 4% 掺量时达到最大值,在 6% 掺量时开始出现下降,在两种掺量下极限荷载和硬化指数均大于原样沥青混合料,因此再生剂 B 的合理掺量范围也为 4%～6%。最终两种再生剂均选择 5% 的掺量用于混合料性能试验验证。

  按照传统的再生剂用量确定方法分别确定再生剂 A 和再生剂 B 的合理用量,分别将不同比例的再生剂与老化沥青进行均匀混溶,进而测试再生沥青的常规性能,相应的试验结果见表 6-11。基于表 6-11 的试验数据可以确定,再生剂 A 的合理用量范围为 6%～8%,再生剂 B 的合理用量范围为 12%～15%。最终选用再生剂 A 和 B 的掺量分别为 6% 和 12%。

表 6-11　再生沥青常规性能测试

再生剂种类	再生剂用量/%	针入度/0.1mm	10℃延度/cm	软化点/℃	黏度/(Pa·s)
A	0	27.0	2.0	72.1	2.87
	3	45.4	9.3	64.3	2.00
	6	64.2	12.6	60.9	1.32
	9	88.1	16.5	52.0	0.78
	12	102.0	18.0	45.0	0.24
B	0	27.0	2.0	72.1	2.87
	3	36.5	10.7	67.9	2.20
	6	45.0	12.2	66.1	1.96
	9	54.0	15.1	63.0	1.48
	12	63.0	17.0	59.9	1.00
	15	75.0	20.0	55.5	0.51

  针对环形加载确定的再生剂用量和再生沥青性能测试确定的再生剂用量,分别制备再生沥青混合料,并进行高温性能、低温性能和疲劳性能测试,相应的试验结果如图 6-18 所示。

  从图 6-18(a)的车辙试验动稳定度结果可以看出,基于环形加载试验方法制备

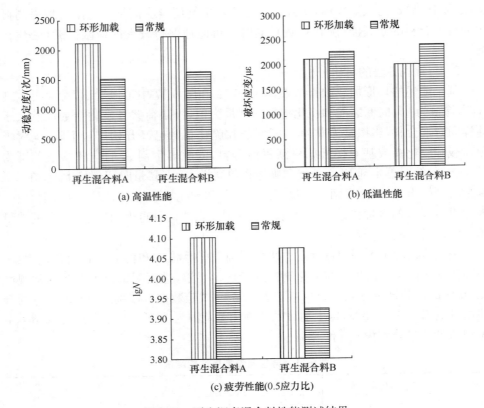

图 6-18   再生沥青混合料性能测试结果

的再生沥青混合料的高温性能明显优于基于常规沥青性能测试方法制备的再生沥青混合料;从图 6-18(b)的低温小梁试验破坏应变结果可以看出,基于环形加载试验方法制备的再生沥青混合料的低温性能要略差于基于常规沥青性能测试方法制备的再生沥青混合料;从图 6-18(c)的疲劳试验疲劳寿命结果可以看出,基于环形加载试验方法制备的再生沥青混合料的疲劳性能要明显优于基于常规沥青性能测试方法制备的再生沥青混合料。

产生上述性能差异的主要原因在于两种方法确定的再生剂用量具有明显的差异,基于环形加载试验方法确定的再生剂用量明显小于常规再生沥青性能测试方法确定的再生剂用量,过多的再生剂用量容易在再生沥青混合料中形成胶结料软弱夹层,明显降低其高温性能和疲劳寿命,尽管对低温性能有一定的改善作用,但是其长期性能难以维持,并不具备良好的耐久性。

综上所述,沥青性能恢复不能等同于混合料性能恢复,再生的最终目的是获得性能优良的混合料,因此,无论从再生目的及理念上还是从试验结果上来讲,针对混合料性能恢复的环形加载试验方法比针对沥青性能恢复的常规试验方法更准确、合理。值得一提的是,试验方法仅仅是再生效果评价测试的手段,真正意义上能够实现老化沥青混合料性能恢复的是再生剂的质量及保障再生剂与老化沥青(混合料)的良好融合的再生工艺。

6.3　SMA 集料骨架恢复关键技术

基于第 5 章的分析可知,长期使用过程中 SMA 的级配会出现一定的细化,相应的就会导致骨架结构的衰退,进而引发混合料路用性能的弱化。因此,本节首先借助填充试验和贯入试验进一步明晰不同集料在矿质混合料骨架中的作用,并在此基础上提出就地热再生 SMA 集料骨架的针对性恢复方法。

6.3.1　集料骨架填充规律分析

1. 集料填充试验

为研究不同粒径的集料在矿质混合料中的填充作用及其对空隙率的影响规律,设计了集料填充试验:首先筛取经烘干的不同粒径的集料备用,采用容积为 5L 的容量筒,用拧干的湿毛巾将其内外润湿后,称取其质量为 m_1;在其中充满水并用拧干的湿毛巾将其表面擦干,称取其质量为 m_2;在其中填入粒径为 D_1 的集料,填入时分三层填入,每层用捣棒做适当捣实,填满后将容量筒的表面刮平,并适当排布表面颗粒使集料表面尽量平整,称量此时容量筒的总重量为 m_3,在容量筒中注入水,使水充分填充在集料的空隙中,其间可用捣棒适当敲击容量筒的侧壁以利于气泡的排出;将充分浸水的容量筒表面擦干,称其总重量为 m_4;此时该集料的空隙率可按式(6-1)进行计算:

$$v = \frac{m_4 - m_3}{m_2 - m_1} \times 100\%　　　　　　　(6-1)$$

测量完 D_1 的填充空隙率后,在 D_1 中分别填入不同比例的 D_2,组成 D_1 和 D_2 的混合集料,重复上述试验,将 D_1 和 D_2 的混合集料填充到容量筒中,测试不同比例的 D_1 和 D_2 混合后的空隙率。

由试验结果确定混合后空隙率最小的 D_1 和 D_2 的混合比例,在按此比例混合的 D_1 和 D_2 混合集料中,再添入不同比例的 D_3 集料;继续测试 D_1、D_2 和 D_3 混合集料的填充空隙率,并确定填充空隙率最小时的 D_3 的添加比例;依次类推,直到最细一级的集料。

最大粒径选择为 19～26.5mm 级的石灰岩集料,在其中依次进行 16mm、13.2mm、9.5mm、4.75mm、2.36mm、1.18mm、0.6mm、0.3mm、0.15mm 和

0.075mm 集料的填充试验,相应的试验结果见表 6-12。

表 6-12　集料填充试验结果

粒径范围/mm	比例	空隙率/%	空隙率最小时集料比例
19	100%	45.3	—
19:16	9:1	43.0	5:5
	8:2	45.1	
	7:3	42.8	
	6:4	43.6	
	5:5	41.9	
	4:6	43.8	
	3:7	43.6	
	2:8	43.7	
(19+16):13.2	9:1	42.9	7:3
	8:2	43.1	
	7:3	42.3	
	6:4	42.6	
	5:5	42.8	
	4:6	43.0	
(19+16+13.2):9.5	9:1	41.8	6:4
	8:2	41.7	
	7:3	41.6	
	6:4	41.0	
	5:5	41.4	
	4:6	41.6	
	3:7	41.6	
(19+16+13.2+9.5):4.75	9:1	41.2	8:2
	8:2	39.5	
	7:3	40.5	
	6:4	40.8	
	5:5	40.2	
	4:6	40.6	
	3:7	41.8	

粒径范围/mm	比例	空隙率/%	空隙率最小时集料比例
	9：1	46.2	
	8：2	43.9	
	7：3	42.4	
	6.5：3.5	39.8	
	6：4	36.2	
	5：5	37.4	
	4：6	37.8	
	9：1	34.2	
	8：2	32.6	
	7：3	32.0	
	6：4	34.0	
	5：5	34.2	
	9：1	31.3	
(19＋16＋13.2＋9.5＋4.75)：2.36	8：2	28.8	6：4
	7：3	29.7	
	6：4	30.5	
	9：1	27.0	
	8：2	25.9	
	7：3	26.2	
	6：4	26.7	
	9：1	22.6	
	8：2	21.1	
	7：3	22.0	
	6：4	22.6	
	9：1	15.5	
	8：2	16.8	
	7：3	17.1	
	6：4	17.7	

　　由表 6-12 可以看出,在粗一级集料为填充细一级集料时,混合集料的空隙率开始降低,混合集料的空隙率由最初单一 19mm 粒径集料的 45.3％,一直降低到填充 0.075mm 集料时的 15.5％;但不同粒径的集料填充时,空隙率的下降速度不同;即使是相同粒径的集料填充时,由于不同粒径的集料比例不同,其混合后的空

隙率也明显不同。

为进一步验证该混合集料的密实程度,选取最大粒径同样都是 26.5mm 的 AC20I 型混合料的级配进行填充试验;因表 6-12 中的填充试验中未添加小于 0.075mm 的矿粉填料(填充后混合料的密实度过大,空隙率不易测量,同时部分填料易被水分带走),因此在进行 AC20I 型的填充试验时同样不添加小于 0.075mm 的矿粉填料。试验结果发现,AC20I 型混合料的级配填充后的空隙率远大于表 6-12 的试验结果。为进一步对比,将 AC20I 型混合料的级配(不含小于 0.075mm 的颗粒)利用马歇尔击实仪进行单侧 100 次的击实,击实后测量其空隙率,结果其空隙率仍高于表 6-12 中的空隙率,相应的空隙率对比结果如图 6-19 所示。

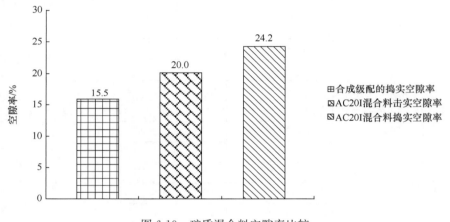

图 6-19　矿质混合料空隙率比较

由图 6-19 可以看出,表 6-12 中通过逐级填充试验确定的集料级配,其密实程度远高于密实型的 AC20I 型混合料的级配,是比 AC20I 型混合料更接近最大密实度状态的级配。

2. 不同粒径的填充规律分析

将表 6-12 中填充各级集料后空隙率的最小值绘制于图 6-20 中,可以看出随着加入集料的粒径的减小,混合集料的空隙率明显下降;整条曲线在下降过程中出现了两个明显的拐点:第一个拐点在 4.75mm 处;第二个拐点在 0.3mm 处。两个拐点将整条曲线分成三个部分,这三个部分的斜率明显不同,表明不同粒径范围的颗粒降低空隙率的效率不同。

基于图 6-20 的变化规律,以 4.75mm 和 0.3mm 为分界点将 19～0.075mm 集料粒径范围划分为三档,分别计算每一档的空隙率变化总幅度和每增加一级集料时空隙率的平均降低幅度,相应的计算结果见表 6-13。

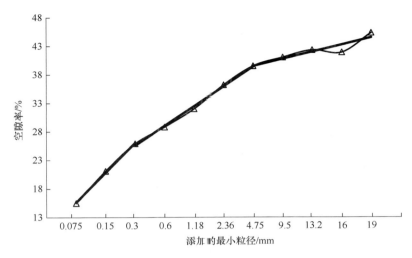

图 6-20　不同粒径集料填充时空隙率的变化

表 6-13　填充试验中空隙率的变化幅度

粒径/mm	空隙率/%	空隙率变化幅度/%	粒径/mm	空隙率/%	空隙率变化幅度/%	粒径/mm	空隙率/%	空隙率变化幅度/%
19	45.3		4.75	39.5		0.3	25.9	
16	41.9		2.36	36.2		0.15	21.1	10.4
13.2	42.3	5.8	1.18	32.0	13.6	0.075	15.5	
9.5	41.0		0.6	28.8				
4.75	39.5		0.3	25.9				
每增加一级集料时，空隙率的降低幅度/%		1.45	每增加一级集料时，空隙率的降低幅度/%		3.4	每增加一级集料时，空隙率的降低幅度/%		5.2

　　从表 6-13 中可以清楚地看到，大于 4.75mm 的集料填充空隙的效率较低；0.3～2.36mm 集料的填充效率是大于 4.75mm 集料的填充效率的 2.5 倍左右；而小于 0.3mm 颗粒的填充效率又比 0.3～2.36mm 颗粒的填充效率高了约 50%。表明大于 4.75mm 的集料主要构成骨架结构，而小于 4.75mm 的集料主要起到填充空隙的作用，尤其是小于 0.3mm 的集料具有更高的空隙填充效率。可以预见，如果在混合料中添加矿粉，矿粉的填充效率将会更高，这也是在沥青混凝土中普遍添加矿粉，以获得较高密实度的重要原因。

　　相关研究[83]通过试验也提出，大于 4.75mm 的颗粒主要形成骨架，0.3mm、

0.15mm 和 0.075mm 的颗粒主要填充粗集料间隙,而 2.36mm、1.18mm 和 0.6mm 的颗粒具有以上双重作用,同时指出,细集料对空隙率的影响要大于粗骨料。此结论与前述分析完全一致。

6.3.2　集料骨架内摩阻力分析

为研究矿质混合料在荷载作用下颗粒间的嵌挤摩擦情况,设计了贯入试验:称取 3kg 烘干的集料,放入 ϕ152mm 的 CBR 试模中并做适当振动,将试模放入压力机对集料表面施加 10kN 的压力,然后将试模浸入盛水的容器中,使水进入到试模内的混合集料的空隙中,并使水面超过集料表面,连同浸水容器一起将 CBR 试模放入 CBR 试验机,以标准加载速率进行贯入试验,并同时记录贯入深度和贯入阻力。

1. 单一粒径集料的贯入阻力

首先利用贯入试验,分别对不同粒径的集料的贯入特性进行了试验分析,粒径范围为 1.18～19mm,各集料的贯入试验结果如图 6-21 所示。

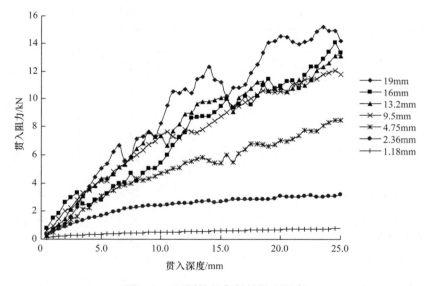

图 6-21　不同粒径集料的贯入阻力

由图 6-21 可以看出,随着贯入深度的增加,各集料的贯入阻力明显增加,并且在后期贯入阻力基本与贯入深度呈线性增长规律;同时随着粒径的增加,贯入阻力也明显增加,19mm 集料的贯入阻力达到了 1.18mm 集料的 20 倍。

从贯入阻力随粒径的变化规律来看,贯入阻力并不随粒径的增加而线性增加,当粒径小于等于 9.5mm 时,贯入阻力受粒径的影响较大;当粒径大于 9.5mm 之后,虽然贯入阻力仍然随粒径的增加而呈增加趋势,但其增加幅度明显变弱;

4.75mm 粒径正是不同粒径贯入阻力变化规律的分水岭。

同时在贯入试验中发现,小于 4.75mm 的集料在进行贯入时,随着贯入杆的深入,贯入杆周围的颗粒明显隆起,混合料表现出一种近似流动的变形,这也是导致其后期贯入阻力随贯入深度增加缓慢的重要原因;当集料粒径超过 4.75mm 后,贯入杆周围的颗粒几乎不隆起,却反而出现明显的集料破碎声音,表明此时的贯入主要是由于颗粒间的压实和压碎造成的,这也是粗集料贯入曲线在贯入后期贯入阻力随着贯入深度增加出现较大波动的原因。

图 6-21 的试验结果证实了沥青混合料强度理论中关于粒径对内摩阻力影响的理论:要想获得具有较大内摩擦角的矿质混合料,必须采用粗大、均匀的颗粒,在其他条件相同时,矿质集料颗粒越粗,所配制的沥青混合料越具有较高的内摩擦角。同时再次验证了 4.75mm 集料在粗细集料中的分界点规律。

2. 不同粒径混合集料的贯入阻力

在测定单一粒径集料贯入阻力的基础上,进一步测定了在不同粒径的集料中添加 30%19mm 粗集料后的混合集料的贯入阻力,其结果如图 6-22 所示。从图 6-22 中可以看出,在细集料中添加粒径粗大的颗粒可以有效地提高混合集料的内摩阻力,特别是对粒径较小的颗粒其提高幅度非常大。

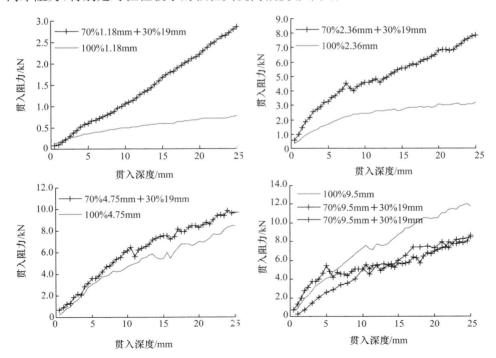

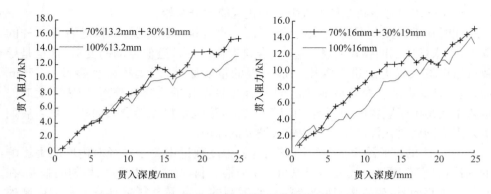

图 6-22　19mm 粗集料对不同粒径集料的贯入阻力的影响

　　将不同粒径集料添加 19mm 集料后的内摩阻力提高幅度计算总结于图 6-23 中,可以看出,对于 1.18mm 集料,加入 19mm 集料后贯入阻力提高了约 270%;在 2.36mm 集料中添加 30%19mm 集料后,贯入阻力增加了约 150%;但是当集料粒径达到 4.75mm 时,添加 19mm 集料对其内摩阻力提高幅度已经非常有限,仅提高了约 14%;当集料粒径超过 4.75mm 后,19mm 集料的加入对原集料颗粒内摩阻力的改善幅度差别已经很小。

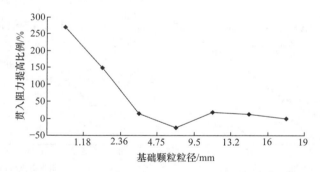

图 6-23　19mm 集料对不同粒径集料内摩阻力的提高比例

　　由此可以得出结论,在骨架结构不明显的混合料中,添加粗集料可以有效增加混合料的骨架特性;但对于骨架结构明显的混合料,一味在其中增加更大粒径的颗粒对其骨架结构的提高程度并不明显;试验中还发现在 9.5mm 的集料中添加 30%的 19mm 集料后,其内摩阻力反而明显下降,两次试验结果基本相同,此中所包含的原理尚不完全清楚,也从另一个角度喻示了矿质混合料构成的复杂性,同时也说明在骨架结构明显的混合料中关键是应该控制各粗集料之间的合理比例,形成良好的多级接触嵌挤结构。

　　矿料骨架构成的复杂性还表现在图 6-24 和图 6-25 中。图 6-24 为 19mm 粗集料中分别添加 70%不同单一粒径集料(1.18mm、2.36mm、4.75mm、13.2mm 和

16mm)组成的混合集料的贯入阻力试验结果。图 6-25 是 2.36mm 细集料中添加不同比例 19mm 粗集料组成的混合集料的贯入阻力试验测试结果。

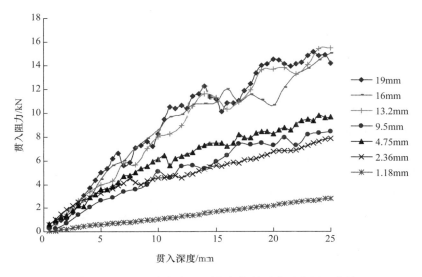

图 6-24　19mm 集料与不同粒径集料混合后的贯入曲线

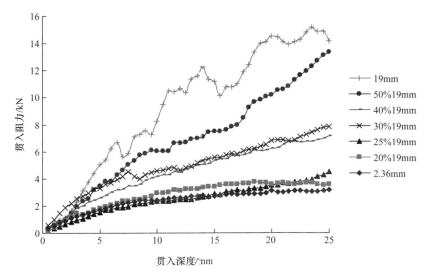

图 6-25　2.36mm 集料与不同比例 19mm 粗集料混合后的贯入曲线

从图 6-24 中可以看出,贯入曲线的变化表现出一定的量子化特点,明显分为三个界限清晰的组群:1.18mm 基础粒径集料与 19mm 集料混合后的贯入阻力明显小于其他粒径集料与 19mm 集料混合后的贯入阻力,形成了一个等级;19mm 集料与 2.36mm、4.75mm 或 9.5mm 基础粒径集料分别混合时,测试获得的贯入阻力远大于 1.18mm 集料与 19mm 集料的混合结果,但三组曲线间差异相对较小,形成了第二个等级;当基础粒径由 9.5mm 提高到 13.2mm 时,混合料的贯入阻力又有了大幅度提高,但 13.2mm、16mm 以及 19mm 基础粒径集料与 19mm 集料的混合结果之间比较接近,相应的组成了第三个等级。这一规律更进一步佐证了当前粗细集料划分依据的客观性:当级配中的最大公称粒径大于等于 13.2mm 时通常以 4.75mm 作为粗细集料的分界点,当级配中的最大公称粒径小于 13.2mm 时通常以 2.36mm 作为粗细集料的分界点。

如图 6-25 所示,当在 2.36mm 集料中添加不同比例的 19mm 集料时,混合集料的贯入阻力变化规律同样表现出明显的量子化特点。当 19mm 集料含量较小时(小于 25%),对整个混合集料的骨架性能几乎没有影响;当 19mm 集料含量由 25% 提高到 30% 时,混合集料的贯入阻力迅速提高了一倍,发生了质的变化;而 40%19mm 集料含量与 30%19mm 集料之间又没有明显的差别,但是 19mm 集料含量由 40% 提高到 50% 后,贯入阻力又迅速提高了约 70%,再次发生了明显的变化;当 19mm 集料达到 50% 时,已成为混合集料的主要成分,混合集料的贯入阻力开始趋近于 100%19mm 集料的贯入阻力。由此可以看出,粗集料对细集料贯入阻力的改善并不是随着粗集料比例的增加而线性增加的,而是存在合理的比例范围。

由此可以得出结论,在沥青混合料的矿质骨架构成中,存在着关键的粒径和合理的比例,这些关键点具有分水岭的性质,在此关键点附近,粒径或者比例的轻微变化都有可能导致混合料的性质有明显的突变。这在一定程度上有助于我们理解实体工程中沥青混合料级配较小的波动也可能会造成质量变异较大的原因,因此,在实体工程中以设计级配为目标,严格控制各筛孔的实际通过百分率的波动范围,同时加强对关键筛孔的控制,是控制施工质量变异性的重要途径之一,尤其对于骨架型沥青混合料更是如此。

3. SMA 贯入阻力试验

图 6-26 是 AC13I 和 SMA13 矿质混合料的贯入阻力试验曲线,可以看出二者之间有明显的差异,AC13I 在贯入初期,具有较高的阻力,但当贯入深度达到一定值时,出现了类似屈服流动的现象,其后贯入阻力虽然又继续增加,但明显低于具有骨架结构的 SMA 的贯入阻力,这一变化规律与之前的细集料贯入试验比较类似;而 SMA 的贯入阻力趋向呈较明显的线性增加,在贯入的后期出现了集料破碎和压实的现象,表现为贯入阻力的一定波动,总体变化规律与之前的粗集料贯入试验比较类似。

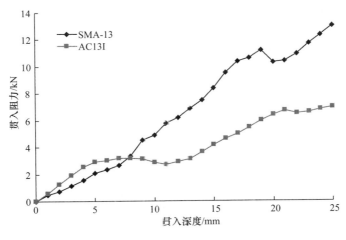

图 6-26　SMA 和 AC 的贯入曲线

因此,贯入阻力可以作为评价混合料骨架特性的一种指标,且贯入阻力试验证明影响 SMA 骨架结构的主要是其中的粗集料,粗集料的合理含量以及不同粒径粗集料之间的合理比例组成是影响 SMA 骨架结构的关键因素。

6.3.3　细化级配恢复

1. 级配恢复原则

基于前述的分析可以看出,在矿质混合料中,不同粒径的集料在混合料中所发挥的作用是非常复杂的,不同粒径集料的混合效果不仅与粒径之比而且与某些关键筛孔的含量有非常明显的关系。结合前述分析和第 3 章中对 SMA 级配组成的论证,针对再生过程中老化 SMA 的级配恢复,提出如下基本原则:

(1) 第 3 章已经详细论证了现行 SMA 级配组成的合理性和实用性,考虑到级配组成波动尤其是关键粒径含量波动对混合料性能的影响,针对细化的 SMA 级配应将其恢复到规范规定的 SMA 级配范围,无特殊要求或设计情况下应以恢复到级配范围中值为目标。

(2) 由 SMA 的材料组成特性分析可知,粗集料在 SMA 的骨架结构构成中起到了至关重要的作用,细集料用量相对较少,骨架结构的密实性主要由沥青和矿粉来填充,而长期使用过程中粗集料会出现细化进一步破碎成细集料,因此再生过程中 SMA 细化级配的恢复应以粗集料部分恢复为主导。

(3) 4.75mm 粒径已经被证实为粗细集料的分界点,而且是 SMA 级配设计的关键筛孔,因此 4.75mm 关键筛孔的恢复又是粗集料级配恢复的重中之重。

2. 级配恢复方法

基于前述的级配恢复原则,对老化 SMA 级配的调整,应以设计级配中值为目标,重点恢复粗集料部分尤其是 4.75mm 关键控制筛孔的目标值。

依据第 5 章的试验分析和现场调查结果,结合目前的工程经验,可以认为正确设计的 SMA,在经过长期的使用之后,其级配细化并不严重,且主要发生在车辙处;而对于再生时整个路面混合料而言,其综合级配细化程度又会比车辙处进一步减轻;尤其是进行早期病害处理时,在投入使用时间较短的情况下,路面级配不会出现较大的波动。针对前述工程情况,老化 SMA 的骨架结构损失并不大,依据前述的贯入试验分析可知,即使进一步添加较粗的集料,对其骨架结构提高作用并不会非常明显。因此,再生过程中选用新料时,原则上选用与老化 SMA 初始设计级配相同的级配类型,同时针对老化 SMA 出现的细化状况,将新料的级配调粗予以补充调整。这也是普通沥青混合料就地热再生中经常使用的常规方法,已经得到了实体工程的良好验证,在此不再进一步做针对性分析。

但是在一些特殊情况下,当旧料级配细化较为严重时,由于就地热再生新料的掺量较少(通常很难超过 25%),将新料在符合工程设计级配范围内调粗可能无法完全弥补旧料级配的细化。因此,基于前述的级配恢复原则,针对新料级配设计提出一种新的旧料级配调整方法,并命名为控制关键粒径筛孔通过百分率恢复的旧料级配调整方法:主要针对旧料细化级配尤其是粗骨料的细化点,设计断级配新混合矿料予以弥补,并重点控制 4.75mm 关键粒径的筛孔通过百分率。具体的方法阐述如下。

以设计级配(规范规定的级配中值或者根据实际需要提出的设计级配)为最终调整目标,根据设计级配、旧料级配的各筛孔通过百分率以及旧料和新料的相应比例,按照式(6-2)来计算计划添加新料的各筛孔的通过百分率:

$$G_n(0.075\cdots4.75\cdots)\times P + G_o(0.075\cdots4.75\cdots)\times(1-P) = G_m(0.075\cdots4.75\cdots)$$

$$(6-2)$$

式中,G_n、G_o、G_m 分别为新料、旧料及再生料设计级配中各粒径的通过百分率;P 为新料的掺配率。

一般情况下,通过上述计算得出的新料各筛孔的通过百分率并不一定符合工程设计级配范围,甚至 4.75mm 以下各筛孔的通过百分率会出现不合理的状况(如负值)。因此,取 4.75mm 以上各筛孔的通过百分率作为目标级配,并以 4.75mm 粒径通过百分率作为关键控制指标,调试各矿料配比,获取新料调试级配,并将调试级配代入式(6-2)进行验证,以进一步调试获得合理的矿料比例形成所需的新料级配,最终恢复旧料骨架结构。

3. 示例分析

作为示例,室内配置了两种 SMA13 模拟旧料。级配一:细化程度较小,仍然在规范规定的级配范围内;级配二:细化程度较大,明显超出了规范规定的级配上限。采用两种方法对模拟旧料的细化级配进行恢复:一种是常规的级配弥补法,即采用符合常规级配范围的偏粗级配(在此采用规范规定的级配下限)对细化级配进行弥补;另外一种是采用前述提出的控制关键粒径通过百分率恢复的旧料级配调整法。

选用 20% 的新料添加比例,首先对设计的旧料级配一进行调整。在控制关键粒径调整法中(表 6-14),首先对比旧料级配和规范中值级配,采用式(6-2)计算出弥补旧料级配至中值级配所需的新料计算级配;取新料计算级配中 4.75mm 及以上的粒径计算通过百分率为主要目标值,并以再生料合成级配的 4.75mm 粒径的通过百分率作为主要控制点,调试确定表 6-15 中的各级矿料级配的配合比,得到新料调试级配;将新料调试级配(20%)与旧料级配(80%)以设计比例再按式(6-1)合成,获得再生料合成级配,并以规范中值级配作为基准进行对比验证;通过反复调试,最终得到合适的各级矿料的配合比见表 6-15,控制关键粒径法获得的再生料合成级配见表 6-14。

表 6-14 新添骨料级配的确定($P=20\%$)

筛孔尺寸 /mm	旧料级配 /%	规范中值 /%	新料计算 级配/%	新料调试 级配/%	控制关键粒径法再生料 合成级配/%	常规法规范下限对 旧料再生级配/%
16	100.0	100	100.0	100.0	100	100.0
13.2	95.9	95	91.4	84.4	93.6	94.7
9.5	69.6	62.5	34.2	32.1	62.1	65.7
4.75	33.7	27	0.4	8.3	28.6	31.0
2.36	24.6	20.5	4.2	7.5	21.2	22.7
1.18	19.9	19	15.4	7.4	17.4	18.7
0.6	15.4	16	18.4	7.4	13.8	14.7
0.3	13.0	13	13.1	7.4	11.8	12.4
0.15	11.7	12	13.4	7.4	10.8	11.2
0.075	10.4	10	8.5	7.4	9.8	9.9

为进行对比,在常规的级配弥补法中,采用规范下限级配作为新料级配,对旧料级配进行弥补,按照相同的新旧料比例(20%:80%)合成的相应再生料级配见表 6-14(常规法规范下限对旧料再生级配)。

表 6-15　获取新料级配的生产矿料配合比调试

筛孔尺寸/mm	1#/%	2#/%	3#/%	4#/%	矿粉/%	新料调试级配
16	100	100	100.0	100.0	100	100.0
13.2	76	100	100.0	100.0	100	84.4
9.5	3.1	81.6	100.0	100.0	100	32.1
4.75	0.1	2.9	89.7	100.0	100	8.3
2.36	0.0	0.2	8.3	84.9	100	7.5
1.18	0.0	0.0	1.4	49.2	100	7.4
0.6	0.0	0.0	0.5	30.7	100	7.4
0.3	0.0	0.0	0.0	14.6	100	7.4
0.15	0.0	0.0	0.0	7.6	100	7.4
0.075	0.0	0.0	0.0	2.9	99.9	7.4
配合比/%	64.8	27.8	0	0	7.4	—

图 6-27 和图 6-28 分别为采用控制关键粒径法和常规法获取的再生混合料级配曲线。结合表 6-14 中的数据对比(控制关键粒径法再生料合成级配与常规法规范下限对旧料再生级配)可以看出,由于旧料级配细化程度不大,因此两种方法都能够对旧料细化级配进行一定的调粗,使其向规范中值级配靠拢;但是采用控制关键粒径法获取的再生混合料级配更加接近于规范中值级配,尤其是通过两种级配 4.75mm 关键粒径的通过率对比可以看出,控制关键粒径法与规范中值的差值为 1.6%,符合规范级配设计时要求的 3% 以内的差值范围,而常规法与规范中值的差值为 4%,超过了 3% 的通常允许范围。

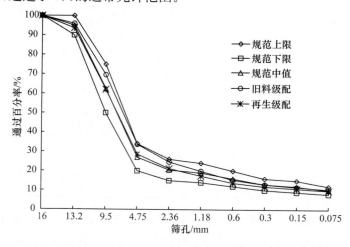

图 6-27　采用控制关键粒径法获取的再生混合料级配调试结果

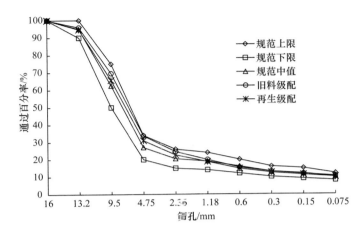

图 6-28　采用常规级配弥补法获取的再生混合料级配调整结果

仍然取新料的添加比例为 20%，进一步对细化程度较大的旧料级配二采用两种方法进行调整，相应的再生级配调整结果见表 6-16。其中再生级配 1 为采用常规级配弥补法获取的再生混合料级配调整结果，其级配曲线如图 6-29 所示；再生级配 2 为采用控制关键粒径法获取的再生混合料级配调试结果，其级配曲线如图 6-30 所示。

表 6-16　两种方法获取的旧料级配二的再生级配调整结果（$P=20\%$）

级配	不同筛孔的通过百分率/%									
	16mm	13.2mm	9.5mm	4.75mm	2.36mm	1.18mm	0.6mm	0.3mm	0.15mm	0.075mm
规范上限	100	100	75	34	26	24	20	16	15	12
规范中值	100	95	62.5	27	20.5	19	16	13	12	10
规范下限	100	90	50	20	15	14	12	10	9	8
旧料级配	100	98	85	37	30	20	15	13	12	10
再生级配 1	100	96.4	74.0	33.6	27.0	22.0	18.4	14.8	13.8	11.2
再生级配 2	100	93.6	68.6	29.6	24.0	19.2	16.0	12.8	12.0	9.6

从表 6-16、图 6-29 和图 6-30 中的对比结果可以看出，由于旧料级配细化程度较大，明显超出了规范上限范围，因此常规法中仅采用偏粗的新料级配（规范下限级配）对旧料的调整效果并不理想，调整后的再生级配曲线仍然在规范上限附近，尤其是粗集料部分的通过百分率甚至还要略大于规范上限，而 4.75mm 关键粒径的通过百分率与规范中值的差异已经达到了 6.6%，大大超过了规范建议的 3% 的通常范围；而采用控制关键粒径法所获取的再生级配则在规范规定的合理范围之

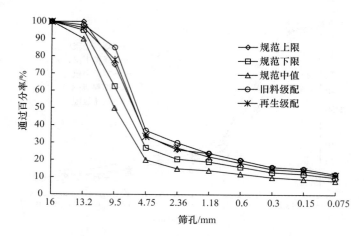

图 6-29　采用常规级配弥补法获取的再生混合料级配调整结果

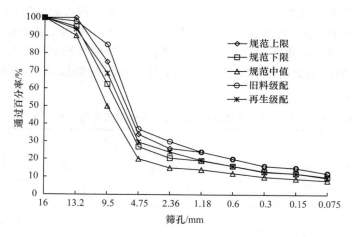

图 6-30　采用控制关键粒径法获取的再生混合料级配调试结果

内,且比较靠近于规范中值级配,其 4.75mm 关键粒径通过百分率与规范中值的差值为 2.6%,依然在规范建议的合理范围之内,说明取得了比较理想的级配调整效果。

6.4　新纤维应用分析

6.4.1　不同纤维性能对比

首先对木质纤维、聚酯纤维和(玄武岩短切)矿物纤维的使用性能进行试验对比,重点了解其使用性能特点。针对三种纤维,均采用 SMA13 混合料进行性能试验,选取其各自推荐的一般掺量,确定混合料最佳油石比后,分别进行析漏试验、飞散试验、浸水马歇尔试验、冻融劈裂试验、车辙试验和单轴压缩试验,相应的试验结果见表 6-17。

表 6-17　不同纤维的性能对比分析

性能指标　　　纤维种类	0.3%木质纤维	0.3%聚酯纤维	0.4%矿物纤维
吸水率/%	3.11	0.59	0.39
纤维掺量/%	0.3	0.3	0.4
最佳油石比/%	6.2	6.1	6
析漏量/%	0.05	0.06	0.08
飞散量/%	1.1	2.0	3.3
残留稳定度/%	91	93	90
残留强度比/%	95	91	89
动稳定度/(次/mm)	4230	5760	6640
抗压强度/MPa	2.97	3.91	5.23
回弹模量/MPa	1286.8	1464.3	1725.9

从表 6-17 中的试验结果可以看出,使用三种纤维的 SMA 均具有良好的综合路用性能,进一步对比分析三种纤维混合料的性能特点,可以得到以下基本结论:

木质纤维的吸水性最大,聚酯纤维次之,玄武岩矿物纤维的吸水性最小,说明玄武岩矿物纤维施工储存稳定性优于其他两种纤维。

从油石比、析漏试验以及分散试验结果可以看出,三种纤维均能够起到吸附稳定沥青的作用。木质纤维由于表面粗糙,表面积大,吸油和防析漏能力均优于其他两种纤维,因此使用木质纤维的新沥青混合料具有最大的油石比以及最小的析漏损失和飞散损失。也在一定程度上说明木质纤维对混合料的油石比调节作用最大。

从浸水马歇尔试验和冻融劈裂试验结果可以看出,三种纤维沥青混合料均具有良好的水稳定性能。其主要原因仍然是纤维可以吸附部分沥青,从而增大沥青用量,提高沥青饱和度,使得黏附在矿料上的结构沥青膜变厚,并且纤维本身还可以在沥青胶浆中起到加筋的作用,因此·降低了水对沥青胶浆的侵蚀破坏作用,提高了混合料抵抗水损坏的能力。结合前述油石比的分析,不难理解木质纤维表现出最优的抗水稳性能,聚酯纤维与其接近,而矿物纤维相对较弱。

同时可以看出,三种纤维混合料均具有良好的高温稳定性。矿物纤维由于吸油能力略弱,且密度相对较大,因此其相对用量最多,而混合料油石比最小;同时矿物纤维相互间状态较为独立,在拌和过程中不易抱团,分散速度较快,容易形成三维的分散相,且具有较大的硬度,因此,'链桥'加筋作用较强。这种作用特点对混合料的高温性能是有利的,从表中试验数据可以得到验证,矿物纤维 SMA 具有最大的动稳定度、抗压模量和回弹模量。对比之下,木质纤维的高温性能相对最弱。

　　从经济性角度,木质纤维的价格是三种纤维中最低的,在目前的工程使用中也最为普遍;聚酯纤维和矿物纤维的价格相当,均要达到木质纤维的 5~10 倍。

　　综上所述,结合第 5 章的纤维老化试验分析,将三种纤维的使用性能特点对比总结见表 6-18,为再生的应用选择提供参考依据。

表 6-18　　三种纤维适用性特点对比

纤维	施工储存稳定性	拌和和易性	油石比调节	高温性能改善	水稳低温性能改善	耐久性	耐加热高温性	价格对比
木质	▲	▲▲	▲▲▲	▲	▲▲▲	▲	▲	▲▲▲
聚酯	▲▲	▲▲	▲▲	▲▲	▲▲▲	▲▲	▲▲	▲
矿物	▲▲▲	▲▲▲	▲	▲▲▲	▲▲	▲▲▲	▲▲▲	▲

注:▲表示相对较弱;▲▲表示相对中等;▲▲▲表示相对较好。

　　相对而言,从吸油稳定角度出发,木质纤维具有最优的调节作用;基于前述的再生剂使用特性分析可知,目前再生沥青混合料尤其是再生改性沥青混合料的一个很不利因素是高温性能不足,因此,单从改善再生混合料的高温稳定性角度,(玄武岩)矿物纤维相对较好,同时就耐久性和耐高温加热性而言,(玄武岩)矿物纤维也具有一定的优势。

6.4.2　工艺适用性分析

　　从工艺角度出发,老化沥青混合料的就地热再生与新拌沥青混合料的工厂拌和具有很大的区别:①就地热再生无论是加热还是拌和效果相对工厂拌和都没有优势可言,甚至是处于一定的劣势;②新拌沥青混合料生产过程中纤维可以和沥青甚至是集料同时投入拌和,有利于纤维的均匀分散,而再生沥青混合料的主体是老化沥青混合料,纤维在投入使用之前,老化沥青混合料的沥青胶浆就已经成型,因此,纤维在再生沥青混合料中的分散效果控制难度较大。因此,纤维使用与否,不仅取决于其功能调节的需要,更重要的是必须经过工艺适用性分析。

　　为了分析纤维在就地热再生沥青混合料中的拌和均匀性,设计室内模拟拌和试验如下:

　　(1)采用 4.4.1 节设计的使用木质纤维的新拌 SMA13 混合料,并将其油石比由 6.2% 的最佳油石比提高至 6.4% 以模拟含油量过高的特点,进而采用混合料室内老化试验获取老化沥青混合料。

　　(2)再生剂添加量取 10%(模拟比较高的再生剂使用量),再生剂使用后会导致再生沥青混合料的油石比进一步升高,达到 7%。

（3）采用 20％新料用量，通过计算新料的油石比为 3％时，能够将再生沥青混合料的总体油石比调整为 6.2％（即初始设计的新拌沥青混合料最佳油石比）。

（4）在 130℃老化料中，先喷洒再生剂拌和 1min，然后将正常加热的新沥青和新集料投入，同时均匀撒入新纤维，拌和 2min，观察并记录再生混合料的拌和状态。

（5）选择六种纤维掺量（与沥青混合料质量的百分比）0.05％、0.1％、0.15％、0.2％、0.25％和 0.3％，分别进行拌和试验，观察拌和效果，并对获取的再生沥青混合料，分别进行析漏试验和车辙试验。

经试拌试验发现，由于室内拌和缺乏良好的纤维分散设备，木质纤维和聚酯纤维在拌和过程中容易出现结团现象，而玄武岩短切纤维本身质地较硬，纤维间相对独立，拌和时相对容易分散，因此重点进行了玄武岩短切纤维的室内拌和试验。相应的试验结果见表 6-19。

表 6-19　不同纤维掺量的再生沥青混合料拌和试验

纤维掺量		0%	0.05%	0.1%	0.15%	0.2%
与旧料拌和状态		—	均匀	均匀	均匀	出现结团
再生沥青混合料	析漏损失	0.15%	0.12%	0.09%	0.07%	—
	动稳定度	3300	3500	3800	4000	—

可以看出，随着纤维用量的增加，再生沥青混合料的析漏损失不断降低，而动稳定度则有所增加，表明新添纤维在一定程度上起到了稳定再生沥青胶浆，改善再生沥青混合料高温性能的作用。同时可以看到，当纤维用量低于 0.15％时，可以与再生沥青混合料拌和均匀，而超过 0.15％时，则出现了拌和不均匀而导致结团的现象，说明纤维在再生沥青混合料拌和过程中并不具备良好的拌和效果。

由于室内拌和工艺与实际的施工拌和工艺之间有较大的差异，因此上述试验结果并不能完全反映实际施工时纤维的拌和分散性。

总体而言，针对再生 SMA，纤维只是一种辅助的功能调节手段，新纤维的添加主要起到两个功能：①通过吸附稳定作用改善再生沥青胶结料的稳定状态；②通过加筋增黏作用改善再生沥青胶结料的黏结力。从长期使用和反复再生利用角度，还要求纤维具有良好的抗长期老化性能和抗加热损失性能。但是实际再生工程中，经过长期使用和老化的沥青混合料很少会出现油石比过大的现象，且基于第 5 章的分析可知通常纤维的性能老化损失较小，与此同时当前的就地热再生工艺中并不具备良好的纤维添加和分散工艺，因此在没有使用经验的条件下，应首先考虑采用新沥青和新集料等其他措施来调节再生沥青混合料的沥青用量与性能，而纤维作为一种辅助手段的使用必须慎重，就目前的工艺而言建议可以在新料中添加使用，不建议掺加到就地再生的旧料中。

6.5　SMA 就地热再生配合比设计

前述关于再生剂的分析实质上已经完成了老化沥青的性能恢复工作;关于骨架结构恢复的研究也完成了对细化集料级配的调整工作;而关于纤维性能老化和新纤维的应用分析则完成了纤维在再生沥青混合料中的功能作用分析。接下来的重点是将这些分步工作进行有机的结合,形成设计 SMA 就地热再生沥青混合料的完整系统。本节重点对 SMA 就地热再生配合比设计方法的关键环节进行阐述。

6.5.1　总体原则

结合实体工程经验,就地热再生一天的修复工作量基本在 1~3km。因此,在没有特殊要求的情况下,建议对修复工程以一天的修复工作量为基本单元进行段落划分:一方面可以有效地控制路面材料的变异性;另一方面也有利于施工组织。当段落间病害状况以及旧料性能差异不大时,允许将段落按照性能或区域相似性原则合并进行配合比设计,但是当段落间路面状况和材料性能相差较大时,必须严格按照段落划分甚至更进一步细分进行材料性能评价和配合比设计。

就地热再生配合比设计与新拌沥青混合料配合比设计尽管在技术细节上有较大区别,但是二者的基本设计思路仍然是相一致的,因此,根据我国目前的实际生产情况,建议仍然以马歇尔试验方法为基础进行 SMA 就地热再生配合比设计。

原则上讲 SMA 就地热再生混合料配合比设计仍然遵循第 2 章阐述的就地热再生沥青混合料配合比设计基本流程和要点要求,并应尽量满足新拌 SMA 的相应标准要求,只是在室内试验条件以及再生混合料性能要求等细节方面有所区别。由于就地热再生 SMA 的材料组成和工艺条件更加复杂多变,因此,SMA 就地热再生混合料配合比设计时也不能过分拘泥于规范标准,应把握的首要原则是满足综合路用要求,有针对性地提高抵抗原路面已有病害的能力,同时做到符合实际施工条件、因地制宜、经济实用。

6.5.2　旧路面评价

同普通沥青路面一样,进行 SMA 路面就地热再生前,必须详细了解其路面结构、材料及病害信息。如道路结构、面层厚度、预处理层内的材料状况、病害及其已经进行的处治状况等,这些信息都是进行就地热再生技术选择和实施的重要前提。下面选择其中的关键环节进行重点阐述。

1. 典型病害调查

典型病害调查对就地热再生的配合比设计具有重要意义,不仅有助于将再生段落以病害相似性或差异性进行详细的合并与划分,同时有助于确定再生混合料配合比设计的针对性,如原路面车辙病害严重,在配合比设计时应着重提高再生沥青混合料的高温稳定性,如原路面坑槽松散严重,在配合比设计时应着重提高再生沥青混合料的水稳性能。

在众多病害中,车辙病害尤其值得关注,车辙病害不仅是就地热再生技术需要修复的常见病害之一,更是影响就地热再生配合比设计的一个关键因素。就地热再生添加的新料在起到调节旧料性能作用的同时,应避免不影响原路面的标高,造成施工困难,因此合适的新料添加量的确定是非常重要的。而目前最基本的新料添加量的预估就是建立在再生路段的车辙状况调查基础上的。同时对路面车辙状况进行比较详细的了解,根据车辙病害的程度不同可以对再生路段进行划分。

2. 现场取样

通常停车道处混合料受荷载影响较小,可以近似认为仍处于原始状态。因此对停车道处混合料的油石比及级配进行试验检测,一方面可以一定程度上判断SMA 原始设计的正确与否;另一方面可以将行车道处检测数据与之进行对比,分析行车道处混合料在车辆荷载作用下的变化情况。因此,在选定取样点后,通常对停车道和行车道处同时取料,以利于对比分析。

旧路面的取样方法通常可以分为三种:取芯、风镐冷挖以及加热取料。取芯取样量较少,且对粗集料破坏较多,通常不用于配合比设计取料,但其优点是取样方便,且可以贯穿整个沥青面层,因此,通过芯样的外观观测,不同层位芯样厚度、空隙率、油石比、级配以及层间黏结的测试,有助于了解路面病害产生的原因及其变化规律;人工风镐冷挖取样量较大,取样过程对粗骨料破坏较轻微,对整个级配分析的影响不大,基本可以代表旧路跑面级配的实际情况,因此更适用于室内旧料路用性能分析以及再生配合比设计取料;可通过小型加热机或者就地热再生预热机对路面进行加热取料不仅具有与冷取料类似的作用,同时更加接近施工实际状况,能够反映施工加热过程对旧料的影响。

现场取样的频率随工程规模、材料或性能相似区域的大小和现有材料差别而变化。基于前述的总体原则分析,在没有特殊要求情况下,就地热再生以 1km 划分段落,均匀区域取样频率至少是每千米一个点,可以采用随机取样法,即每千米用 0~1 的随机数乘以 1000 并取整确定每千米的取样桩号;而对于不均匀区域,取样点则应增至每车道每千米 3~5 个点,且应根据病害处治需要选择取样点;每个现场取样点取料数量将取决于现场取样点数量,室内进行试验的数量和随后的配合比设计需求。

3. 混合料性能分析

在对取料进行分析前,应对取样进行仔细检查,观测是否存在不同的道路结构层次、表面处治、夹层、土工织物、专用混合料、剥落迹象、易碎或已经碎裂混合料、多余的水分滞留和任何分层趋势;按预期再生处理厚度修整取样,以备材料试验分析。

对老化沥青混合料系统全面的评价应包括旧料的整体性能以及其组成材料(沥青、集料和纤维)的性能。而针对再生配合比设计,在没有特殊要求的情况下,对即将再生的旧 SMA 重点应了解以下性能:①旧料沥青含量及旧沥青的物理性能;②旧料级配特征。

由于现场材料可能存在一定的变异性,因此在对旧料进行评价时,进行性能指标统计分析以判断材料性能的变异性和差异性对再生混合料配合比设计具有良好的帮助作用。在统计中,变异性分析既可以反映出总体数据的分布情况,应用于旧料评价时也可以得出某一指标是否适宜,离散性是否超出许可范围;而差异性分析则可以判断各组成部分之间的指标是否存在差别,应用于旧料评价时则可以判断段落间材料性能的相似性和差异性,从而有利于配合比设计的段落划分。

首先对性能指标多次试验检测数据的分析,一般应进行单因素的均值和均方差计算,进而通过变异系数判断试验数据的离散性是否超过许可范围及该指标评价旧料性能的可靠性,相应的基本公式为

$$x = \frac{1}{n} \sum_{i=1}^{n} x_i$$

$$\sigma = \sqrt{\frac{\sum_{i=1}^{n} (x_i - x)^2}{n}}$$

$$F = \sigma / x$$

式中,n 为样本量;x 为平均值;σ 为修正均方差;F 为 F 检验的统计量值;为了评价旧路某一性能指标的不均匀程度,则可以利用多因子方差进行差异显著性分析。两因素方差的参量见表 6-20,其基本公式如下:

表 6-20　多因子方差分析计算参量

方差来源	平方和 S	自由度 df	平均平方和 MS	F 分布计算值	临界值
因素 A	S_A	$p-1$	$S_A/(p-1)$	MS_A/MS_E	
因素 B	S_B	$q-1$	$S_B/(q-1)$	MS_B/MS_E	通常取 $F_{0.05}$
误差	S_E	$n-p-q+1$	$S_E/(n-p-q+1)$	—	
总和	S_T	$n-1$	$S_T/(n-1)$	—	

$$C_{\mathrm{T}} = \frac{1}{n} \left(\sum y_{ij} \right)^2$$

$$S_{\mathrm{A}} = \frac{1}{q} \sum_j \left(\sum y_i \right)^2 - C_{\mathrm{T}}$$

$$S_{\mathrm{B}} = \frac{1}{p} \sum_i \left(\sum y_j \right)^2 - C_{\mathrm{T}}$$

$$S_{\mathrm{T}} = \sum_{ij} \left(\sum y_{ij} \right)^2 - C_{\mathrm{T}}$$

$$S_{\mathrm{E}} = S_{\mathrm{T}} - S_{\mathrm{A}} - S_{\mathrm{B}}$$

$$\mathrm{MS} = \frac{S}{\mathrm{df}}$$

通过差异显著性分析,可以判断不同段落及车道等因素对旧路性能指标的影响。

通过以上公式的计算得到 $\mathrm{MS_A/MS_E}$ 及 $\mathrm{MS_B/MS_E}$ 值,并同 F 的分位数作比较。例如,对沥青含量统计时,段落数为 6,车道数为 2,计算的 F(段落)为 3.56,F(车道)为 6.80,在置信度为 95% 的情况下,查 F 分布分位数表得 $F_{5.5}(1-\alpha=0.95)$ 为 5.05,$F_{1.5}(1-\alpha=0.95)$ 为 6.61,因为 3.56＜5.05,6.80＞6.61,那么可以得出结论:各段落间在 95% 置信度下不存在差异显著性,而各车道间则存在差异显著性。也就是说段落之间的沥青含量没有明显的差异,而车道之间则存在明显的差异。

有时还需要检测两组按某种方式分类的数据,评价两者之间的差异。例如,特定两个段落的检测数据,这时计算的方法与上述方法有所不同,这种差异性检验的步骤为

计算

$$S_{\mathrm{T}} = \frac{(p-1)S_{\mathrm{A}}^2 + (q-1)S_{\mathrm{B}}^2}{p+q-2}$$

式中,p、q、S_{A}^2、S_{B}^2 分别表示两组数据各自的数据点数及数据的方差。

计算 T 值

$$T^2 = \frac{pq}{p+q} (\bar{x} - \bar{y})^2 / S_p$$

式中,S_p 表示样本率的标准误差;$\bar{x}$、$\bar{y}$ 分别为两组检测数据的平均值。

通过以上公式计算出 T 值,再同 t 分布的分位数作比较。例如,有两组筛分 4.75mm 筛孔通过百分率的数据,数据点分别为 12 个和 6 个,按以上公式计算得 $T=8.29$,查 t 分布自由度为 12+6-2=16 的分位数,假如置信度为 95%,那么可以查得 $t_{16}(1-\alpha=0.95)=1.746$,8.29＞1.746,则可以得出结论,两组筛分数据的 4.75mm 筛孔通过百分率间存在差异显著性,相反假如计算的 T 值小于 1.746,则

两组数据间不存在差异显著性。

6.5.3　外掺材料参数确定

外掺材料主要包括新沥青与新集料(通常是以新沥青混合料的形式使用)、再生剂、纤维及其他必要的添加剂等。外掺材料的选择,以及是否需要添加应依据具体工程确定,并且与目标再生沥青混合料密切相关。

1. 再生剂

再生剂的掺加与否主要取决于原路面的老化沥青性能情况以及施工拌和需要。基于 6.2.2 节的分析,提供了两种再生剂初始掺量确定方法。

一种是常规确定方法,再生剂的初始掺量主要通过不同掺量下旧沥青性能的恢复情况来确定,即将旧沥青与再生剂充分混合均匀后进行相应性能试验,评价指标可以选择黏度以及三大指标(针入度、延度、软化点)进行。基于前述针对再生剂的分析,当再生剂不能比较同步的恢复老化沥青的各项性能时,则重点以针入度恢复为主要目标,同时兼顾再生胶结料的相关性能尽可能地满足同等级新沥青的要求。

另外一种方法则是基于环形加载试验的确定方法,再生剂的初始掺量主要通过不同掺量下,旧沥青混合料性能的恢复情况来确定,具体的试验方法见 6.2.2 节。必须注意的是,由于环形加载试验方法的极限荷载和断裂能指标并不是规范的标准性能指标,不像其他混合料性能指标一样有规范规定的目标值,因此基于极限荷载和断裂能指标确定合理再生剂掺量时,必须首先为其设定相应的目标值。可以采用如下方法确定再生目标值:对旧路面路肩取料进行抽提回收获得老化沥青混合料中的集料,适量添加新矿粉和新纤维弥补抽提回收过程中的矿粉和纤维损失,采用与目标再生沥青混合料相同的新沥青重新配置成新沥青混合料,进行环形加载试验获得相应的极限荷载和断裂能;或者直接利用新集料和新沥青拌制与目标再生沥青混合料具有相同级配和油石比的新沥青混合料,对其进行环形加载试验,以获取的极限荷载与断裂能作为再生沥青混合料性能恢复的目标值。

在具体工程实施过程中,还需要结合再生混合料油石比调整需要以及实际施工状况,对再生剂初始用量在一定合理范围内进行调整。如旧料含油量较大或再生混合料的高温性能为主要提高目标时,可以考虑适当降低再生剂用量;当旧料含油量较小,或需要充足的再生剂起到施工拌和过程中的软化润滑作用或需要重点改善老化沥青混合料的低温或水稳性能时,则可以考虑适当提高再生剂用量。而最终的评价标准仍然是再生沥青混合料的综合路用性能。

2. 新沥青

在没有特殊要求的情况下,新沥青标号的选择应与再生沥青混合料设计沥青标号相同。原则上,针对 SMA,新料口应优先选择改性沥青。但是在现有的工艺条件下,如果新料温度和拌和温度不能得到充足的保证时,可以考虑改用基质沥青,但必须经过性能验证或考虑采取其他措施如温拌添加剂等对其性能进行完善。如果考虑新沥青对老化沥青的软化作用,新沥青也可以选择比设计沥青标号高一级标号,但是同样必须经过室内性能的验证才可以使用。

新沥青的掺量应根据调整再生沥青混合料沥青用量并最终达到最佳油石比状态需要来确定。可以根据旧料老化沥青含量 C_{RAP}、旧料的用量 P_{RAP}(占再生混合料质量百分比)、再生剂用量 a(占旧料老化沥青的质量百分比),以及预估的再生混合料沥青用量或确定的最佳沥青用量 C_{MIX},来确定新沥青的用量 C_{virgin}(占再生混合料质量百分比),计算过程如下:

$$C_{virgin} = C_{MIX} - P_{RAP}C_{RAP} - P_{RAP}C_{RAP}a \qquad (6\text{-}3)$$

就目前的就地热再生工艺而言,新沥青通常是和新集料经过事先拌和后作为新沥青混合料加入到再生沥青混合料中。因此,新沥青掺量首先应满足新料所需的沥青用量,如果有多余的新沥青,可以单独加入再生沥青混合料中。

3. 新料

新料使用的主要目的包括:①调节旧沥青性能和旧料油石比,使再生沥青混合料达到最佳油石比状态;②弥补长期使用后旧料级配的细化,尽可能使再生混合料级配符合现有《公路沥青路面施工技术规范》(JTG F40—2004)的要求。与此同时,考虑到实际施工过程中新料生产和运输的稳定性,还需要确保新沥青混合料合理的沥青用量。

在没有特殊病害整治要求的情况下,新料掺配率一般是根据路面的平均车辙情况以及再生厚度来计算。以复拌工艺为例,首先根据路面车辙和破损状况,估计正常再生段落需添加的新沥青混合料质量 $A(\text{kg/m}^2)$,设再生处理厚度 $h(\text{cm})$,测定旧路混合料的毛体积密度为 $\rho(\text{g/cm}^3)$,则再生沥青混合料质量可估算为 $10\rho h(\text{kg/m}^2)$,由此可推算新料掺配率 P 为

$$P = \frac{A}{10\rho h} \times 100\% \qquad (6\text{-}4)$$

新料级配的确定所依据的重要参数主要是旧料级配以及新料掺配率,6.3 节已经详细分析了新料级配的确定方法。对于常规级配调整方法中使用的新 SMA,由于使用的是符合规范级配要求的新 SMA,因此其油石比比较容易确定与调整。但是在之前提出的控制关键粒径通过百分率恢复的级配调整方法中获取的新料级

配,通常是粗集料和矿粉组成的断级配,并不属于规范"标准级配",因此无法通过马歇尔试验确定其最佳油石比。其油石比可以经由如下方法估算确定。

首先基于沥青膜厚度和矿料比表面积系数计算初始沥青用量范围:沥青混合料中沥青膜厚度一般为 $6\sim12\mu m$,结合美国沥青协会(AI)提出的矿料比表面积系数(表 6-21),即可估算出每千克新料的沥青用量范围;采用计算的沥青用量,进行新料的拌和,观察新料拌和情况,并进行新料的析漏试验,进一步确定满足析漏小于 0.1% 要求,且拌和和易性较好的沥青用量范围;最终结合再生沥青混合料最佳油石比调整以及新沥青用量的需要,确定新料最终的合理沥青用量。

表 6-21　AI 提出的集料比表面积系数

筛孔尺寸/mm	0.075	0.15	0.3	0.6	1.18	2.36	≥4.75
表面积系数/(m²/kg)	32.77	12.29	6.14	2.87	1.64	0.82	0.41

4. 纤维与外掺添加剂

基于纤维的老化分析可以看出,在原始路面纤维含量设计正确的情况下,在路面实际使用过程中,尤其是进行早期病害处理的路面,纤维的损失和老化程度相对较小,即使是经过就地热再生加热后,纤维的含量和性能依然变化不大。因此,通常情况下,新纤维的使用并不是必需的。而且现有的就地热再生工艺并不具备纤维添加的条件,需要添加纤维时只能将其与新料一起混合后再加入旧料中,基于新料拌和均匀性和施工和易性的需要,纤维用量会受到很大限制,因此其作用发挥很有限。

由于再生剂和新沥青对老化改性沥青性能的恢复效果有限,可以考虑在施工过程中加入新型的添加剂对再生沥青混合料性能做进一步改善。然而现有的很多新型添加剂多为固体,且对施工温度和拌和工艺要求较高,很难实际应用到就地热再生施工工艺中,因此结合就地热再生的现行工艺条件,可以考虑在再生沥青混合料中使用温拌剂尤其是液体温拌剂,但是必须结合再生混合料性能试验以及试验路试铺确定其合理的用量与添加方式。

6.5.4　最佳油石比确定

就地热再生 SMA 的最佳油石比确定依然采用马歇尔试验方法,其试验流程与性能要求与新拌 SMA 基本相同,只是在具体的细节上有一定的区别。

1. 目标再生沥青混合料

由于就地热再生技术 100% 的利用原路面的旧料,导致新料的掺加量很小,因而处理前后的混合料类型基本上变化不大,所以原路面的混合料类型基本决定了再生混合料的类型。因此,无特殊设计要求的前提下,原则上目标再生沥青混合料的级配类型取决于原路面沥青混合料的级配类型,再生沥青混合料沥青标号的选择也应与原路面沥青混合料使用的沥青标号相一致,也就意味着再生 SMA 的品质要求与新拌 SMA 的要求是相同的。原则上,对于最终再生沥青混合料的配合比设计检验应遵循新拌 SMA 的路用性能要求。

2. 级配设计

由于新骨料的添加量较小,因此,对旧料级配的调节不可能像新拌混合料那么随意。而再生的主要目的是恢复再生沥青混合料的路用性能,因此,为简化设计,通常选择经过前面级配调整方法调试获得的再生混合料级配作为设计级配,而不再按照新沥青混合料配合比设计的要求选择 3 个初始级配进行试验确定,当最终配合比设计无法满足要求时则需要考虑重新调整再生混合料级配。当然如果级配调试余地较大时,应当按照新拌 SMA 的初试级配选择方法,选择 3 组不同粗细的级配以供后续试验选择。

3. 密度计算与测定

再生沥青的相对密度,应将老化沥青、再生剂及新沥青经过混溶后测定。再生矿料的各种密度的计算与测试,应将老化沥青混合料的集料抽提回收后与新集料按照级配组成合成后进行计算与测试。由于规范规定计算 SMA 的最大理论密度时,需将纤维考虑在内,因此难点主要在于计算 SMA 最大理论相对密度时对于老化混合料中纤维的考虑。针对纤维的考虑,提出如下三种近似计算方法:①老化沥青混合料中纤维全部失效,在再生混合料中不予计算;②老化沥青混合料中纤维部分失效,将原纤维含量进行 50% 折减计入再生混合料中;③老化沥青混合料中纤维没有失效,取原纤维含量计入再生混合料中进行计算。具体计算方法的选择则依据原路面的设计资料、使用年限、病害状况、沥青混合料的抽提筛分试验结合工程经验进行判断。纤维的密度主要由原始设计资料查取或根据类似工程经验确定。

4. 马歇尔试验

相比于新拌沥青混合料,由于大量路面旧料的存在,因此 SMA 再生混合料的试验结果有时会离散性较大,因此,为尽量减少试验结果的变异性,配合比试验时应注意:取料时一定要具有代表性,试验时所用的旧料保持同一批次;成型马歇尔试件时,应根据实际需要多成型一些试件,以利于对试验数据进行必要的数据处理;所有的试件应在相同的试验条件下,同一批次成型、测试,尽量减少人为的试验误差。

再生沥青混合料的拌和过程应尽量与施工工序保持一致:先将再生剂与必要的新沥青加入旧料拌和 30～60s,旧料的保温温度宜在 130～150℃,再生剂的保温温度宜在 100～120℃;再将新沥青混合料投入拌和 60～90s,新沥青混合料的保温温度可以按照规范对新拌 SMA 的温度要求执行,当使用断级配的新沥青混合料时建议比规范规定值提高 10～20℃;当使用纤维或其他添加剂时,可以与再生剂同时投入旧料中拌和,或与新料同时投入并适当延长拌和时间。

再生沥青混合料的沥青胶结料主要由老化沥青、再生剂以及新沥青组成,因此,再生混合料油石比＝(旧料沥青含量＋再生剂用量＋新沥青用量)/再生混合料集料质量。由于再生路面本质上讲是对原有老化路面的翻新,因此再生沥青混合料的使用区域、使用层位及再生混合料的类型都已基本确定。在这种情况下,为简化试验设计,可以基于原始的 SMA 路面设计资料及工程所在区域的 SMA 使用经验,预估再生 SMA 合适的油石比,基于此油石比的选择确定再生剂和新沥青用量,直接进行马歇尔试验和混合料路用性能验证,若相应的指标均能够良好地达到规范要求指标或预期的针对性要求,则可以认为完成了油石比的确定。

当然,在没有把握预估再生沥青混合料合理的油石比且试验材料充足时,仍然需要按照规范步骤,选择不同的油石比,针对不同的油石比要求,调整新沥青和再生剂用量,进行马歇尔试验,并最终确定再生沥青混合料的最佳油石比。

6.5.5　实例分析

结合就地热再生实体工程进一步验证前述分析的配合比设计方法的适用性,该实体工程主要针对 4cm SMA13 上面层的车辙病害进行就地热再生处治。

1. 病害调查

基于实体工程路面典型病害调查,SMA 路面整体使用状况良好,没有出现结构性损坏,除部分路段的横向裂缝和坑槽修补现象略微严重外,其主要病害类型是以如图 6-31 所示的车辙和泛油等高温病害为主,该 SMA 路面适合采用就地热再生技术处治。

结合室内试验和资料调研初步分析其原因主要是由于夏季温度较高,交通重载严重,加之使用经验不足导致 SMA 路面在设计和施工过程中出现了油石比偏高的现象所造成的。典型高温病害路段的表面功能检测结果也显示,无论是停车道,还是行车道基本均不渗水,且构造深度均不满足大于 0.7 的指标要求;而从现场观测也发现,SMA 路面产生了明显的车辙压密和玛蹄脂上浮及泛油现象。

针对车辙病害采用激光断面车辙仪对处理段落进行了详细的车辙检测。如图 6-32所示,采用激光断面车辙仪可以自动绘制断面总体车辙分布规律,给出第

(a) 路面车辙　　　　　　　　　　　　　　(b) 路面泛油

图 6-31　实体工程 SMA 路面典型病害

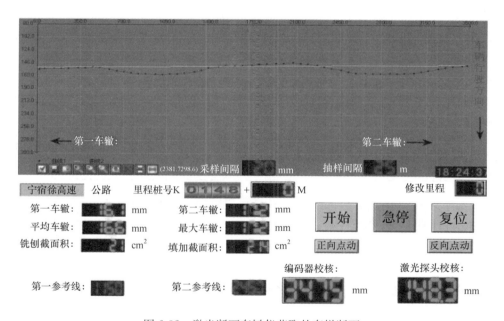

图 6-32　激光断面车辙仪获取的车辙断面

一、第二车辙以及最大车辙及平均车辙，并能够以无车辙的路面为基准线计算该断面的隆起处截面积及车辙凹陷面积，从而可以初步预估填补断面车辙所需添加的新料面积。针对选定的调查段落，以 20m 桩号为间隔，进行了车辙测量，最终预估获得的新料添加比例为 20%。

2. 旧料评价

基于选定段落内的五处典型断面取料，进行了室内沥青抽提回收和集料筛分试验,重点测定了取料的油石比、老化沥青性能及级配性能,对每个断面取料均进行了三次平行试验。表 6-22 和表 6-23 中列出了五个断面的旧料级配平均值和回收沥青性能平均值。分析认为,沥青含量、沥青针入度及级配中 4.75mm 筛孔通过百分率均是影响配合比设计的重要指标,因此对老化沥青含量和针入度及级配中 4.75mm 筛孔通过百分率和 0.075mm 筛孔通过百分率进行了样本偏差分析以观察各性能指标的变异性,相应的结果见表 6-23。

表 6-22　旧料级配各筛孔通过百分率

参量	不同筛孔的通过百分率/%									
	16mm	13.2mm	9.5mm	4.75mm	2.36mm	1.18mm	0.6mm	0.3mm	0.15mm	0.075mm
规范上限	100	100	75	34	26	24	20	16	15	12
规范中值	100	95	62.5	27	20.5	19	16	13	12	10
规范下限	100	90	50	20	15	14	12	10	9	8
旧料级配	100.0	96.8	71.9	35.5	26.7	21.1	18.4	15.6	13.8	10.7

表 6-23　回收沥青性能及样本性能指标差异性分析

油石比 /%	回收沥青性能			不同断面方差分析[$F_4(0.95)=3.36$]			
	针入度 /0.1mm	软化点/℃	5℃延度/cm	针入度	沥青含量	4.75mm 通过百分率	0.075mm 通过百分率
6.3	33.8	75.2	0	3.8	6.3	8.6	15.8

基于表 6-23 的测试数据结合图 6-33 可以看出,与规范级配范围相比,旧料级配接近于上限级配,相对于规范中值级配,出现了一定程度的细化,且主要是集中于粗集料部分;表 6-23 中油石比的测试结果表明,与目前的使用经验相比,该老化料油石出现比略微偏高现象,结合级配细化特点,验证了前述关于旧路面高温性能不足的分析;同时表 6-23 中关于老化沥青的测试结果则表明原路面沥青已经出现了一定程度的老化,但是仍然具有良好的再生利用价值。

同时从表 6-23 中可以看出,不同断面处的材料试验结果存在一定的差异性,0.075mm 通过百分率偏差最大,与试验过程中矿粉的回收误差较大有很大关系,也说明 0.075mm 通过百分率不适合用于评价性能试验的差异性;而其余指标的偏差基本在可接受范围之内,因此可以采用不同断面取料的性能测试平均值来进行再生沥青混合料配合比设计。值得注意的是,上述断面是在性质相对均匀的较短段落内选取的,当选取不同的段落时,还应分析不同段落间的材料性能差异性,以决定是否能够将不同段落合并进行配合比设计。

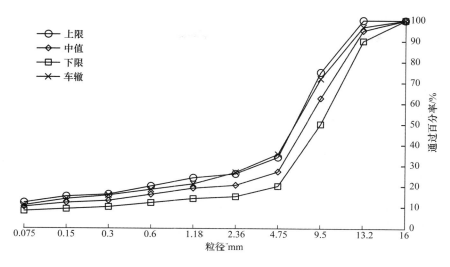

图 6-33　旧料抽提筛分级配曲线

3. 配合比设计

由于原路面使用的是 SBS 改性 SMA13 混合料类型,因此就地热再生的目标再生沥青混合料也是 SMA13 混合料类型,新沥青依然选择 SBS 改性沥青,并选择使用改性再生剂。

对前述旧料评价中的老化沥青,进行再生剂性能试验分析,从表 6-24 的试验结果可以看出,尽管延度的恢复程度没有达到原样改性沥青的水平,但是 8% 的再生剂用量已经能够将针入度和软化点恢复至要求范围之内,因此,选择 8% 作为初始再生剂用量。同时可以看出,依据针入度指标获取的再生剂用量可调节范围为 6%～10%。

表 6-24　再生沥青的常规指标

指标	再生剂 4%	再生剂 6%	再生剂 8%	再生剂 10%	SBS−70 规范要求
25℃针入度/0.1mm	54	66	75	82	60～80
软化点/℃	68	65	58	53	＞55
5℃延度/cm	12.6	15.4	20.2	25.8	＞30

基于车辙调查确定的新料掺配率在 20% 左右,旧路的再生处理厚度为 4cm,再生后路面标高不变,混合料密度取 2.5g/cm³,则再生混合料质量可估算为 100kg/m²,可推算新料在再生混合料中的外掺量约为 20kg/m²。针对前述的旧料级配评价结果,采取控制关键粒径恢复法进行再生 SMA 级配设计。级配调整结

果见表 6-25 和图 6-34,调试获得的生产矿料配比见表 6-26。

表 6-25　级配调整结果

参量	不同筛孔的通过百分率/%									
	16mm	13.2mm	9.5mm	4.75mm	2.36mm	1.18mm	0.6mm	0.3mm	0.15mm	0.075mm
规范上限	100.0	100.0	75.0	34.0	26.0	24.0	20.0	16.0	15.0	12.0
规范中值	100.0	95.0	62.5	27.0	20.5	19.0	16.0	13.0	12.0	10.0
规范下限	100.0	90.0	50.0	20.0	15.0	14.0	12.0	10.0	9.0	8.0
旧料级配	100.0	96.8	71.9	35.5	26.7	21.1	18.4	15.6	13.8	10.7
新料级配	100.0	79.3	22.7	6.0	5.3	5.3	5.3	5.3	5.3	5.0
再生级配	100.0	93.3	62.1	29.6	22.4	17.9	15.8	13.6	12.1	9.5

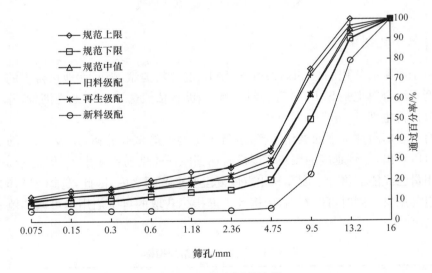

图 6-34　级配调整结果

表 6-26　生产矿料配比

筛孔尺寸/mm	1#	2#	3#	4#	矿粉
16	100	100	100	100	100
13.2	74.1	100	100	100	100
9.5	6.3	84.5	100	100	100
4.75	0.7	2.9	89.7	100	100
2.36	0	0.2	8.3	84.9	100
1.18	0	0	1.4	49.2	100

筛孔尺寸/mm	1#	2#	3#	4#	矿粉
0.6	0	0	0.5	30.7	100
0.3	0	0	0	14.6	100
0.15	0	0	0	7.6	100
0.075	0	0	0	2.9	99.9
掺配比例/%	80	15	0	0	5

按照之前提出的新料油石比计算方法,选择不同的沥青膜厚度计算新料油石比,并进行新料的析漏试验以确定新料的合理油石比范围,便于生产使用,从表 6-27 的析漏试验结果可以看出,新料的合理油石比范围基本在 2%～2.7%。

表 6-27　不同油石比新料析漏试验

沥青膜厚/μm	4	5	5.5	6	8	10
油石比/%	1.96	2.46	2.71	2.95	3.98	5.03
析漏损失/%	0.03	0.08	0.15	0.22	0.4	1.5

基于前述的材料参数确定,进行马歇尔试验确定再生混合料最佳油石比,具体的试验参数选择为:新料与旧料比例为 20∶80;再生剂用量 8%;纤维用量 0.1%;预估的再生沥青混合料油石比为 6.0%,按照 0.2% 的间隔变化,取 5.8%、6.0%、6.2% 三个不同的油石比,相应的油石比选择结果见表 6-28。三种油石比条件下的马歇尔试验结果见表 6-29。

表 6-28　再生料油石比选择

新旧料	含量/%	油石比/%	沥青含量/%	再生剂/%	总胶结料/%	总集料/%	油石比/%
旧料	80	6.35	5.97	8	5.50	94.88	5.8
新料	20	1.75	1.72				
旧料	80	6.35	5.97	8	5.69	94.69	6.0
新料	20	2.75	2.68				
旧料	80	6.35	5.97	8	5.88	94.50	6.2
新料	20	3.75	3.61				

表 6-29　再生混合料马歇尔试验结果

油石比/%	毛体积密度/(g/cm³)	空隙率/%	VMA/%	VCA_{mix}/%	VFA/%	稳定度/kN	流值/mm
5.8	2.467	4.42	17.62	38.37	74.94	9.05	2.24
6.0	2.481	3.39	17.31	38.02	80.43	8.59	3.23
6.2	2.473	3.17	17.73	38.22	82.12	7.64	3.69
技术标准	—	3～4	>17	$<VCA_{drc}$(40.96)	75～85	>6	—

　　由表 6-29 的试验结果和图 6-35 所示的油石比与相应性能参数的关系曲线可以看出,随着沥青用量的变化,再生混合料各项性能指标的变化规律与新 SMA 的变化规律基本是一致的,有了这些变化规律,按照规范所述的方法确定此配合比情况下的最佳油石比为 6.0%。

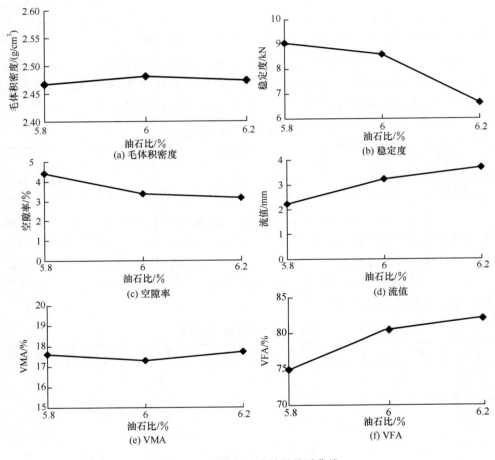

图 6-35　马歇尔试验结果关系曲线

4. 性能验证

　　按照《公路沥青路面施工技术规范》(JTG F40—2004),对再生 SMA 的配合比设计进行性能检验,相应的试验结果及技术要求见表 6-30。

表 6-30　配合比设计检验试验结果

检验项目	试验结果	技术要求	试验方法
谢伦堡沥青析漏试验的结合料损失/%	0.05	不大于 0.1	T0732
肯塔堡飞散试验的混合料损失/%	4.9	不大于 15	T0733
车辙试验动稳定度/(次/mm)	4200	>2800	T9719
浸水马歇尔试验残留稳定度/%	89	>85	T0709
冻融劈裂试验残留强度比/%	85	>80	T0729
低温弯曲试验破坏应变/$\mu\varepsilon$	3096	>2800	T0715
车辙试件渗水系数/(mL/min)	15	<80	T0730
车辙试件构造深度/mm	0.92	0.7~1.1	T0731

通过以上室内再生混合料性能验证试验,可以看出再生 SMA 的水稳定性能、高温性能和低温抗裂性能均满足《公路沥青路面施工技术规范》(JTG F40—2004)相应的技术要求,并且具有优良的高温性能指标,验证了前述配合比设计过程的可行性。

第 7 章 SMA 路面就地热再生关键工艺条件

7.1 概 述

目前的就地热再生设备和工艺都还处在进一步的完善之中,因此还没有形成较为统一的使用设备。不同的再生设备,不仅预热机有明火加热、热风加热、红外加热、微波加热等不同的加热工艺,拌和设备也是各不相同,有的就地热再生设备是把松原路面旧料后直接加铺新料层,而有的再生设备则采用了再生剂与新料的两级添加、拌和工序以提高再生混合料的拌和效果,更有的设备设置了类似于厂拌的小型滚筒拌和装置,将再生料收集至拌和滚筒中拌和以提高保温效果和拌和效果。总体而言,目前的就地热再生设备水平参差不齐,操作过程及使用性能大多基于使用经验,缺乏相对统一的认识与指导思想。

就地热再生技术尽管在实现形式上与新铺沥青路面有较大的区别,但其工艺本质和目标是相同的,都是希望在较好的加热及拌和工艺下获取性能良好的混合料,进而通过良好的碾压工艺形成符合质量要求的沥青路面。因此,基于当前针对就地热再生工艺设备的研究与工程实践[84~90],以比较成熟的新拌沥青混合料应用工艺为参考,结合就地热再生工艺技术的特征以及相关研究,总结提出比较理想的就地热再生工艺应具备的条件如下:

(1) 由于就地热再生是在再生机组持续行进过程中一次性完成对旧路面的加热、翻松、拌和、摊铺和碾压,所有的步骤都是建立在旧路面良好加热的基础上,因此加热设备理想的加热效果至关重要。加热设备不仅应具备良好的调节能力,以适应环境因素和路面状况的影响,同时应能够适应不同的再生运行速度的需求。

(2) 再生剂的直接作用对象是旧沥青混合料,再生剂与旧沥青混合料的良好拌和不仅有助于旧沥青性能恢复,同时有助于路面中块状旧沥青混合料的分散,从而有助于提高整个再生沥青混合料的拌和均匀性。因此,比较理想的再生剂应用工序不仅能够将再生剂均匀地喷洒在旧沥青混合料中,同时应能够进行再生剂与旧料的良好拌和。

(3) 在就地热再生过程中,旧料通常会 100% 再生利用,因此,新料的使用量相对较少。这种情况下,新料(新沥青和新集料)不再是主体成分,而分别是针对老化沥青和老化集料的补充成分,因此,对两种添加材料的需求也就不一定是同步的,这就要求新沥青和新集料的添加方式应比较灵活,既可以通过事先拌和后添加,也可以分别单独加入,而无论哪种方式做好新料的加热和保温都至关重要。

（4）与新拌沥青混合料类似，针对 SMA 或其他特殊混合料，再生沥青混合料生产过程中有可能使用纤维或其他的外掺添加剂，这种情况下如果外掺材料不能随再生剂或新料一起投入使用，就要求就地热再生设备配备相应的投入使用设备，并能够保证外掺材料与旧料或再生料之间的良好拌和。

（5）如果说良好的加热效果是就地热再生实施的基本前提，那么良好的拌和效果就是就地热再生实施成功与否的关键手段。因此，就地热再生的拌和设备不仅应具备强大的拌和功率，还需要具备良好的保温措施，比较理想的拌和工序不仅能够实现再生料的多级拌和，同时应能够进一步对拌和料进行加热，以弥补旧料加热的不足，充分保障拌和效果。

（6）通常情况下就地热再生的加热效果要弱于工厂拌和生产，这就要求就地热再生技术实施工程中应配备良好的碾压工艺，结合试验路的修筑，实施及时跟进碾压，适当增加碾压设备及碾压功等措施，确定合理的碾压工艺方式，使得混合料在可碾压温度条件下及时完成有效碾压，以保证再生路面的使用质量。

着眼于就地热再生施工工艺整体，加热效果是影响工程质量的关键因素也是最直接因素，但其本质是影响了就地热再生施工的拌和及碾压效果，进而对施工质量造成了影响。然而由于设备的不统一性以及实体工程运行的复杂性，要通过实体工程系统分析就地热再生关键工艺条件不仅工程量巨大，耗费大量人力物力，同时技术实施难度大，针对不同设备的分析结果也缺乏普遍的适用性。因此，比较可行的方法是以现有工艺技术为依托，但并不完全拘泥于现有工艺条件本身，在实体设备和工艺的基础上，通过室内试验和数值计算等模拟手段，从本质上分析影响因素的影响机理，获取具有通用性的一般规律，从而为就地热再生工艺技术的实施与改进提供有实用价值的参考依据。

尽管与普通沥青混合料相比，SMA 有其特有的技术特性，但是基本原理仍然是相通的。因此，以目前较为成功的普通沥青路面就地热再生技术经验为基准，在此基础上结合 SMA 的技术特性，分析现有工艺对 SMA 路面的适用性及其应达到的技术要求，将会使得研究成果更加有据可依，取得事半功倍的效果。

后续各节将针对就地热再生工艺的三个主体部分（即加热工艺、拌和工艺及成型工艺）的关键工艺条件进行探讨分析。

7.2　旧料残留颗粒团分析

如果旧料加热不充分，就会在翻松铣刨的旧料中含有大量的颗粒团，当进行再生时，旧料颗粒团会以整体形式存在于再生混合料中，不仅使得新旧料无法充分混合而改变了原有设计，同时当再生混合料受力时，旧料颗粒团作为一个独立单元体，其内部的薄弱点会大大降低混合料的强度，影响再生混合料整体性能的发挥。

因此,本小节首先对旧料残留颗粒团性质进行分析,为后续的工艺优化提供指导。

7.2.1 旧料颗粒团比表面积分析

如图 7-1 所示,如果不对旧料进行加热或加热不充分,在翻松铣刨旧料中就会含有大量的颗粒团。图 7-2 中旧料抽提前的筛分曲线和经三氯乙烯抽提筛分后的级配曲线很好地证明了这一点。可以看出,旧料经三氯乙烯抽提后,其级配明显变细,表明抽提过程中,三氯乙烯将大量颗粒团溶解开了。

图 7-1　旧料颗粒团

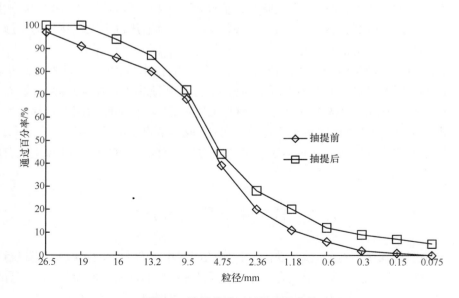

图 7-2　抽提前后旧料级配的变化

　　比表面积在一定程度上能够反映颗粒的分散程度,为了进一步定量分析旧料中颗粒团的含量及其影响,对旧料抽提前后的比表面积进行了计算,计算结果见表 7-1。从表 7-1 中可以看出,旧料在抽提前,总的比表面积较小,而相同的旧料经抽提后,比表面积迅速增加,抽提后的比表面积是抽提前的三倍多。具体原因在于,抽提后所获得的比表面积是旧料中全部集料表面积之和,而抽提前旧料的比表面积是旧沥青混合料经铣刨破碎后形成的颗粒团的比表面积。

表 7-1　旧料颗粒团的比表面积分析

筛孔尺寸/mm	表面积系数 FA_i	旧料抽提前		旧料抽提后	
		通过百分率 P_i/%	比表面 $FA_i \times P_i$ /(m²/kg)	通过百分率 P_i/%	比表面 $FA_i \times P_i$ /(m²/kg)
19	0.0041	100	0.4100	100	0.4100
4.75	0.0041	39.4	0.1615	45.1	0.1849
2.36	0.0082	20.1	0.1648	28.6	0.2345
1.18	0.0164	10.7	0.1755	20.2	0.3313
0.6	0.0287	5.8	0.1665	12.7	0.3645
0.3	0.0614	1.7	0.1044	8.6	0.5280
0.15	0.1229	0.7	0.0860	7.1	0.8726
0.075	0.3277	0.1	0.0328	4.0	1.3108
集料比表面总和 SA/(m²/kg)		1.3015		4.2366	
颗粒团表面积占集料总表面积比例/%		30.70			

　　可以看出,旧料颗粒的表面积仅占总表面积的 30%,说明 70% 的表面积存在于颗粒团内部,如果旧料颗粒团不能充分分散开,当进行再生处理时,所添加的沥青等胶结料就只能黏附于此表面积上,将大小不同的旧料颗粒团黏成整体,而很难进入旧料颗粒团内部。如此就很难达到预期的或设计的再生效果,从而影响再生混合料路用性能。

7.2.2　旧料颗粒团的残留强度分析

　　由上述比表面积测试结果可以看出,在路面铣刨混合料中,存在大量的旧料颗粒团内部表面积,如果不能将旧料颗粒团充分分散开来,则此部分表面积一般不会被新胶结料黏结,而只是依靠原有的老化沥青起到黏结作用,当再生混合料承受外荷载时,破坏很可能较早地在此部分发生。因此有必要对此部分的强度进行测试,以评价旧颗粒团在再生混合料中的影响作用。

　　旧料颗粒团是在铣刨过程中形成的,其颗粒大小不等、形状各异,目前还没有较为适宜的方法直接测试其强度,为此探索设计了砂浆胶结法。即采用固定配比的水泥砂浆,将不同比例的旧料颗粒团胶结在一起,并测试试件的劈裂强度,依据强度测试结果外推当水泥砂浆量为零时的强度,以此强度来表征旧料颗粒团的强度。

　　试验中按水∶水泥∶砂＝1∶2∶3 比例配置水泥砂浆,铣刨料只取 2.36～16mm 粒径的。分别按质量比,砂浆∶旧料＝100∶0、70∶30、60∶40、50∶50 制作马歇尔试件,试件振捣成型,所成型的试件如图 7-3 所示。试件首先在室温下养生两天(第一天脱模,对试件影响较大),每隔一段时间洒水潮湿养护,脱模后,放在水泥混凝土养护室养护三天,第五天测试件强度,测试结果如图 7-4 所示。

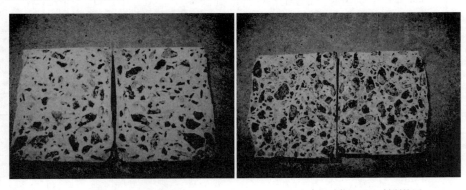

(a) 70%水泥砂浆+30%旧料颗粒团　　　　　　(b) 50%水泥砂浆+50%旧料颗粒团

图 7-3　水泥砂浆黏结的旧料颗粒团试件

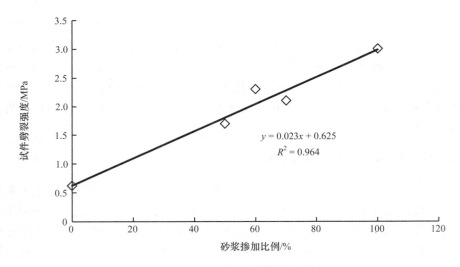

$$y = 0.023x + 0.625$$
$$R^2 = 0.964$$

图 7-4　水泥砂浆旧料颗粒团的强度

由图 7-4 可以看出,尽管旧料颗粒团具有较明显的变异性,导致试验结果的回归相关性并不高,但仍可以看出,随着砂浆比例的提高,试件的强度明显提高,也即试件的强度随旧料颗粒团含量的提高而下降。将回归曲线外推,可以获得当水泥砂浆掺量为零时,试件颗粒团的劈裂强度为 0.62MPa。

为了进一步验证旧料颗粒团对再生混合料强度的影响,采用相同级配的再生混合料和新集料,采用不同水泥砂浆用量制作试件,测试其劈裂强度,测试结果如图 7-5 所示。

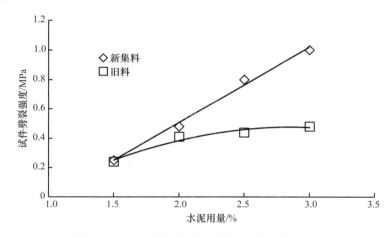

图 7-5　不同水泥用量下,新料与旧料试件的强度

由图 7-5 可以看出,在级配相同、水泥砂浆材料相同、水泥砂浆用量相同、水灰比相同的条件下,采用旧料所制备的试件强度与采用新料制备的试件强度变化规律明显不同。当采用新集料制备试件时,试件的强度随水泥剂量的增加而呈线性增加;当用旧料制备试件时,试件的强度随水泥剂量的增加表现出明显的非线性,当水泥剂量小于 2% 时,试件的强度有明显的增加趋势,但当水泥剂量进一步增加时,试件的强度却出现了拐点,不再明显增加,试件的强度稳定在 0.5MPa 左右,仅仅相当于新集料试件的 50% 左右。

由此可以看出,当旧料分散不良时,由旧料形成的颗粒团内部强度较低,在实际使用过程中很容易成为混合料强度的薄弱点。

7.2.3　旧料残余黏聚力分析

三轴剪切试验是一种较为经典的试验方法,其模拟了材料中一点的受力状态,与实际路面中的三向受力情况相符合,可以得到混合料的抗剪参数、应力应变特性、抗压强度、破坏能量等,因此,进一步采用三轴剪切试验测试分析旧料的残余黏聚力。对旧料分成五组采用不同的制备条件获得三轴剪切试验所用试件,分别是未加热的旧料、经抽提后的旧料、60℃ 加热 10h 的旧料、60℃ 加热 24h 的旧料和

120℃加热 16h 的旧料,试件经过静压成型,五组不同制备条件获得的试件如图 7-6 所示。

图 7-6　三轴试验试件

　　由图 7-6 中的试件外观就可以明显看出,试件加热温度越高,加热时间越长,颜色越深,表明其中的沥青活跃程度越大。进一步从图 7-7 的试件外观观察可以看出 120℃加热试件表面沥青最为明显,然后依次是 60℃加热 24h,60℃加热 10h 和未加热旧料,经过抽提后的试件,因为没有沥青的存在,颜色表现为最浅。表面颜色的加深和沥青的泛出表明,旧料经过加热后,其中的沥青在成型过程中,经过了重新分布,在拌和过程中沥青重新在集料表面进行了裹覆,可以预见经过加热后的试件,其沥青的黏结作用会得以激活,应该具有最优的测试强度。

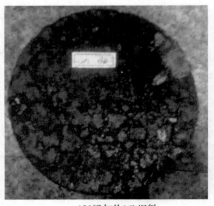

120℃加热16h旧料

60℃加热24h旧料

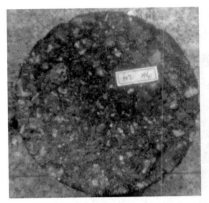
60℃加热16h旧料

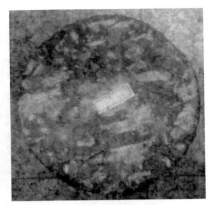
未加热旧料

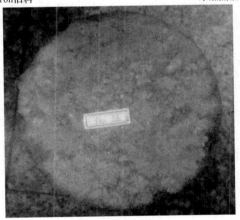
经抽提后的集料

图 7-7　旧料在不同加热条件下成型的试件

参考相关研究经验,三轴试验中加载速率取 1.27mm/min,围压取 68kPa 和 136kPa 两种,因为抽提后的材料中不含沥青,黏聚力为零,所以只需做一组围压即可。所用的 UTM25 三轴试验装置如图 7-8 所示,经测试,各试件的内部黏聚力和内摩擦角总结见表 7-2。

由表 7-2 可以看出,旧料经抽提后,其混合料中仅剩下各种不同粒径的集料,此时各集料间没有沥青膜的阻隔,成型后具有良好的嵌挤作用,所以黏聚力为零,但是具有最大的内摩擦角,此时的混合料性质更接近于级配碎石;而将旧料不经加热直接静压成型后,其试件内部已经开始具有了一定的黏聚力,此部分黏聚力是由旧集料表面的老化沥青膜提供的,由于没有经过加热,因此老化沥青膜不能在成型过程中重新裹覆分布,完全是依靠静压成型过程中颗粒间的挤压而形成了一些新的沥青膜黏结力,虽然此黏结力较新拌沥青混合料中的黏聚力小得多,但已从根本上改变了试件的强度构成机理,使其由类似级配碎石的松散材料变为一种整体性材料。同时也显现出了旧料颗粒与集料颗粒之间的本质区别。

图 7-8　UTM25 三轴试验

表 7-2　三轴试验测试结果

组别	试件	黏聚力 c/kPa	内摩擦角 φ/(°)
1	抽提后集料	0	56.63
2	未加热	126.27	49.32
3	60℃加热 10h	134.15	46.20
4	60℃加热 24h	198.76	44.13
5	120℃加热 16h	297.62	23.68

进一步对比表 7-2 中的第 2 组和第 3 组试验结果可以看出,低温加热对旧料强度的提高作用并不明显;而第 4 组的试验结果中黏聚力明显增加,一方面可能和

长时间加热后沥青膜老化导致黏度提高有一定的关系,同时也可能和较长的加热时间增加了沥青的活性有关;第 5 组试验中,120℃的加热温度接近于热再生时旧料的加热温度,可以看出此时试件内部的黏聚力大幅度增加,表明此时旧沥青得到加热激活经过重新分布和裹覆,起到了更好的黏结效果,使试件的整体性进一步提升。因此,影响老化沥青活性和老化沥青混合料分散性的主导因素首先是加热温度,其次是加热时间。

相关研究中将 RAP 定义为“黑石”,即其性质主要是由集料决定的,残留的沥青只是改变了集料的表面颜色,而对性能基本不起作用。由上述试验结果可以看出,针对热再生工艺,“黑石”论点并不正确,即使是冷再生工艺中,“黑石”论点也不充分,从前面的试验结果可以看出,残留的沥青在不加热条件下经过碾压工艺的揉搓挤压也可以发挥一定量的黏结作用,更重要的是旧料颗粒与集料颗粒之间有着本质的区别。

因此,从充分发挥和利用旧沥青残留黏结力角度来讲,就地热再生必须具备良好的加热拌和工艺,而加热与拌和温度控制的一个关键要点就是要使得旧料在拌和过程中充分分散,旧沥青充分激活从而具有良好的流动性能够重新分布并与新沥青或再生剂充分混融。

7.3　加热工艺优化分析

相关研究指出将加热后的再生剂喷洒到未经加热的旧料上,经适当拌和再静置 1 天后,旧料中花白料仍较多,表面很多部分并没有再生剂黏附;而将旧料预热到 80～100℃后,一边拌和,一边喷洒再生剂,在搅拌过程中块状旧料会分散开来,再生剂能均匀分散到旧料的表面,拌出料的色泽比较均匀。因此,温度特征是就地热再生工艺的核心。本节首先依托江苏省高速公路养护公司的卡洛泰康就地热再生列车进行加热工艺优化分析。

7.3.1　实体工艺运行效果分析

美国相关研究明确指出,旧路面温度在 77℃ 以上时,翻松分离比较容易,在 66℃ 以下时,翻松的旧混合料不易分离为颗粒状,且多成大块。说明就地热再生处理质量不仅与翻松、铣刨工艺有关,更相关于旧路面的加热幅度和深度。因此,对于翻松旧料的整体温度,美国沥青路面回收与再生协会推荐最低温度应在 105℃ 以上。

1. 预热效果分析

依托实体工程对卡洛泰康再生列车的两台加热设备的综合加热效果进行了测

试分析。表 7-3 即为不同天气条件下就地热再生工程实测施工温度结果。

表 7-3　现场再生工程实测施工温度

温度测试控制点	不同天气情况下温度测试/℃		
	晴天	晴天大风	阴天大风
加热前路表	47	43	35
加热后翻松前路表	190～200	160～170	120～130
新料温度	140～150	130～140	130～140
翻松旧料温度	120～130	110～120	90～100
翻松后路底温度	85～95	70～75	55～60
新旧料拌和温度	120～125	110～115	105～110
摊铺前路底温度	65～75	50～55	45～50
摊铺温度	115～120	105～110	95～100
碾压温度	110～115	100～105	85～90
碾压完成温度	85～90	70～75	60～65

从其测试结果可以看出,依托工艺所能达到的加热效果基本在 100～120℃范围,120℃已是其所能达到的较高的温度条件。晴天无风环境及加热前较高的路表温度对提高加热效果是有利的;在晴天天气情况下,整个路面层加热温度以及翻松后旧料整体温度均满足了＞77℃的旧料易于翻松分离的温度要求;翻松后旧料整体温度也满足了＞105℃的温度要求,满足了就地热再生加热工艺特征的基本条件。因此,现有的设备能够满足就地热再生的基本工艺要求。

同时可以看出,不同的环境条件及路段,加热效果会出现较大的差异,说明加热效果会受现场因素影响产生波动。在大风条件下,旧路面的加热效果会出现一定的下降,但仍然能够基本满足前述的温度特征条件。而在阴天大风条件下,翻松旧料的整体温度以及再生混合料的拌和摊铺温度仅在 100℃左右,已经低于最低温度要求;现场观测也发现翻松旧料中有较明显的花白料,如图 7-9 所示,说明该温度效果会对施工质量产生一定的影响;在这种情况下,如果不采取相应的调整措施,即使其施工检测能够达到质量要求,也势必会降低就地热再生的整体施工质量及耐久性。因此,环境影响以及不同路段的现场条件均是造成就地热再生技术实际应用中出现质量效果波动的重要原因。

在现场实际观测过程中,还发现较多的表面烧焦状况,如图 7-10 所示,该层材料呈蜂窝状,质地较脆,经取样后的室内加热试验表明,该层材料即使在加热到180℃仍没有软化现象,表明已经完全碳化,失去了沥青应有的胶黏性能,其粉碎后的粉状物必然会破坏再生沥青的胶结作用。尽管该碳化现象只限于表层,但是混入再生沥青混合料中,对沥青路面的再生利用和长期性能仍然是一种不利因素。

图 7-9　温度不足造成的部分花白料　　　　图 7-10　现场加热表层烧焦状况

分析其原因，主要与当时的加热方式有关，当时的加热工艺由于采用持续加热的方式，为保证温度向下传递，通常会造成路表温度过高，部分部位甚至可以达到600℃以上，过高的温度必然会造成表层沥青烧焦，但其内部加热效果却并不十分理想。

2. 再生机组运行速度分析

除去设备本身的硬性条件外，再生机组的整体运行速度是影响就地热再生整体施工质量的一个非常重要的综合性参数。再生机组的运行速度不仅会影响到路面整体加热效果，同时会影响翻松、拌和及碾压工艺的操作实施时间，进而影响相应的实施效果。

因此，在选定的路面材料相对均匀的试验路段，对再生机组运行速度进行连续调整，并测试路面加热及压实状况，以期了解运行速度对工艺运行效果的综合影响，相应的试验结果见表 7-4 和表 7-5 以及图 7-11 和图 7-12。

表 7-4　不同主机运行速度下温度测量数据

运行速度 /(m/min)	温度测量控制点	温度/℃			
		测量值			平均值
2.5	翻松后路底	96	100	99	98
	翻松前路表	142	140	141	141
	摊铺路表	117	117	118	117
3.0	翻松后路底	87	88	92	89
	翻松前路表	116	126	133	125
	摊铺路表	114	115	114	114
3.5	翻松后路底	73	72	73	73
	翻松前路表	112	113	113	113
	摊铺路表	99	100	100	100

续表

运行速度 /(m/min)	温度测量控制点	温度/℃			
		测量值			平均值
4.0	翻松后路底	67	68	68	68
	翻松前路表	112	111	111	111
	摊铺路表	98	101	100	100
4.5	翻松后路底	60	62	60	61
	翻松前路表	103	105	105	104
	摊铺路表	94	94	92	93

注:翻松后路底温度是指翻松滚筒翻松旧路面后路底的温度;翻松前路表温度是指翻松滚筒即将翻松旧路面之前的路表温度;摊铺路表温度是指熨平板整平再生混合料后路表的温度。

表 7-5　不同运行速度下的压实度

运行速度/(m/min)		2.5	3.0	3.5	4.0	4.5
压实度/%	相对试验室密度	99.6	99.2	97.8	96.1	94.7
	相对最大理论密度	97.4	97.1	95.7	94.1	92.7

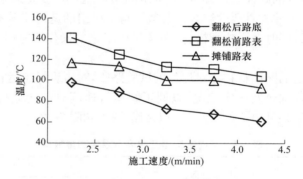

图 7-11　运行速度与温度的相关性

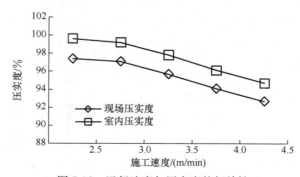

图 7-12　运行速度与压实度的相关性

表 7-4 和表 7-5 以及图 7-11 和图 7-12 的试验结果验证了再生机组运行速度与路面加热温度以及压实度之间良好的相关性。随着再生机组运行速度的增长，加热温度和压实度均随之减小。其主要原因在于，随着再生机组运行速度的增加，加热机加热时间缩短，加热效果自然随之下降；同时新旧料的拌和时间也会缩短，紧跟着的碾压工序时间亦相应缩短，加热温度的下降必然造成碾压效果下降。

进一步分析试验结果，若按照普通热拌沥青路面的压实度要求，即大于试验室密度的 93%，最大理论密度的 93%，则再生主机的运行速度需控制在 4m/min 以内，这与目前的就地热再生施工应用情况基本是相符的，同时也处在沥青路面施工技术规范针对新料摊铺提出的 2～6m/min 的适宜速度范围内。因此，普通沥青路面的就地热再生运行速度一般应控制在 2～4m/min 范围内。

而如果按照 SMA 路面的压实度要求，即大于试验室密度的 98%，最大理论密度的 94%，仅从上述试验结果判断，则三机运行速度应控制在 3.5m/min 以内。尽管就地热再生混合料与新拌沥青混合料的生产过程不同，但是二者无论是使用性能要求还是摊铺碾压方式都基本相同。因此，可以认为沥青路面施工技术规范针对新拌 SMA 提出的 1～3m/min 的适宜摊铺速度范围也适用于 SMA 路面就地热再生，即 SMA 路面就地热再生的再生主机运行速度应控制在 1～3m/min 的范围内。而这一运行速度可以使得再生混合料的拌和时间处于 1～2min 范围内，有利于再生沥青混合料的拌和。

必须注意的是上述运行速度仅是基于跟踪的实体工程获得的一般分析结论。在不同实体工程中应重点根据试验段的修筑、环境条件及路面材料的具体情况结合再生加热设备的硬件条件综合确定再生主机合适的运行速度。

可以看出，尽管依托工艺对普通沥青路面具有一定的适用性，但其加热工艺与加热效果并不是我们期望的理想效果。而 SMA 路面对施工温度以及拌和碾压的要求比普通沥青路面更加苛刻，因此需要对现有加热工艺进行一定的优化。后续重点依托卡洛泰康再生机组的加热系统，利用 ABAQUS 有限元分析软件，通过有限元数值模拟方法进行加热温度场分析，以探求其合理的加热方式和加热效果。

7.3.2　加热温度场数值建模

首先结合常用 SMA 路面结构和就地热再生的技术特征进行有限元分析建模。

1. 边界条件分析

考虑到路面的平面尺寸较大，在远离路面边界的广大区域内，路面在任意水平方向的温度梯度很小，可以忽略不计，即可假设路面温度在水平方向上为均匀分布，因此侧面的边界条件不必考虑；同时可以假设路面各结构层之间的接触良好，在界面上既无热源，也无热量损失，即在上下两层层面界面的温度 T 及热流 q 是完全连续的；对于半无限空间，在足够深处，由于表面热传导影响较小，其温度场随时间以及深度的变化均不明显，可以忽略不计，因此底部边界条件可以表示为恒定温度条件 $T_n(\infty, t) = \mathrm{const}$；因此，路面的上表面为主要热交换边界条件，在整个就地热再生过程中路表与外界环境通过四种方式进行热交换，太阳辐射、空气对流、空气辐射和加热源辐射，即

$$q = q_s + q_h + q_{ap} + q_m \tag{7-1}$$

式中，q 为进入路面的热流密度；q_s 为路表吸收的太阳辐射强度；q_h 为空气与路表的对流换热；q_{ap} 为空气和路表的辐射换热；q_m 为加热源的辐射换热。

1) 太阳辐射

太阳辐射属于短波辐射，包括太阳直接辐射和散射辐射以及路表的反射辐射，其总和 q_s 可表示为

$$q_s = \alpha_s q \tag{7-2}$$

式中，q 为辐射热；α_s 为路表吸收率，沥青混凝土一般为 $0.80 \sim 0.85$[91]。

当缺乏实测太阳辐射数据时，根据相关研究结果[92]，可以采用分段函数近似拟合太阳辐射的日变化过程，即

$$q(t) = \begin{cases} 0, & 0 \leqslant t \leqslant 12 - c/2 \\ q_0 \cos mw(t-12), & 12 - c/2 \leqslant t \leqslant 12 + c/2 \\ 0, & 12 + c/2 \leqslant t \leqslant 24 \end{cases} \tag{7-3}$$

式中，q_0 为中午时最大辐射量，$q_0 = 0.131 m Q_d$，Q_d 为日太阳辐射总量（J）；$m = 12/c$，c 为实际日照时间（h）；w 为角频率（rad），$w = 2\pi/24$。

式(7-3)为不连续函数，为此，将其展开为三角函数的 Fourier 级数形式，如下：

$$q(t) = \frac{a_0}{2} + \sum_{k=1}^{\infty} a_k \cos kw(t-12) \tag{7-4}$$

式中，$a_0 = 2q_0/m\pi$

$$a_k = \begin{cases} q_0/2m, & k = m \\ \dfrac{q_0}{\pi}\left[\dfrac{1}{m+k}\sin\dfrac{\pi}{2m}(m+k) + \dfrac{1}{m-k}\sin\dfrac{\pi}{2m}(m-k)\right], & k \neq m \end{cases}$$

根据文献[93]分析，当 Fourier 级数的计算阶数取 30 时即可满足工程计算精度要求。

2) 空气对流换热

空气对流换热与接触面的性质、大小、流体的速度、流动空间以及流体与接触面间的温度有关。根据牛顿公式可知，任一时刻空气与路表的对流换热热流为

$$q_h = h_{ap}(T_a - T_p) \tag{7-5}$$

式中，h_{ap} 为空气与路面的对流换热系数[W/(m² · ℃)]，与风速有关，可查表 7-6

取值[94]；T_a、T_p 分别为空气和路面的温度（℃）。

表 7-6　对流换热系数取值

风速/(m/s)		0	0.5	1	2	3	4	5	6	7	8	9	10
h_{ap}	光滑表面	5.1	8.0	9.9	13.7	17.5	21.3	25.0	28.7	32.2	35.7	39.1	42.4
/[W/(m²·℃)]	粗糙表面	5.9	8.7	10.7	14.7	18.8	22.8	26.9	30.8	34.7	38.5	42.1	45.9

计算所需的空气温度可从气象站或实测获得，当缺乏详细资料时，也可以近似用正弦函数来模拟[95]。采用两个正弦函数的线性组合对气温的日变化过程进行模拟，结果与实际情况符合较好，其表达式为

$$T_a = T_{av} + \Delta T[0.96\sin\omega(t-t_0) + 0.14\sin2\omega(t-t_0)] \tag{7-6}$$

式中，T_{av} 为日平均气温，$T_{av}=(T_a^{max}-T_a^{min})/2$，$T_a^{max}$、$T_a^{min}$ 为日最高气温和日最低气温（℃）；ΔT 为日气温振幅（℃），$\Delta T=(T_a^{max}-T_a^{min})/2$；$t_0$ 为初相位，当以早上 6 点为 $t=0$ 时，最高气温滞后于太阳辐射强度峰值的时间加 1h，一般取 3h。

3）空气辐射换热

根据 Stefan-Boltzmann 热辐射规律可知，路表自身也在不断地发射长波辐射，并与周围空气的长波辐射形成辐射换热。把辐射换热考虑为大气投射到路表被路面吸收的长波辐射与路面表面向空中发出的长波辐射之差，并将此称为有效辐射[96]。大气长波辐射 q_a 和路表长波辐射 q_p 以及空气辐射换热 q_{ap} 按式（7-7）计算：

$$q_{ap} = \alpha_c q_a - q_p \tag{7-7}$$

式中

$$q_a = \varepsilon_a \sigma_b T_{ak}^4, \quad q_p = \varepsilon_p \sigma_b T_{pk}^4$$

其中，ε_a、ε_p 为大气和路面的发射率，$\varepsilon_a=0.82$，对于沥青路面 $\varepsilon_p=0.93$；σ_b 为 Stefan-Boltzmann 常数，取为 5.67×10^{-8} W/(m²·K⁴)；T_{ak}、T_{pk} 为大气和路表的绝热温度（K）；α_c 为路表面对大气辐射的吸收系数，灰体的吸收系数等于同温度下的发射率，即 $\alpha_c=\varepsilon_p$。为了简化计算，长波辐射强度也可表示为

$$q_{ap} = h_r \sigma_b (T_{ak} - T_{pk}) \tag{7-8}$$

式中

$$h_r = \varepsilon \sigma_b (T_{ak} - T_{pk})(T_{ak}^2 + T_{pk}^2)$$

其中，h_r 为热辐射系数[W/(m²·K)]；ε 为大气与路表发射率，一般取 0.9 可满足计算精度要求。

4）热源辐射换热

卡洛泰康加热机主要是通过加热腔中柴油雾化燃烧后产生的热辐射，对旧沥青路面进行加热。加热机总长约 18.6m，共分三个加热罩，第一个（长约 1.4m）与第二个加热罩（长约 2.8m）相距约 5.6m，第三个加热罩（长约 1.4m）与第二个加热

罩亦相距约 5.6m；根据实体工程对预热系统的调整，加热机柴油热值取 4.3×10^7 J/kg，取加热效率 $\eta = 0.7$，则每个加热罩内单位时间向单位路面面积辐射的热量为 $q_m = 6 \times 10^6 \, \text{J}/(\text{min} \cdot \text{m}^2)$，加热机行走速度 v 可以在 $0 \sim 18 \text{m/min}$ 调节，按照每个加热罩的长度和之间的间隔分布，则加热机在单程行走过程中，对路面一点的加热过程及热量输出如图 7-13 所示。

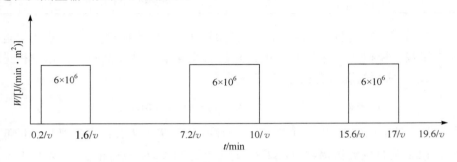

图 7-13　卡洛泰康加热机加热示意图

2. 计算模型参数

结合实体工程中常用的 SMA 路面结构组合形式选择的用于计算的路面结构形式如图 7-14 所示。并参考相关研究成果[97]选定材料及计算所需热特性参数见表 7-7。

改性沥青SMA13	4cm
改性沥青AC20	6cm
重交沥青AC25	8cm
水泥稳定碎石	36cm
二灰土	20cm
土基	

图 7-14　计算选用的路面结构形式

表 7-7　路面加热温度场分析热特性参数

沥青混合料类型	导热系数 $\lambda /[\text{W}/(\text{m} \cdot \text{℃})]$	比热容 $C/[\text{J}/(\text{kg} \cdot \text{K})]$	密度 $\rho/(\text{kg/m}^3)$
SMA13	2.05	1168	2100
AC20	1.25	894	2400
AC25	1.163	921	2600

续表

沥青混合料类型	导热系数 λ/[W/(m·℃)]	比热容 C/[J/(kg·K)]	密度 ρ/(kg/m³)
水稳碎石	1.1	810	2077
二灰土	1.05	805	1550
土基	1.30	860	1700
太阳辐射吸收率 α_s	0.90		
路面发射率 ε	0.85		
绝对零度值 T_z/℃	-273		
Stefan-Boltzmann 常数 σ/[W/(m²·K⁴)]	5.67×10^{-8}		

就地热再生过程中的温度场为瞬态温度场,与稳态温度场主要的差别是其场函数不仅仅是空间域 Ω 的函数,同时也是时间的函数,但是时间域与空间域并不耦合,因此建立有限元格式时空间域 Ω 上用有限元离散,而在时间上则采用差分法。

计算模型采用的单元类型为二次热传导单元(DC2D8),进行网格划分时,x 方向细化网格尺寸为 0.01m,在 y 方向沥青层网格尺寸为 0.01m,基层网格尺寸为 0.02m,土基网格尺寸为 0.05m。

在 ABAQUS 中,可以通过表面热道量实现太阳辐射以及加热源辐射的定义,通过表面层条件和表面辐射环境分别实现空气对流换热及辐射换热的定义;当分析不同热交换方式随时间变化对温度场的影响时,可以通过幅值曲线(* amplitude)完成分析因素强度值的定义;当计算某一时刻的加热温度场分布时,加热源辐射成为主导因素,通过幅值曲线完成其强度值定义,而其他热交换影响因素的影响相对较小,可以相应取为定值。

3. 可行性验证

结合前述的分析,建立有限元计算模型;模拟现场再生机组实际运行情况:两加热机之间间隔 5m,第二台加热机与主机之间间隔 20m,加热机的加热罩分布情况如图 7-13 所示,单程行走对路面进行加热,取路面中一点,以第一台加热机对其开始加热算起直至主机对其翻松后结束;并变化再生机组的运行速度,计算加热温度场的温度变化规律。与实体工程测试数据进行对比分析(机组运行速度在 3.5m/min 左右),取六个温度控制点进行对比:1 为加热前路表;2 为第一台加热机加热过后路表;3 为第二台加热机开始加热前路表;4 为第二台加热机加热后路表;5 为翻松前路表;6 为翻松后路底温度。相应的计算结果和实测结果对比情况见表 7-8。

从表 7-8 中数据可以看出,行走速度为 3.5~4.2m/min 的计算数据与实测温度范围基本吻合,最大误差在 10% 左右。因此,可以认为采用有限元数值模拟方法进一步研究加热温度场分布规律是可行的。

表 7-8　计算温度值与实测温度值的对比

温度测试点	不同加热机行走速度下温度测试/℃										实测/℃
	0.7 m/min	1.4 m/min	2.1 m/min	2.8 m/min	3.5 m/min	4.2 m/min	4.9 m/min	5.6 m/min	6.3 m/min	7 m/min	
1	47	47	47	47	47	47	47	47	47	47	47
2	325	289	268	255	241	217	203	176	154	143	220～230
3	252	228	205	221	209	186	169	156	145	143	185～195
4	655	534	491	421	370	339	314	300	275	270	350～360
5	267	238	219	210	195	188	185	182	178	176	190～200
6	206	149	112	97	88	82	74	71	70	69	85～90

从施工角度分析,对于加热温度场我们最关心如下三个温度:①加热过程中路表的最高温度 T_s,T_s 反映了加热过程中的路表状态,T_s 过低不能保证热量有效的向下传递,过高则会造成路表烧焦;②翻松层加热后的平均温度 T_a,也即翻松后的旧料整体温度,T_a 反映了加热后的旧料是否达到施工要求,T_a 过高会造成旧料进一步老化,过低则会带来施工的困难;③翻松层底也即摊铺层底或下卧层表面温度 T_b,较高的 T_b 不仅是层间良好黏结的保障,而且能够引起路面碾压过程中散热的滞后效应,即减缓碾压温度场散失,有利于提高路面碾压质量。因此,比较理想的加热方式应该能够保证热量不断向下传递使得翻松层内部和层底均达到较高的施工温度,同时又避免路表温度过高产生不必要的老化。接下来采用数值模拟方法对加热温度场的影响因素以及合理的加热方式作进一步深入分析。

7.3.3　加热温度场数值模拟分析

1. 加热方式影响分析

由于沥青路面并不是理想的热传导体,当对沥青路面进行持续加热时,容易导致表面温度过高,而内部温度并不能达到理想的温度要求。因此,相关研究认为应该采用间歇式加热方式对沥青路面进行加热,即对沥青路面加热一定时间后,降低或停止热量供应,当表面温度下降至一定程度后继续对沥青路面进行加热,如此反复,使得热量不断向下传递的同时,表面温度不会持续增长过大。基于此,首先利用 ABAQUS 对采用相同加热功率的两种加热方式进行了对比分析,图 7-15 是对路面进行持续加热 10min 的加热结果,图 7-16 是对路面加热 1min 后间歇 1min 的间歇式加热效果。

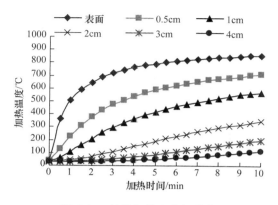

图 7-15　持续加热温度场分布

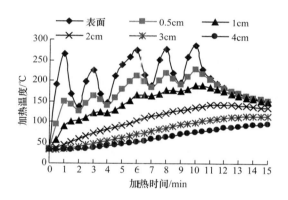

图 7-16　间歇式加热温度场分布

从图 7-15 中可以看出,对沥青路面持续加热 10min 后,4cm 底层温度达到了 100℃,但是表面温度已经超过 800℃;而从图 7-16 可以看出,对沥青路面以 1min 为间隔进行间歇式加热时,尽管 10min 后 4cm 处的温度只有 70℃,但是其表面温度只有 280℃左右,且在随后不加热的 5min 内,通过热量的进一步传递,4cm 处温度仍然可以达到 100℃,整个结构层的平均温度可以达到 120℃。因此,尽管间歇式加热方式相对于持续加热方式的加热时间会有一定的延长,但是其加热方式及加热效果是可行的。

2. 单台加热机加热温度场分析

按照图 7-13 所示的单程行走加热方式模拟分析一台加热机的实际加热状况。为简化分析,取加热器行走速度为 2m/min,计算在环境温度为 10℃,风速为 4m/s 情况下的加热温度场分布。由于加热机长约 20m,因此加热机的加热过程约持续 10min,而加热机距离主机需保持 20m 的施工安全距离,因此自加热完成至旧料翻松仍有 10min 的热量进一步传递和散失过程,整个 20min 内的路面温度场分布状况如图 7-17 所示。

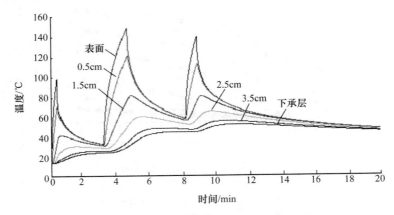

图 7-17　加热器对路面一点单程加热温度场计算

可以看出,由于加热机三个加热罩以一定的间隔分布,其实也是一种间歇式加热方式,从而具备了避免路表温度过高的同时使得热量不断向下传递的基本条件。尽管单个加热机单程加热后,加热效果并不一定理想,如若进一步调整加热机加热方式,通过加热器在一定距离内多程往返加热,控制合理的往返加热参数,如行进速度、单程往返距离和往返次数,就能够在一定程度上避免表面温度持续增高,同时提供不断向下传递的热量,从而使得结构层温度达到比较合理的温度场分布状况。

3. 间歇式加热方案设计

基于前述分析,采用一台加热机往返行走的方式实现对路面的间歇式加热。由于加热器本身的长度以及加热罩分布间隔是固定无法调节的,同时加热器需要保持一定的运行速度以及与再生主机之间的施工安全距离,其多程往返间歇式加热相对于图 7-16 的简单模拟以及图 7-17 的单程加热要复杂很多,必然会受到不同的往返距离、不同的往返次数以及不同的行进速度的影响,同时还会受到环境因素的影响。因此,需要针对实际情况对多程往返间歇式加热的关键参数进行优化分析,以期获得合理的加热方式。

在实际施工过程中,针对路面一点而言,从开始加热到摊铺碾压完成,其总体时间一般不超过 1h,因此相对于加热过程,环境因素的变化是一个比较大的时间跨度,即在该点的加热过程中环境因素可以认为是不变的。为简化计算分析,首先不考虑环境因素的影响,取固定的施工环境参数(环境温度 15℃,风速 4m/s),重点分析影响最终加热温度场分布的三个主要因素:加热机往返行走距离 d、行走速度 v 和往返次数 n。依据实际施工情况对三种影响因素在一定范围内变化取值,获取不同的影响因素组合方案,通过有限元计算得到相应的温度场分布状况。

　　由于加热器本身具有约20m的长度,因此在实际施工过程中,往返距离过短会造成施工操作的不便,而往返距离过长会造成温度场散失过大,因此确定往返距离在5.6~30.8m取值;加热器本身的速度调节范围在0~18m/min,但过高的速度会造成在较短的往返距离内操作不便.因此速度变化在0.7~14m/min内进行调节;由于实施往返加热,并要不断地往前推进施工,因此加热器的往返次数只能取为奇数,并且过高的往返次数会造成施工速度过低,因此加热次数在1~7次变化取值。各参数的具体变化取值情况见表7-9。

表7-9　温度场计算的加热器各参数的变化取值

参数	取值范围	取值间隔
d/m	5.6~30.8	2.8
$n/$次	1~7	2
$v/(m/min)$	0.7~14	0.7

4. 间歇式加热温度场分析

　　依据表7-9的参数取值方案,对三个参数依次变化取值,计算相应的加热温度场,重点分析往返距离d、往返次数n和运行速度v对加热温度场的影响规律。图7-18即为不同往返次数、不同行走速度v和不同往返距离对再生结构层中心温度(T_a)的影响规律。

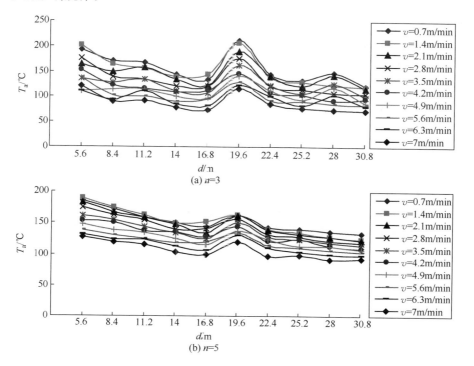

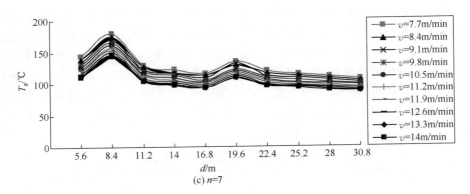

(c) $n=7$

图 7-18　不同往返次数 n 及速度 v 下往返距离对路面结构中心温度 T_a 的影响规律

1) 往返距离 d 的影响规律

首先基于图 7-18 分析往返距离 d 对再生结构层中心加热温度场的影响规律。

从图 7-18 中可以看出,往返距离 d 变化对加热温度 T_a 的影响规律会受到运行速度 v 和往返次数 n 变化的影响。

相同 n 条件下,v 的变化并没有影响 d 与 T_a 关系曲线的变化规律,而是影响了 d 与 T_a 关系曲线的整体幅度,也即随着 v 的变化,d 与 T_a 的关系曲线形状并不变化,只是 T_a 的数值大小会随着运行速度的变化而整体变化,可以看出随着 v 的增加,d 与 T_a 关系曲线基本上呈现整体下移的趋势,表明 T_a 随 v 的增大而变小。

但相同 v 条件下,n 的变化则会导致 d 与 T_a 关系曲线的变化规律,也即不同 n 情况下,d 对 T_a 的影响规律也是不同的:当 $n=3$ 时,T_a 最大值出现在 $d=19.6\mathrm{m}$ 处;当 $n=7$ 时,T_a 最大值出现在 $d=8.4\mathrm{m}$ 处;当 $n=5$ 时,T_a 与 d 关系曲线有两个峰值,当 v 小于 $3\mathrm{m/min}$ 时,T_a 最大值出现在 $d=5.6\mathrm{m}$ 处,当 v 大于 $3\mathrm{m/min}$ 后,T_a 最大值出现在 $d=19.6\mathrm{m}$ 处。这主要与加热器本身具有固定的长度,同时各加热罩也具有不同的长度和一定的分布间隔有关,从而导致进行往返加热时,针对路面分析点的间歇式加热并不是规律的加热和散热,而是随着不同参数组合出现非常复杂的加热和散热间隔组合。

值得注意的是,不同的 n 及不同的 v 条件下,T_a 随 d 的变化曲线又有一个共同的规律,都在 $19.6\mathrm{m}$ 处出现了峰值拐点,且是曲线的最高峰值或第二峰值。从图 7-18(b) 和 (c) 中曲线可以看出,当 $19.6\mathrm{m}$ 作为第二峰值出现时,第一峰值出现在 $5.6\mathrm{m}(n=3)$ 和 $8.4\mathrm{m}(n=7)$ 处,但是加热机本身的长度就在 $20\mathrm{m}$ 左右,较小的往返距离实际操作实施时难度很大。因此,往返距离应以大于等于加热器长度为宜,结合上述计算结果分析,建议取 $d=19.6\mathrm{m}$ 作为最佳加热往返距离。

2) 往返次数 n 的影响规律

基于前述的分析,选择 $19.6\mathrm{m}$ 作为最佳往返距离,进一步分析不同往返次数 n

对 T_a 的影响规律,相应的分析结果如图 7-19 所示。

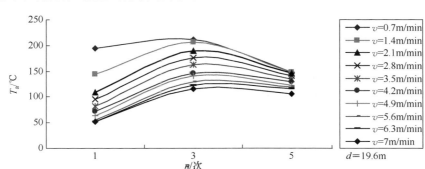

图 7-19　不同行走速度下加热次数 n 对再生层结构中心温度 T_a 的影响规律

从图 7-19 中的计算结果可以看出,在相同 v 条件下,T_a 并不是随着 n 的不断增加而增加,而是普遍在 $n=3$ 处出现最大值。分析其主要原因:由于加热器与再生主机间存在一定的施工安全距离(20m),此处的 T_a 并不是加热完成后立即测试得到的加热温度,而是经过一定施工安全距离的散热后再生主机翻松滚筒下的再生结构层平均温度;因此,n 的增加尽管会提升加热机对计算路面点热量的输出,但同时也会导致加热机后再生主机运行速度的降低(再生主机运行速度 v＝加热机运行速度 v/加热器往返次数 n),从而导致施工安全距离内散热时间的延长;当运行次数 n 增加带来的散热效果超过其热量输出效果时就会导致加热温度 T_a 随 n 增加而下降。

同时,从施工操作角度,往返次数过多不仅会造成施工工作量增加,也会造成操作控制精度的下降。因此,在相同的运行速度条件下,建议取 3 次作为最佳往返加热次数。

3) 运行速度 v 的影响规律

图 7-20 是固定往返行走距离为 19.6m,不同往返次数条件下,行走速度对再生结构层中心温度的影响规律。从图 7-20 的计算结果可以看出,不管 n 大小如

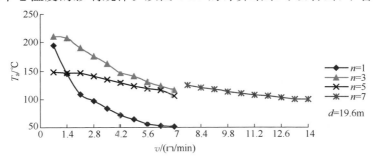

图 7-20　不同加热次数下行走速度 v 对再生结构层中心温度 T_a 的影响规律

何,随着 v 的增大,T_a 均不断减小,这一点并不难理解,随着 v 的增大,对加热点的热量输出必然会减小,导致温度降低。

结合之前的分析可知,再生主机的合理行走速度应控制在 $1\sim3\text{m/min}$,当选定 3 次作为最佳往返行走次数时,加热机的行走速度应控制在 $3\sim9\text{m/min}$,由图 7-20 可以看出,再生结构层中心温度可以达到 $100\sim150\,^{\circ}\!\text{C}$,能够满足再生结构层翻松的需求温度,可以根据温度需求来调节相应的加热机行走速度。

4) 环境因素的影响分析

前述计算是在固定环境因素下进行的,接下来进一步分析环境因素如环境温度、风速、太阳辐射情况等对路面加热效果的影响规律。为简化计算分析,仍然采用单台加热机的单程加热过程进行计算,并设置不同的环境影响因素计算加热终了时的温度场分布状况,重点通过再生结构层中心温度的变化情况反映不同环境影响因素的影响规律。

表 7-10 给出了分析影响规律时不同环境因素的具体计算取值范围与取值间隔。在计算一种因素的影响规律时,其他因素保持不变:当计算环境温度影响时,取风速为 4m/s,太阳辐射为 500W/m^2;当计算风速的影响时,环境温度固定取 $10\,^{\circ}\!\text{C}$,太阳辐射固定取 500W/m^2;当计算太阳辐射的影响时,环境温度固定取 $10\,^{\circ}\!\text{C}$,风速固定取 4m/s。相应的计算分析结果如图 7-21 所示。

表 7-10　不同环境因素的计算取值范围

参数	取值范围	取值间隔
环境温度/℃	$10\sim35$	5
风速/(m/s)	$0\sim12$	3
太阳辐射/(W/m²)	$50\sim950$	150

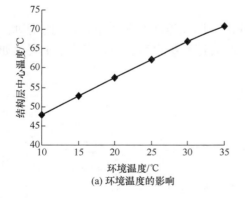

(a) 环境温度的影响

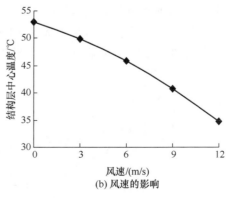

(b) 风速的影响

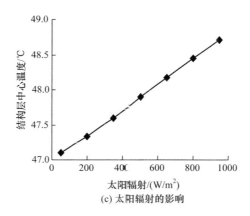

图 7-21　环境因素对加热温度场的影响

从图中的温度场计算结果可以看出,环境温度对路面加热温度场的影响最为明显,路面加热温度随环境温度的增长近乎呈线性增长,当环境温度由 10℃ 的较冷天气状况增长至 35℃ 的较热天气状况时,路面加热温度增长约 20℃;风速对路面加热温度场的影响也比较明显,风速每增大 3m/s,会造成路面加热温度降低约 5℃,当风速由 3m/s 的微风天气变化至 6m/s 的大风天气时,路面加热温度降低近 10℃;太阳辐射对路面加热温度的影响相对较小,从太阳辐射较小(50W/m²)的阴天天气增长至太阳辐射值(950W/m²)较强的晴天天气时,路面加热温度仅增长 2℃ 左右。

就地热再生实际施工情况与前述计算分析结论基本符合。现有的实体工程经验表明,夏季加热温度可以比春秋季加热温度高出 15～20℃;而大风天气可以造成加热温度降低 10～15℃;由于就地热再生加热时间相对较短,加热过程中吸收的太阳辐射相对很小,因此仅仅是阴天天气对于加热温度的实际影响并不大。这也是目前的就地热再生工程通常要求最低环境温度不能小于 15℃,并且建议最好在夏季炎热天气且无大风情况下施工的主要原因。

7.3.4　加热方式优化分析

1. 间歇式加热效果分析

依据前述的影响规律分析,取就地热再生通常的施工环境(环境温度 35℃,风速 4m/s),固定往返距离为 19.3m,选择加热器往返加热次数 n 以及运行速度 v 为变量,获得不同变量组合的计算温度场;分别以路表最高温度 T_s,再生结构层平均温度 T_a,以及再生层层底温度 T_b 为目标计算值,对计算结果进行数据拟和如图 7-22 所示,并回归得到相应的各温度的计算公式如下所示:

$$\lg T_s = -0.3286\lg v + 0.0529\lg n + 2.7471, \quad R^2 = 0.99 \qquad (7-9)$$

$$\lg T_a = -0.1591\lg v - 0.2740\lg n + 2.4222, \quad R^2 = 0.95 \qquad (7\text{-}10)$$

$$\lg T_b = -0.2481\lg v - 0.1348\lg n + 2.3423, \quad R^2 = 0.94 \qquad (7\text{-}11)$$

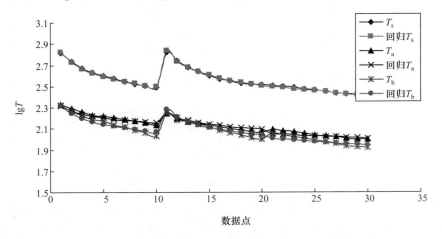

图 7-22　针对路面结构层不同位置加热温度的数据拟合曲线

可以看出,依据计算数据拟合的公式具有很好的相关系数,数据误差点主要存在于不同加热次数数据之间的转折处,除部分曲线转折数据点的误差在 10℃ 左右,大部分点的误差基本可以控制在 5℃ 以内,可以认为上述拟和公式具有良好的计算精度。因此,当给出了施工需求的旧料平均加热温度和层底温度后,即可以通过式(7-10)和式(7-11)计算出加热器行走速度 v 值和加热次数 n 值,进一步代入式(7-9)即可求得相应的路表最大温度,用以检验式(7-10)和式(7-11)求出值的合理性,当求出的路表温度过高时,则应调整相应的行走速度或加热次数进一步进行调试计算。

对上述拟合公式的计算精度进行核对验算。基于前述的分析,选择 19.6m 作为加热机最佳往返距离,选取 3 次作为最佳往返加热次数,选取加热机运行速度为 6m/min(再生主机运行速度为 2m/min),通过上述计算公式则可以计算出,路表最高温度为 328℃,再生结构层加热平均值为 147℃,层底温度为 120℃。

针对上述参数选择,采用有限元进行数值模拟分析获取的计算结果如图 7-23 所示,模拟计算的表面最高温度约为 330℃,路面加热平均温度约为 140℃,层底温度约 115℃,与公式计算结果基本一致,从而验证了上述计算公式的可行性。

前述的分析已经证明了采用一台加热机进行往返间歇式加热的可行性,若同时对两台加热器进行往返加热操作,由于加热器本身很庞大,势必会增加施工操作难度及危险性。因此基于前述的计算分析结果,结合施工操作的可行性,推荐在比较理想的通常施工环境条件下(如温度 35℃,风速 4m/s)采用一台加热器进行往

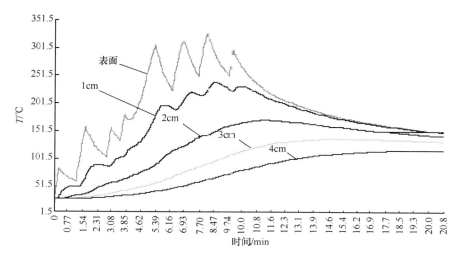

图 7-23　验证加热场温度分布情况

返间歇式加热:往返加热距离取 20m 左右;往返加热次数取 3 次;加热器行走速度控制在 6m/min 左右。其可以达到的加热效果为:路表最大温度不超过 330℃,尽管这一温度值仍然略显较高,但是相比于持续加热已经大大降低,且只是短暂时间内达到的峰值;再生结构层平均温度可以达到 140℃ 左右,而再生层层底温度可以达到 110℃ 左右。可以看出,相比于之前观测获得的实体工程加热温度,间歇式加热温度场已经有了大幅度的改善。

2. 环境因素影响的消除

基于前述环境因素的影响分析可知,当环境因素变化较大时,会导致加热效果的较大波动,尤其是相对恶劣的天气条件必然会导致加热效果的大幅降低,针对这一情况,推荐的改进措施为增加一台加热器,首先对路面进行单程加热,以预热路面,降低环境因素的影响。从图 7-18 可以看出,即使在环境温度为 10℃ 条件下,经过第一台加热机的预热后,路面结构温度仍然可以提高至 50℃ 左右,达到了与环境温度较高条件下类似的路面温度状况,从而有效缓解了环境因素的影响,不必再去对之前推荐的间歇加热方式进行过多调整,提高了其对环境影响的适用性以及工作效率,同时保障了加热效果的稳定性。

进一步对两台加热器在较低环境温度条件下(15℃ 环境温度)的加热效果进行模拟分析。使用一台加热机单程行走先对路面进行预热,第二台加热机采用前面推荐的往返加热方式对路面进行加热,并对两台加热机的加热功率进行调节获取不同的加热功率组合,以分析最佳的加热方式和加热效果。由于第一台加热机的功能是对路面进行预热,从节约燃料和不造成后续加热路面温度过高的角度考虑,其功率不应过高,因此加热功率 Q_1 的变化范围取为 $3\times10^4\sim5\times10^4\,\mathrm{W/m^2}$;而第二台加热机是主加热机,应采用较大加热功率,因此加热功率 Q_2 的变化范围取为 $6\times10^4\sim8\times10^4\,\mathrm{W/m^2}$。下面以 $1\times10^4\,\mathrm{W/m^2}$ 为间隔计算两台加热机不同加热功率组合下的路面加热温度场,以期得出两台加热机加热功率的最佳组合,最大程度保障路面的加热效果。相应的计算结果见表 7-11。

表 7-11　两台加热机不同加热功率组合下的再生结构层温度场分布

第一台加热机加热功率 $Q_1/(\mathrm{W/m^2})$	第二台加热机加热功率 $Q_2/(\mathrm{W/m^2})$	路表最高温度/℃	翻松前结构层温度/℃				
			路表	1cm	2cm	3cm	4cm
3×10^4	6×10^4	243	117	115	108	99	88
	7×10^4	275	128	126	119	108	95
	8×10^4	306	139	137	129	117	103
4×10^4	6×10^4	251	124	122	115	105	94
	7×10^4	282	135	133	126	114	101
	8×10^4	313	147	144	136	123	109
5×10^4	6×10^4	258	131	129	122	112	100
	7×10^4	289	142	140	133	121	107
	8×10^4	320	154	152	143	130	115

从表 7-11 的计算结果可以看出,随着加热机加热功率的增加,结构层温度场不同位置处的温度也在不断增加。当 $Q_1=5\times10^4\,\mathrm{W/m^2}$,$Q_2=8\times10^4\,\mathrm{W/m^2}$ 时,加热温度场的分布情况为:表面最高温度在 320℃左右,结构层平均温度在 140℃左右,层底温度在 115℃左右,与前面推荐的环境温度较高(35℃)时单台加热机往返加热效果相似,实现了采用一台加热机预热以抵消环境影响的预期目标。

同时加热机加热功率的可调节性也为我们提供了更多的选择余地,通过加热机不同加热功率的调节,有利于我们有效地控制加热路表温度以及结构层温度分布,从表 7-12 中的数据可以看出:前三种功率组合方案均可以保证将路表出现的最高温度控制在 300℃左右,结构层平均温度在 130℃左右,而层底温度在 100℃以上,相比于之前的常规加热方式无论路表加热温度还是结构层温度分布都具有良好的优势;而第四种功率组合方案,尽管路表温度达到了 328℃,但其结构层平均温度可以达到 150℃左右,层底温度可以达到 120℃左右,因此,当放宽路表最高温度限制时,也是一种良好的加热效果选择。

表 7-12　两台加热机不同加热功率组合下的结构层温度场分布

第一台加热机加热功率 $Q_1/(W/m^2)$	第二台加热机加热功率 $Q_2/(W/m^2)$	路表最高温度/℃	翻松前结构层温度/℃				
			路表	1cm	2cm	3cm	4cm
3×10^4	8×10^4	306	139	137	129	117	103
4×10^4	7.5×10^4	298	141	139	131	119	106
5×10^4	7×10^4	289	142	140	133	121	107
6×10^4	8×10^4	328	161	160	150	137	121

3. 综合分析

综上所述,采用推荐的加热方式可以获取 130~150℃的再生结构层平均温度和 100~120℃的层底温度,相比于原有的常规加热方式提高了近 20~30℃,且可调节性更好,对不同环境的适用性更强。但是上述计算分析及推荐的相应加热方式,是比较理想状态下的模拟结果,实际施工状态会受到很多复杂影响因素的综合作用,因此,必须结合施工的实际情况对上述加热方式进行及时修正调整,从这一角度讲,正式施工前的试验路调试以及施工过程中的实时监控尤其重要。

值得注意的是,上述的工艺优化和加热方式是基于卡洛泰康再生列车的加热系统得出的分析结论,因此并不具有普遍性。重要的是前述分析揭示了加热路面温度场的分布规律,探讨了加热温度场的关键影响因素,验证了间歇加热方式的可行性,能够为其他加热设备的加热工艺优化提供良好的借鉴。

更重要的是,间歇式加热方式是一种理念和方法,其实现方式是多种多样的,往返行走只是最初级的实现手段;实际上现在很多就地热再生工艺采用多台加热机(3~4 台或更多),而且每台加热机上配备有多个分离的加热罩,本身就是一种有效的间歇式加热方式;前述还只是加热设备或其运行方式的改变,更深层次的应该是加热原理和加热效率的改变,通过对加热机加热原理的完善和加热方式的设计,提高其加热效率和加热均匀性的同时,实现对路面温度的自动监控,依据路面温度需要自动调节加热功率,避免表面温度过高的同时保证热量不断向下传递,是更先进的间歇式加热方式,目前一些国内自主研发的加热装备如英达就地热再生列车的加热墙机组、奥新就地热再生列车的无烟无焰加热机组等都在不断向此方向发展,并且在实体工程中取得了良好的效果。

基于前述分析结合实体工程经验总结认为,现有的工艺条件经过合理的优化与设计,可以将再生结构层加热至 130~150℃,而结构层层底的温度也可以达到 100℃以上。

7.4　拌和工艺关键条件分析

本节以现有就地热再生实体工程效果为基础,重点通过室内模拟试验分析就地热再生拌和工艺特征,以期为 SMA 路面就地热再生实体拌和工序提供有利的参考依据。

7.4.1　旧料分散性分析

就地热再生是将已有路面加热翻松,进而补充再生剂等新材料获取再生沥青混合料,因此,翻松拌和的旧路面材料能否达到合理的分散状态是影响再生沥青混合料质量的首要因素。为此设计了混合料拌和分散试验,以求在一定程度上了解拌和工艺对旧沥青混合料分散状态的影响。

1. 拌和分散试验设计

沥青混合料经过加热拌和后,其中的集料必然不会再以初始的分散状态存在,而是通过沥青胶结料的黏附作用出现一定的聚集现象,以一定的团状存在,尤其是对于路面旧料而言更是如此,这在 7.2 节中已经有所描述。目前还没有切实可行的方法描述沥青混合料加热拌和后的具体分散状态。本节借助集料筛分试验的原理设计了一种拌和分散试验,用以近似分析沥青混合料加热拌和后的分散状态:

（1）对旧路面进行切块取料或者室内成型车辙板并通过室内加速老化方法获得模拟路面旧料。

（2）将旧路面取料或室内成型的旧料以设定温度保温 2h 以保证旧料充分预热,放入拌和机中拌和固定时间以分散旧料,以此来模拟旧料在就地热再生过程中的分散状态。

（3）向拌和后的旧料中添加与其等质量的矿粉,继续拌和 60～90s,视需要延长拌和时间以保证矿粉对旧料的裹覆,足量的矿粉能够将沥青混合料分散成反映其当前存在状态的颗粒团。

（4）取矿粉裹覆后的混合料进行筛分试验获得其筛分级配,由于大量矿粉的存在,筛分级配小于 0.3mm 以下部分试验精度很难控制,因此在试验结果分析时取≥0.3mm 部分进行分析。

（5）为进行对比分析,按照与旧料相同的级配和油石比,采用新沥青和新集料以规范标准温度要求拌和生产新沥青混合料,以刚刚拌和完成的新沥青混合料的分散状态作为理想的均匀分散状态,按照前述方法向其中添加矿粉,进而进行筛分试验,获得的筛分级配即为与旧料进行对比分析的基准级配,以两种级配之间的差异性来反映旧料的分散状态。

依据前述的设计试验,采用室内加速老化方法对沥青混合料成型车辙板进行老化以模拟旧路面状态,既可以获得充足的试验材料,又能够保证新老混合料对比时级配与油石比相同,尽量降低各种影响因素的干扰,并分别针对基质沥青 AC 和改性沥青 SMA 进行试验分析。

针对 AC:旧料的预热温度选择为 120℃,旧料预热后的拌和时间选择 60s 和 120s 两种以分析拌和时间对旧料分散状态的影响,同时拌和过程选择添加再生剂和不添加再生剂两种情况以分析再生剂对旧料分散状态的影响。

针对 SMA:选择 120℃、130℃ 和 143℃ 三种旧料预热温度,60s 和 120s 两种旧料拌和时间以及添加再生剂和不添加再生剂两种试验条件,以分析拌和温度、拌和时间及再生剂对老化 SMA 分散状态的影响。

2. AC13 混合料分散性分析

根据前述的试验设计,对 AC13 混合料的新料及老化料进行了拌和分散试验。相应的筛分试验结果见表 7-13。表中汇总了新料筛分后不同粒径的筛余百分率以及不同拌和条件下旧料筛分后不同粒径的筛余百分率,其中符号 120 代表旧料拌和温度为 120℃,1 和 2 分别代表旧料拌和时间为 1min 和 2min,R 代表掺加了再生剂,△ 代表不同拌和条件下旧料各粒径筛余百分率与新料筛余百分率之间的差值。

表 7-13　老化 AC13 混合料分散筛分级配与新 AC13 混合料分散筛分级配对比

不同材料粒径/mm	新料筛余百分率/%	120-1		120-2		120-1-R		120-2-R	
		筛余百分率/%	△/%	筛余百分率/%	△/%	筛余百分率/%	△/%	筛余百分率/%	△/%
16	0.1	0.8	0.8	0.9	0.8	1.1	1.0	1.0	0.9
13.2	3.0	5.3	2.3	5.0	2.0	4.0	1.0	3.7	0.7
9.5	5.8	10.2	4.4	7.9	2.1	8.7	2.9	7.6	1.8
4.75	19.2	19.2	0.0	19.7	0.1	19.1	−0.1	19.0	−0.2
2.36	15.8	14.1	−1.7	14.5	−1.3	17.4	1.6	16.4	0.6
1.18	6.8	5.1	−1.7	5.6	−1.3	5.5	−1.3	6.5	−0.3
0.6	6.2	2.8	−3.4	3.5	−2.7	3.1	−3.1	3.9	−2.3
0.3	5.2	1.1	−4.1	1.8	−3.4	1.5	−3.7	2.1	−3.1

由于颗粒间的相互黏结及大量矿粉的加入,将拌和分散试验的筛分级配与原始集料级配对比已经没有太大意义。因此重点对比旧料在不同试验条件下的分散筛分级配与新料在充分加热拌和基础上的分散筛分级配。图 7-24 给出了不同分散条件下旧料的筛余百分率曲线与新料筛余百分率曲线,图 7-25 则给出了旧料不同粒径筛余百分率与新料相应筛余百分率之间的差值。

从表 7-13 及图 7-24 与图 7-25 的对比可以看出,老化混合料在不同拌和试验条件下的分散效果均弱于新料,主要表现在粗集料的增多以及相应细集料的减少。

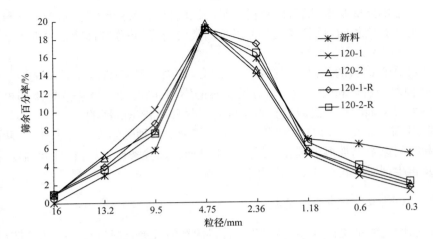

图 7-24　不同分散筛分条件下的筛余级配曲线对比

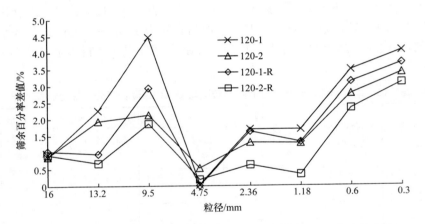

图 7-25　旧料不同筛分条件下筛余百分率与新料筛余百分率差值曲线

而较长的拌和时间（2min）或再生剂的使用都能使得老化料与新料之间的各粒径筛余差值减小，表明较长的拌和时间以及再生剂的使用均能促进老化料的分散；当同时延长拌和时间和使用再生剂时，老化料分散性能的改善程度最大，说明拌和工艺的改善有利于旧料的分散。

　　将不同试验条件下，旧料不同粒径筛余百分率与新料相应粒径的筛余百分率的差值范围总结见表 7-14，结合实际生产过程中对集料级配变异性的要求可以看出，尽管旧料的分散性与新料之间有一定的差距，但是这种差异性并不是非常突出。尽管上述试验条件是模拟就地热再生现场条件设计的，但是再生机组的拌和功率远大于室内的混合料搅拌机，可以预见这种差异性在实体工程中会进一步缩小，且目前普通沥青路面的就地热再生实体工程效果已经得到了认可，因此可以认为上述试验条件下的老化 AC13 混合料的分散效果是可以接受的。因此,后续对老化 SMA13 混合料的分散性能进行分析时,将以此作为对比基准。

表 7-14　老化 AC13 不同粒径分散筛余百分率与新料差值范围

粒径/mm	16	13.2	9.5	4.75	2.36	1.18	0.6	0.3
筛余百分率差值范围/%	0~1.5	0~2.5	0~4.5	0~1	0~2	0~2	0~3.5	0~4

3. SMA13 混合料分散性分析

将不同拌和分散条件下的 SMA 的筛分试验结果列于表 7-15 中,表中各符号的含义与 AC13 混合料试验中相同,其中 S 代表使用了温拌添加剂。

表 7-15　老化 SMA13 分散筛余级配与新 SMA13 分散筛余级配对比

不同材料粒径/mm	新料筛余百分率/%	120-1		120-1-R		120-2-R		130-1-R	
		筛余百分率/%	Δ/%	筛余百分率/%	Δ/%	筛余百分率/%	Δ/%	筛余百分率/%	Δ/%
16	0.7	0.3	0.4	0.7	0.0	1.0	0.3	1.0	0.3
13.2	11.3	8.0	3.3	9.8	1.5	10.3	1.0	11.2	0.1
9.5	11.5	11.2	0.3	11.8	0.3	12.7	1.2	13.1	1.6
4.75	23.5	19.6	3.9	20.4	3.1	20.7	2.8	22.4	1.1
2.36	4.2	5.0	0.8	4.0	0.2	4.4	0.2	4.7	0.5
1.18	3.7	2.3	1.4	1.9	1.8	2.9	0.8	2.6	1.1
0.6	3.9	1.6	2.3	1.3	2.6	2.3	1.6	1.8	2.1
0.3	4.2	0.8	3.4	0.6	3.6	1.2	3.0	1.0	3.2

不同材料粒径/mm	新料筛余百分率/%	130-2-R		140-1-R		140-2-R		130-2-R-S	
		筛余百分率/%	Δ/%	筛余百分率/%	Δ/%	筛余百分率/%	Δ/%	筛余百分率/%	Δ/%
16	0.7	0.4	0.3	0.7	0.0	0.7	0.0	0.1	0.6
13.2	11.3	11.1	0.2	12.4	1.1	12.4	1.1	10.4	0.9
9.5	11.5	11.8	0.3	11.1	0.4	10.9	0.6	12.7	1.2
4.75	23.5	25.4	1.9	23.9	0.4	22.7	0.8	23.8	0.3
2.36	4.2	4.2	0.0	4.9	0.7	4.8	0.6	4.9	0.7
1.18	3.7	2.8	0.9	2.9	0.8	3.2	0.5	3.9	0.2
0.6	3.9	2.3	1.6	2.1	1.8	2.8	1.1	3.7	0.2
0.3	4.2	1.3	2.9	1.2	3.0	1.9	2.3	3.0	1.2

首先,对比不同拌和条件下老化混合料分散后各粒径筛余百分率与新料分散

筛分结果的差值,以分析拌和温度、拌和时间、再生剂以及温拌添加剂对老化混合料分散性能的影响规律,如图 7-26 所示。

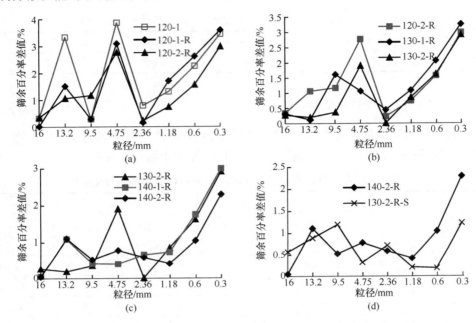

图 7-26　旧料不同筛分条件下筛余百分率与新料筛余百分率差值曲线对比

从表 7-15 和图 7-26 中的试验结果可以看出,同 AC 一样,老化 SMA 的总体分散性能要弱于新拌 SMA,总体差异规律也基本一致,仍然是表现为旧料筛分级配中粗料含量增大,细料含量减少。

从图 7-26(a)、(b)和(c)的对比结果可以看出,温度的提高、拌和时间的延长以及再生剂的添加均能在一定程度上改善老化料的分散性能;当温度达到 140℃,拌和时间为 2min,同时使用了再生剂的条件下,老化料筛余百分率与新料的最大差值只在 2%左右,说明老化混合料的分散性能已经比较接近新料。结合就地热再生的工艺特征和之前的加热工艺优化分析可知,采取良好的改进和控制措施,这些试验条件在目前的就地热再生工艺中是可以实现的。

从图 7-26(d)可以看出,温拌添加剂的使用也能够良好地改善老化沥青混合料的分散性能,在 130℃的情况下使用温拌添加剂可以获得与 140℃无温拌添加剂拌和条件下相当的分散性能,尤其是对细料部分能够起到更好的改善作用,说明通过温拌添加剂的降黏作用能够进一步促使细集料胶浆部分的良好分散;但是在实际就地热再生施工中,温拌添加剂的使用需要合适的添加工艺以及足够的拌和时间来保障温拌添加剂在老化沥青混合料中的混融与分布,同时要考虑温拌剂对再生沥青混合料性能的影响以及对整个碾压温度区间内再生沥青混合料压实性的影响,因此温拌剂的添加需要经过慎重的验证后才能使用。

进一步对比 AC13 和 SMA13 的分散试验结果,如图 7-27 所示。

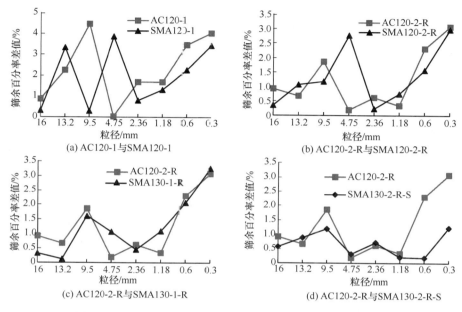

(a) AC120-1与SMA120-1

(b) AC120-2-R与SMA120-2-R

(c) AC120-2-R与SMA130-1-R

(d) AC120-2-R与SMA130-2-R-S

图 7-27　AC13 与 SMA13 老化混合料分散筛分试验结果对比

从图 7-27(a)和(b)可以看出,相同拌和试验条件下,由于两种混合料级配在原始粗集料和细集料含量上具有很大差异,因此不同粒径的筛余百分率与各自新混合料的差值所体现出的规律也有一定的差异;但从绝对数值上观察,除 4.75mm 粒径外,其余各粒径的差值比较,SMA13 基本与 AC13 接近;然而就 4.75mm 粒径而言,SMA13 差值要明显大于 AC13,由于 4.75mm 是 SMA 级配的关键粒径,因此这一现象必须引起重视,也说明在与 AC13 相同的试验条件下,SMA13 的分散性并不理想,还需要进一步改善。

从图 7-27(c)可以看出,当 SMA 的拌和温度由 120℃上升到 130℃后,SMA13 中 4.75mm 粒径差值与 AC13 中 4.75mm 粒径差值已比较接近,再次说明温度的提升对 SMA13 的分散性有着至关重要的影响;由图 7-27(d)可以看出,当 SMA13 的拌和时间由 1min 延长到 2min 后,SMA13 各粒径的差值进一步得到改善,基本均小于 AC13 各粒径的差值,说明拌和时间的延长有利于进一步改善 SMA13 的分散性;基于前述 AC13 的分散性分析可知,当前试验条件和工艺条件下 AC13 的分散性是可以接受的,因此可以认为此时 SMA13 的分散性也是可以接受的;结合图 7-27(c)的分析可知,当 SMA13 的拌和温度进一步上升到 140℃时,其分散性更好,会达到相对比较理想的分散效果。

综上所述,目前的就地热再生工艺条件对于 SMA 的分散有一定的适用性,但对

4.75mm 关键粒径的分散作用不够理想;通过提高温度,延长拌和时间和使用再生剂、降黏添加剂等有利工艺条件能够良好改善 SMA 的分散性。由此也说明 SMA 路面混合料的分散性对工艺条件的要求更高,在实体工程中应尽量创造条件实施提高加热温度,延长拌和时间以及使用再生剂等有力措施。基于前述室内试验分析可以初步判断,温度是影响老化 SMA 分散性的关键要素,就地热再生实体工程中老化 SMA 的加热温度至少不应低于 130℃,比较理想的温度条件应该达到 140℃ 以上。

7.4.2　再生沥青胶浆拌和均匀性分析

旧料的良好分散性实现了再生沥青混合料拌和的基本前提,而新旧材料拌和的均匀性则是影响再生沥青混合料性能的关键因素。因此,基于前述的旧料分散性分析,借助之前设计的沥青胶结料转移试验,设计不同的试验条件,分析不同影响因素对再生沥青混合料拌和质量的影响。

取用 0.5kg 的 2.36mm 集料、5.5g 老化沥青与 5.5g 矿粉,成型模拟的旧沥青混合料;新料采用 0.4kg 单一粒径的 9.5mm 集料,新沥青用量同样为 5.5g;因此,混合均匀的再生沥青胶结料中矿粉与沥青质量比应为 0.5,并以此作为试验结果对比分析的基准。模拟实际工序条件,设计以下四种试验条件:①旧料常温温度,不加再生剂;②旧料预热 130℃,不加再生剂;③旧料常温温度,掺加再生剂;④旧料预热 130℃,掺加再生剂。同时,上面每一种情况按拌和 1min、2min 再分为两种情况。掺加再生剂时,再生剂掺量取老化沥青用量的 10%,为了保证结合料总量不变,即再生剂与沥青量的总和仍是 11g,旧料量调整为 5g,再生剂用量为 0.5g,新沥青量仍为 5.5g;在掺加新沥青和新集料前,先将旧料掺拌再生剂 0.5min。

不同试验条件下,试验完成后分离的新料表面沥青胶浆分布状况(沥青总质量以及粉胶比状况)测试结果见表 7-16。

表 7-16　分离新料表面再生沥青胶浆分布状况测试结果

再生沥青胶浆形成条件			胶浆总量/g	矿粉质量/g	沥青质量/g	矿粉:沥青
添加剂情况	旧料状态	拌和时间				
新沥青	常温	1min	1.02	0.163	0.857	0.19
		2min	1.61	0.363	1.247	0.29
	130℃	1min	2.15	0.517	1.633	0.32
		2min	2.52	0.790	1.73	0.46
新沥青与再生剂	常温	1min	1.67	0.385	1.285	0.30
		2min	2.01	0.59	1.42	0.42
	130℃	1min	2.71	0.852	1.858	0.46
		2min	3.08	1.005	2.075	0.48

分析表 7-16 所示结果基本可以得到如下结论：

（1）再生沥青胶浆中新旧沥青的混溶情况与拌和工艺条件有很大关联：在最有利的拌和条件下，即掺加适量再生剂，对旧料进行充分预热（130℃）且拌和时间较长（2min）的情况下，再生沥青胶浆的粉胶比达到 0.5，说明新料表面的新旧沥青达到了均匀混溶；而在最不利的拌和条件下，即不掺加再生剂、旧料常温温度且拌和时间较短（1min）的情况下，新集料沥青膜内矿粉的含量明显偏低，矿粉与沥青比例仅为 0.19，也可以理解为新料表面的再生沥青胶浆中新沥青约占 80%，说明新旧沥青没有实现良好的混溶。

（2）旧料温度、再生剂的使用及拌和时间这三个拌和工艺条件对试验结果均有显著影响：旧料预热后粉胶比平均提高 0.14；添加再生剂后，粉胶比平均提高 0.11；拌和时间延长后粉胶比平均提高 0.10，其中旧料预热的影响最为显著。仅采用三者中一个有利于再生沥青胶浆混溶的条件时（如旧料加热至 130℃，但不使用再生剂且拌和时间为 1min），新料的粉胶比在 0.3 左右，表明再生沥青胶浆的混溶效果没有达到理想的均匀状态；而同时采用两个有利于再生沥青胶浆混溶的条件时（如旧料加热至 130℃同时使用再生剂，或者旧料加热至 130℃拌和 2min），粉胶比可以达到 0.45 左右，可以认为达到了比较理想的混溶效果。

综上所述，尽管上述试验对现场拌和工艺条件做了很大简化，但是仍然良好地反映了旧料加热温度、新旧料拌和时间以及再生剂对再生沥青胶浆拌和均匀性的影响，也在一定程度上验证了前述旧料分散性分析结论的正确性。针对具体工程情况，应最大限度地保障提高旧料预热温度、掺加再生剂及延长拌和时间三项有利于再生效果的拌和工艺条件的应用。

7.4.3　再生混合料性能影响分析

基于旧料分散性分析和再生沥青胶浆拌和均匀性的分析结果，进一步分析不同拌和工艺条件对再生混合料路用性能的影响。

1. 不同再生工艺组合试验设计

采用与拌和分散试验相同的室内老化混合料，通过与再生剂、新沥青和新集料的拌和获取再生沥青混合料，重点通过低温劈裂试验以及小梁弯曲疲劳试验分析验证以下不同拌和工艺条件对再生沥青混合料的低温抗裂性能以及中温疲劳性能的影响规律：

（1）采用 60℃和 135℃两种旧料预热温度，对比分析预热温度对再生混合料性能的影响。

（2）采用 90s 和 180s 两种拌和时间，对比分析不同拌和时间对再生混合料性能的影响。

（3）采用 30％和 70％两种旧料掺加比例，对比分析旧料掺量对再生混合料性能的影响。

（4）对比再生剂与新沥青分别单独加入再生混合料和混溶后一起加入再生混合料两种加入方式对再生混合料性能的影响。

不同再生工艺条件组合获得的再生沥青混合料的低温劈裂试验以及小梁弯曲试验结果见表 7-17 和表 7-18。

表 7-17　不同再生工艺组合的低温劈裂试验结果

试件编号	再生工艺			
	旧料比例/％	旧料温度/℃	拌和时间/s	再生剂掺加工序
劈裂 1	30	135	90	先与旧料拌和
劈裂 2	30	135	90	先与新沥青拌和
劈裂 3	30	135	180	先与旧料拌和
劈裂 4	30	135	180	先与新沥青拌和
劈裂 5	70	135	90	先与旧料拌和
劈裂 6	70	135	180	先与旧料拌和
劈裂 7	30	60	90	先与旧料拌和
劈裂 8	30	60	180	先与旧料拌和
劈裂 9	70	60	180	先与旧料拌和

表 7-18　不同再生工艺组合的疲劳试验结果

试件编号	旧料比例/％	旧料温度/℃	拌和时间/s	再生剂掺加工艺
疲劳 1	30	135	180	先与旧料拌和
疲劳 2	30	135	180	先与新沥青拌和
疲劳 3	30	60	180	先与旧料拌和
疲劳 4	70	135	180	先与旧料拌和
疲劳 5	70	135	180	先与新沥青拌和
疲劳 6	70	135	90	先与旧料拌和

2. 预热温度的影响分析

选取"旧料预热温度不同，其他再生工艺相同"的再生试件（劈裂试件 1 和劈裂试件 7、劈裂试件 3 和劈裂试件 8、劈裂试件 6 和劈裂试件 9 及疲劳试件 3 和疲劳试件 1），对比结果如图 7-28 和图 7-29 所示。

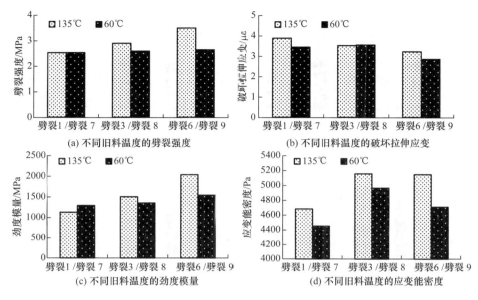

图 7-28　旧料预热温度对再生沥青混合料低温性能的影响

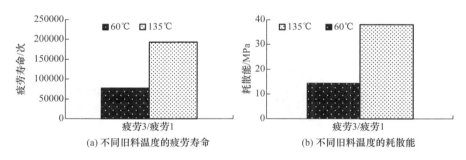

图 7-29　旧料预热温度对再生沥青混合料疲劳性能的影响

从图 7-28 和图 7-29 的对比可以看出,充分预热(135℃)的再生试件相对于未充分预热(60℃)的再生试件,在低温劈裂试验中具有相对较大的劈裂强度、破坏拉伸应变、劲度模量及应变能密度,在疲劳试验中具有明显较大的疲劳寿命和累计耗散能,两种指标前者都达到了后者的 2.5 倍左右;说明充分的预热对于提高再生沥青混合料的低温性能和疲劳性能是非常重要的。

3. 拌和时间的影响分析

选取"拌和时间不同,其他工艺相同"的试件(劈裂试件 1 和劈裂试件 3、劈裂试件 2 和劈裂试件 4、劈裂试件 5 和劈裂试件 6、劈裂试件 7 和劈裂试件 8 及疲劳试件 6 和疲劳试件 4),对比试验数据如图 7-30 和图 7-31 所示。

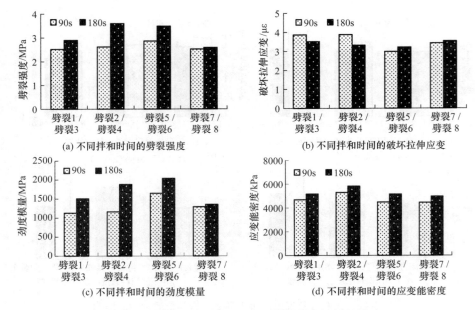

图 7-30　拌和时间对再生沥青混合料低温性能的影响

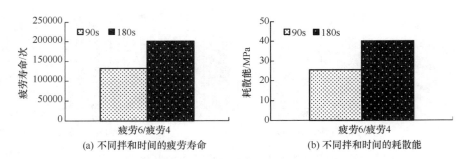

图 7-31　拌和时间对再生沥青混合料疲劳性能的影响

从图 7-30 可以看出,拌和时间较长(180s)的再生试件相对于拌和时间较短(90s)的再生试件而言,具有相对较大的劈裂强度和劲度模量,其破坏拉伸应变则没有明显的规律(其中两组拌和时间长的试件应变大,另两组拌和时间短的应变大),但是应变能密度指标仍然显示出拌和时间较长的再生试件破坏时消耗了更多的能量,说明延长拌和时间有助于提高再生混合料的低温抗裂性能。从图 7-31 中可以看出,拌和时间较长(180s)的再生试件相对于拌和时间较短(90s)的再生试件而言,具有明显较大的疲劳寿命和耗散能,前者是后者的 1.5 倍左右,充分说明延长拌和时间能够明显提高再生混合料的疲劳性能。

4. 旧料掺加比例的分析

选取"旧料掺量不同,其他再生工艺相同"的试件(劈裂试件 1 和劈裂试件 5、劈裂试件 3 和劈裂试件 6、劈裂试件 8 和劈裂试件 9 及疲劳试件 1 和疲劳试件 4、疲劳试件 2 和疲劳试件 5),对比试验数据如图 7-32 和图 7-33 所示。

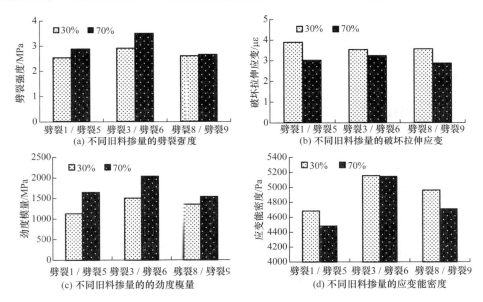

图 7-32　不同旧料掺量对低温性能的影响

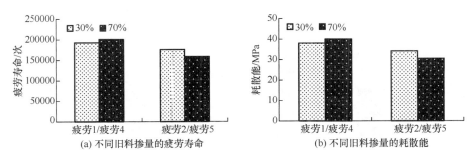

图 7-33　不同旧料掺量对疲劳性能的影响

从图 7-32 可以看出,旧料掺量较少(30%)的再生混合料相对于掺量较多(70%)的再生混合料,具有较小的劈裂强度和劲度模量,较大的破坏拉伸应变和能量储备。因此,旧料掺量大对再生沥青混合料的低温性能不利,符合目前的一般结论。但是这并不意味着当旧料掺量大时再生混合料的低温性能就一定无法得到满足,而是提醒我们必须重视这一现象,尽量通过其他措施进一步改善大掺量再生沥青混合料的低温性能。

从图 7-33 可以看出,两组试件(疲劳试件 1 和疲劳试件 4、疲劳试件 2 和疲劳试件 5)的疲劳试验结果对比显示出不同的规律,疲劳试件 5 的拌和条件与疲劳试件 2 相同,较高的旧料掺量导致其疲劳寿命低于疲劳试件 2,符合目前的一般结论;但是疲劳试件 4 的旧料掺量虽然大于疲劳试件 1,但是其疲劳寿命和耗散能均与疲劳试件 1 相当,原因可能在于疲劳试件 4 的拌和时间长于疲劳试件 1,较好的拌和效果提高了其疲劳寿命。总体而言,较大的旧料掺量会影响再生沥青混合料的疲劳寿命,必须保证良好的拌和工艺以降低旧料掺量对再生沥青混合料疲劳性能的影响。

5. 再生剂掺加工艺的影响分析

选取"再生剂掺加工艺不同,其他再生工艺相同"的再生试件(劈裂试件 1 和劈裂试件 2、劈裂试件 3 和劈裂试件 4 及疲劳试件 1 和疲劳试件 2、疲劳试件 4 和疲劳试件 5),相应的对比试验结果如图 7-34 和图 7-35 所示。

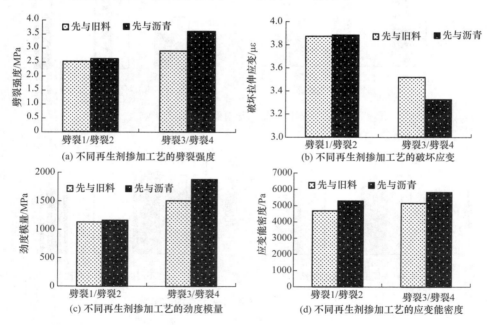

图 7-34　不同再生剂掺加工艺对再生沥青混合料低温性能的影响

从图 7-34 可以看出,再生剂先与新沥青拌和的再生试件与再生剂先与旧料拌和的再生试件相比,具有相对较大的劈裂强度和劲度模量,而破坏拉伸应变的规律则不明显,其中一组基本相同,另一组却较小;应变能密度指标则显示再生剂先与

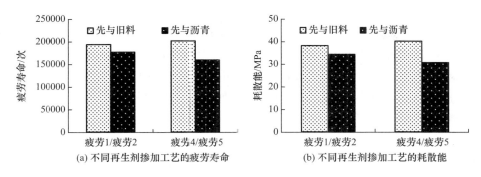

图 7-35　不同再生剂掺加工艺对再生沥青混合料疲劳性能的影响

新沥青拌和的试件的破坏能量相对较大一点,即其抗裂性能略好。分析其原因,可以从之前分析的再生剂扩散作用机理角度理解,和再生剂先与旧料拌和的试件相比,先与新沥青拌和的再生剂对老化沥青的扩散软化能力相对弱一些,因而其内层老化沥青存在较多,进而提高了劈裂破坏时的黏结力,表现在性能指标上即为较大的劈裂强度和劲度模量,相应的其分布于集料间的起润滑作用的自由沥青就较少,表现为变形能力略差。

从图 7-35 中可以看出,再生剂先与旧料拌和的试件相对于再生剂先与沥青拌和的试件,具有较大的疲劳寿命和耗散能,前者基本相当于后者的 1.2 倍,说明再生剂先与旧料拌和,对旧料的软化有助于改善再生混合料的疲劳性能。因此,从再生剂的作用发挥和对旧料的整体性能改善角度,将再生剂首先与旧料进行拌和仍然是再生工艺中的首选。

综上所述,再生混合料性能试验再次验证了旧料分散性和再生沥青胶浆拌和均匀性的分析结论。预热温度、拌和时间和再生剂均是影响再生沥青混合料性能的重要因素。由于就地热再生的旧料掺量大,新料用量的可调节余地小,因此,充分的预热和拌和工艺不仅能够改善就地热再生沥青混合料的性能,同时是再生剂再生作用发挥的重要保障。

7.4.4　建议的拌和工艺条件

综上所述,尽管相对于现场的复杂状况,室内模拟试验简化了试验条件,但在一定程度上模拟了实体工艺设备的运行工艺条件,分析结果也基本反映了拌和工艺的关键影响因素和影响规律,因此仍然可以为 SMA 路面就地热再生拌和工艺条件的确定提供有价值的参考依据。

综合前述各室内模拟试验的分析结果以及现有工程经验,从保证老化 SMA 的分散性及其后的再生拌和均匀性角度出发,建议应具备的基本拌和工艺条件为:

新旧料拌和温度不低于 130℃,拌和时间不低于 90s(包括再生剂的拌和以及新料添加的拌和)。而良好状态的工艺条件应达到:新旧料拌和温度不低于 140℃,拌和时间不低于 120s。当然在实体工程中,应尽可能地创造条件提高加热拌和温度、延长拌和时间,以及视需要使用合适的再生剂与降黏添加剂。同时可以看出,7.2 节分析的再生设备运行速度及加热方式能够较好地满足上述工艺条件需求。

7.5　成型工艺关键条件分析

沥青混合料的成型有两大关键影响因素:温度和成型功。良好的成型实质是在合理的温度范围内施加足够的成型功,足够的成型功是混合料成型的必要条件,而合理的温度范围是成型功得以有效实施的保障。无论是室内成型还是现场成型,由于成型方法及成型功的可调节性,温度就成为混合料成型的最重要影响因素。而温度对混合料成型可靠性的影响本质并不完全依赖于温度的高低,更重要的是保证混合料在成型过程中始终处于可成型温度范围内,以保障合理的成型方法的应用。这也是目前的普通沥青路面就地热再生工程中,尽管其总体摊铺温度低于新铺沥青路面,但在摊铺层处于可碾压温度范围内时,采取合理的碾压工艺依然能够达到良好碾压效果的重要原因。因此本节进一步探究成型温度的影响规律,为再生 SMA 的现场成型工艺选择提供参考意见。

7.5.1　混合料室内成型试验分析

针对不同的沥青混合料,施工技术规范均给出了建议的初始碾压温度和碾压终了温度,其目的实质是为了保证不同沥青混合料在碾压过程中始终处于各自的可碾压温度范围内,从而保证其有效压实。对于初始碾压温度可以理解为沥青混合料理想的成型温度,在该温度下沥青黏度较小,有利于迅速压实,随着碾压过程中温度的降低,沥青黏度不断增加,沥青混合料的可压实性逐渐降低,因此,对于碾压终了温度可以理解为沥青混合料的最低可压实温度,在该温度下沥青混合料已经不具备良好的可压实性,进一步碾压会导致硬化的沥青胶结料和成型的集料骨架结构发生破坏。可以看出,成型方法和成型功是沥青混合料成型的外在保障条件,而温度是影响沥青混合料能否有效成型的内在关键。首先利用室内成型试验分析温度和成型功对沥青混合料成型的影响。

1. 马歇尔击实试验

尽管马歇尔试验的混合料成型方式与路面实际情况有较大的区别,但是我国目前的混合料设计均是以马歇尔试验为基础,具有良好的使用经验。更重要的是马歇尔试验的温度条件均是模拟实际施工的温度条件,而目前的路面压实度检测标准也多是以室内马歇尔试验为基础,因此,可以认为马歇尔室内试验条件与实际施工状况有一定的相关性。

图 7-36 和图 7-37 分别是 AC13 混合料和 SMA13 混合料在不同击实成型温度下(175℃、160℃、145℃、135℃、115℃、100℃、85℃、70℃、60℃)的空隙率变化规律曲线,其中 SMA13 混合料在击实温度下降至 145℃后,马歇尔击实次数由 50 次上升到了 75 次。

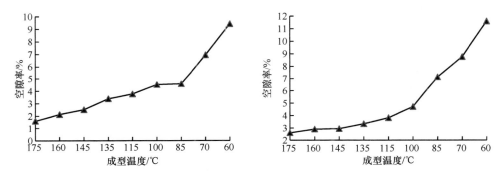

图 7-36　AC13 混合料空隙率与成型温度关系　图 7-37　SMA13 混合料空隙率与成型温度关系

可以看出,两种混合料的空隙率-成型温度关系曲线具有类似的变化规律,空隙率都随着成型温度的降低而不断增大,且都出现了明显的转折拐点。在拐点前的温度范围内,温度高时沥青黏度低,润滑作用大,混合料击实时集料颗粒之间容易相互挪动而嵌密,形成较密实的结构,混合料空隙率相应就比较小;随着温度的降低,沥青黏度增大,润滑作用减小,在相同的击实条件下,集料相对移动嵌密效果变差,也就造成空隙率逐渐增大;而在拐点后的温度范围内,裹覆在集料表面的沥青胶浆出现硬化,不仅失去润滑作月反而会限制集料的运动,因此造成空隙率剧烈增大。两种混合料的空隙率-成型温度曲线说明混合料成型时不仅存在保持沥青胶浆流动性的合理温度范围同时也存在最低温度界限,验证了之前分析的沥青混合料可成型温度范围概念。

规范规定 AC13 混合料的马歇尔试验空隙率合理范围为 2%～6%,基于此进一步分析图 7-36 中 AC13 混合料的空隙率变化规律。可以看出,图中的曲线拐点出现在 85℃,击实温度低于 85℃后,空隙率增长速率急剧增加,迅速超出要求的合理空隙率范围。说明该试验中 AC13 混合料的最低可成型温度在 85℃左右,考虑到试验过程中温度的散失,这一温度与现场施工时终了碾压温度不应低于 70℃的要求基本相符;当击实温度超过 85℃后,尽管就地热再生施工温度条件下(110～130℃)的空隙率明显大于标准施工温度条件(135～155℃)下的空隙率,但是二者的空隙率都在合理的范围之内,表明在两种温度条件下混合料都处于可成型状态,据此可以推断,如果延缓就地热再生施工温度的衰减速度,使混合料尽量长的保持可成型状态,从而施加更多的成型功,其空隙率完全可以达到与标准施工温度条件下的同等状态;普通沥青路面的就地热再生实体工程经验很好地验证了前述的推测,由于现场加热造成下卧层温度较高,因此再生摊铺层温度散失较慢,有利于较长时间内保持在可碾压状态,进而通过采用及时跟进碾压,适当增加碾压设备或碾压功率等合理的改进措施可以达到施工压实度要求。

基于规范要求的 SMA 的合理空隙率范围为 3%～5%,分析图 7-37 中 SMA13 混合料的空隙率变化曲线,可以得到与 A13 混合料类似的结论。但是可以看出,SMA13 混合料马歇尔试验的最低可成型温度为 100℃,考虑到试验过程中的温度散失,与实际施工中提出的碾压终了温度不得低于 90℃ 的要求基本一致;考虑到温度降低至 145℃ 后,马歇尔击实次数从 50 次增长为 75 次,结合图中空隙率变化规律可以看出,在其可成型温度范围内,SMA13 混合料的理想成型温度范围为 145～160℃,低于此温度范围需增加成型功来保障 SMA 空隙率的合理性;相比于 AC13 混合料,SMA13 混合料的最低可成型温度和可成型温度范围均高出了 15～20℃,与常规的认识基本一致。

因此,基于前述马歇尔试验结果分析,SMA 路面的就地热再生成型温度条件可以低于新拌 SMA 路面,但是相比于当前的普通沥青路面就地热再生成型温度应提高 20℃ 左右,且在成型过程中应加强成型功。

2. 旋转压实试验

相比于马歇尔击实试验,旋转压实试验更贴近路面混合料实际成型状况,且能够方便利用压实次数反映压实功的影响。因此,基于前述的马歇尔试验分析,选择 100℃、120℃、140℃、160℃ 及 180℃ 温度条件进行 SMA13 混合料的旋转压实试验,进一步分析压实温度和压实功的影响。

图 7-38 给出了不同温度下的旋转压实试验结果,可以看出随着压实次数的不断增加,空隙率不断减小,而试验温度越高,相同压实次数下混合料空隙率越小;图 7-39 给出了达到 4% 目标空隙率时,所需压实次数与压实温度之间的关系,同样验证了温度越高混合料越容易压实的基本规律。

从图 7-39 可以看出,压实次数与压实温度并非线性变化关系,随着压实温度的降低,压实次数的增长速率越来越快:以 160℃ 温度下的压实次数作为基准,压实温度降至 140℃,所需的压实次数约为 160℃ 的 1.15 倍,压实温度降至 120℃ 时,所需的压实次数约为 160℃ 的 1.45 倍,而当压实温度降至 100℃ 时,所需的压实次数超过 160℃ 的 2 倍。

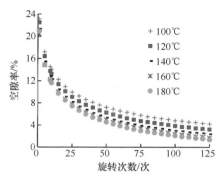

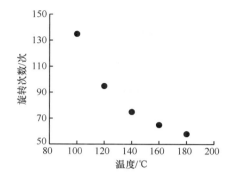

图 7-38　旋转压实试验结果　　　图 7-39　不同温度达到 4% 空隙率的压实次数

如若简单地假定旋转压实次数与现场碾压具有一定的相关关系,则意味着100℃碾压条件下达到与 160℃碾压条件下相同的压实度所需的碾压时间或碾压功几乎需要翻倍,现场实现这种条件是非常困难的;而当碾压温度提升到 120℃时,达到与 160℃碾压条件相同压实度所需碾压时间或碾压功需要增长近 50%,也是比较困难的;当碾压温度提升至 140℃时,达到与 160℃碾压条件相同压实度所需碾压时间或碾压功需要增长 15% 左右,相对比较容易实现。

可以看出,当前针对普通沥青路面的就地热再生成型温度(100~120℃)对SMA 路面并不具备良好的适用性,应当在现有基础上提高 20℃ 左右,也即应达到120~140℃,并应保证良好的碾压工艺,才有利于保障就地热再生 SMA 路面的施工质量,与前述的马歇尔试验分析结论基本一致。

7.5.2　碾压温度场数值分析

基于前述的分析可知,沥青混合料的碾压温度是影响其成型的内在关键,相比于新拌沥青混合料摊铺,就地热再生混合料的摊铺碾压具有两个明显特征:混合料摊铺碾压温度相对较低;摊铺层的下卧层温度则明显较高。马歇尔试验和旋转压实试验能够模拟较低的成型温度,但却不能反映下卧层温度高这一特点的影响,且现场摊铺路面的碾压温度场与室内混合料的成型温度具有较大区别。因此,本节进一步对碾压温度场进行数值分析,探究其内在变化规律,所采用的数值计算模型与 7.2 节相同。

1. 碾压温度场的影响因素分析

首先分析气温、太阳辐射、风速、下承层温度以及摊铺层本身温度等不同的影响因素对再生摊铺层碾压温度场的影响规律。为简化计算分析,在分析一种因素的影响时,其他各因素在计算过程中均取为定值,碾压温度场计算时间均取为

30min,重点通过摊铺层中心的温度变化对比分析不同因素的影响规律。

在计算气温、太阳辐射及风速等环境因素对碾压温度场的影响规律时,取摊铺层初始温度 140℃,下承层初始温度 110℃(在图中表征为 140-110)以及摊铺层初始温度 145℃,下承层初始温度 30℃(在图中表征为 145-30)两种摊铺温度场情况进行计算分析,相应的分析结果如图 7-40 所示;分析摊铺层本身温度对碾压温度场的影响规律时,取初始下承层温度为 40℃和 100℃两种情况计算分析,分析结果如图 7-41(a)所示;分析下承层温度对碾压温度场的影响规律时,取初始摊铺层温度为 140℃进行计算分析,分析结果如图 7-41(b)所示。

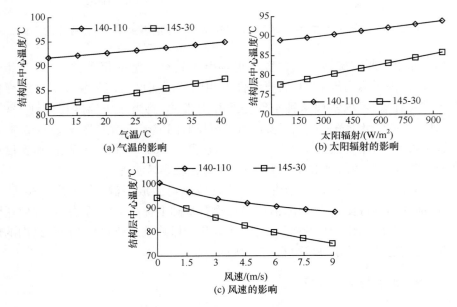

图 7-40　环境因素对碾压温度场的影响

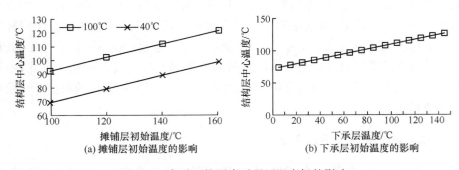

图 7-41　各种环境因素对碾压温度场的影响

从图 7-40(a)、(b)和(c)可以看出,环境因素的变化对碾压温度场均会产生一定的影响:气温和太阳辐射对碾压温度场的影响比较接近,从不利的低温条件变化至有利的高温条件或者从不利的阴天太阳辐射较小变化至有利的晴天较强的太阳辐射,碾压完成后的结构层中心温度均提高 5℃左右;风速变化对碾压温度场的影响相对较大,从有利的无风天气变化至不利的大风天气时,可以导致碾压温度场降低 15℃左右;这也是规范规定寒冷大风天气在不能保证迅速压实时不能进行沥青路面铺筑的一个重要原因。同时可以看出环境因素对下承层温度较高的碾压温度场(140-110)的影响明显较下承层温度较低(145-30)的碾压温度场的影响要小,其曲线变化斜率明显变缓,说明较高的下承层温度有利于碾压温度场的保持。

从图 7-41(a)可以看出,摊铺层初始温度对碾压完成后的结构层中心温度具有较大的影响,二者基本呈线性关系,摊铺层初始温度越高,碾压完成后的结构层中心的残留温度也越高;摊铺层初始温度从 160℃降低至 120℃时可以导致碾压后摊铺层中心温度降低约 20℃,说明就地热再生较低的摊铺层温度对碾压温度场温度的保持是不利的;但是就地热再生摊铺层的下承层温度要远高于新拌料摊铺,取摊铺层初始温度 120℃,下承层初始温度 100℃的结构层(代表就地热再生的一般施工温度)和摊铺层初始温度 160℃,下承层初始温度 40℃的结构层(代表新铺路面的一般温度)进行对比,前者在 30min 碾压完成后的结构层中心温度约为 102℃,略高于后者的 99℃,说明就地热再生较高的下承层温度有利于减缓摊铺层在碾压过程中的温度散失,与前述环境因素影响分析结论一致。图 7-41(b)的计算结果很好地验证了前述分析结论,可以看出随着下承层温度的提高,碾压完成后的结构层中心温度呈线性增加。

2. 不同碾压温度场对比分析

结合前述分析,进一步以新拌沥青混合料摊铺碾压温度场作为基准,对比分析就地热再生混合料摊铺碾压温度场的变化规律,以分析就地热再生摊铺层在碾压过程中保持可碾压温度范围的可行性。

针对新铺 SMA 路面选择三种不同的摊铺温度场并计算其各自在碾压过程的变化规律:摊铺层初始温度 165℃,下承层初始温度 10℃(165-10);摊铺层初始温度 150℃,下承层初始温度 25℃(150-25);摊铺层初始温度 145℃,下承层初始温度 30℃(145-30)。可以看出,三种摊铺温度场的选择依据是施工技术规范的相关规定,下承层温度较高时,可以适当降低摊铺温度。针对就地热再生 SMA 路面选择两种摊铺温度条件计算分析其各自碾压温度场的变化规律:摊铺层初始温度 140℃,下承层初始温度 110℃(140-110);摊铺层初始温度 120℃,下承层初始温度 80℃(120-80)。可以看出,前一种摊铺温度条件是前述加热工艺优化后所达到的温度条件;后一种摊铺温度条件是目前沥青路面就地热再生工程中常见的温度条件。

图 7-42 给出了不同初始摊铺温度场碾压过程(30min)中的摊铺层表面温度,

摊铺层中心温度以及下承层表面温度的变化规律。图中的图例第一个数字表示摊铺层初始温度,第二个数字表示下承层初始温度,以 140-110 为例,140 表示摊铺层初始温度为 140℃,110 则表示摊铺层的下承层初始温度为 110℃。

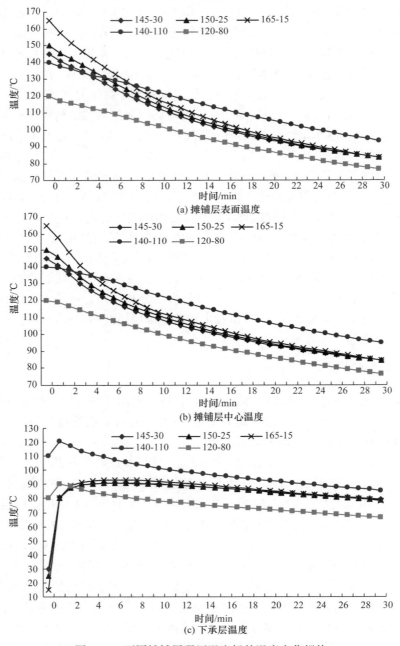

图 7-42　不同摊铺层碾压温度场的温度变化规律

从图 7-42 的计算结果可以看出,摊铺层路表温度与中心温度具有类似的变化规律,因此,重点分析路表温度的变化规律。具有不同初始摊铺温度场的各摊铺层,其路表温度均随着时间的增加而不断降低,但是由于下承层温度的不同,摊铺层路表温度的变化速率也明显不同,随着下承层温度的提高,路表温度随时间的衰退速度明显变缓;而下承层温度的变化规律,再生摊铺层与新料摊铺层表现出明显的区别,由于新料下承层初始温度较低,因此会有一个较长的温度增长阶段,随后才开始出现随时间的缓慢下降,而再生摊铺层其下承层本身就具有较高的温度,因此只在初始很短的时间段内出现小幅的增长后,随之出现与路表和中心温度类似的随时间而减小的变化趋势。因此,可以看出再生摊铺层内部的温度场分布梯度较新料摊铺层更加均匀。

基于图 7-42(a)和(c)对比分析三种新料摊铺层的碾压温度场变化规律,分析其温度变化的内在规律性。结合图 7-42(a)和(c)的路表和下承层温度变化规律,可以将摊铺层温度变化分为两个阶段:第一阶段为层内温度差异均衡阶段(初始6～8min 内),主要是由于摊铺层和下承层的温度差异较大,表现为摊铺层温度下降较快,而下承层温度迅速上升,并且下承层温度越低,路表温度衰减速率越大;第二阶段为整体温度散失阶段,摊铺层与下承层经过热量传递的均衡后,无论是路表还是层底温度均出现随时间增长而不断下降的规律,且整体变化速度明显较第一阶段慢;同时可以看出,在第二阶段三种摊铺层温度场的变化规律几乎完全相同,经过第一阶段的温度均衡后,不同初始摊铺温度的摊铺层其路表温度均下降至120℃左右,而层底温度均上升至 90℃左右,之后在 24min 左右时路表温度均降低至规范要求的碾压终了温度 90℃,而层底温度则降低至 80℃左右。

在相同的压实工艺下,三种初始温度不同的摊铺层均能达到相同的压实要求,在一定程度上说明第一阶段的温度差异对三者碾压效果的影响并不显著,第二阶段时间内的碾压效果才是体现和影响总体碾压效果的主体。很好地验证了规范依据下承层温度规定不同摊铺温度的合理性。而新料摊铺层温度场在碾压过程中的内在变化规律,也为我们提供了分析就地热再生摊铺层碾压温度场内在变化规律的对比基准。

首先将图 7-42(a)和(c)中常规就地热再生摊铺温度场(120-80)与新料摊铺层温度场(145-30)的温度变化规律进行对比分析。在(145-30)温度场中,路表温度在 6min 左右降至 120℃,同时层底温度增加至 90℃左右,随后进入整体温度下降阶段,若以 SMA 的碾压终了温度不得低于 90℃为标准,则其可碾压时间为24min,若以普通沥青混合料的碾压终了温度不得低于 70～80℃为标准,则其可碾压时间在 30min 以上;而在(120-80)温度场中,初始路表温度即为 120℃,初始层底温度为 80℃,同样对应于 SMA 和普通沥青混合料的碾压终了温度标准,可碾压时间则分别为 18min 左右和 30min 以上。

对比可以看出,以普通沥青混合料的可碾压温度范围为标准,(145-30)尽管在整个碾压过程中的碾压温度比(120-80)高出 5～10℃,但两种温度场的可碾压时间接近;同时(145-30)是针对 SMA 路面的摊铺要求,对应的普通沥青路面的摊铺温度场要求仅为(130-30),因此,针对普通沥青混合料而言,(130-30)和(120-80)两种温度场在温度效果和可碾压时间效果上会比较接近;说明(120-80)尽管初始温度偏低,但依然能够保持良好的可碾压温度和时间,采取合理的碾压措施应该能够获取良好的压实效果,目前的普通沥青路面就地热再生实体工程经验验证了这一分析结论。

若以 SMA 的可碾压温度范围为标准,(145-30)的可碾压时间为 24min,不仅比(120-80)的可碾压时间 18min 多出了 6min 的高温碾压时间,且在整个碾压过程中的温度也要高出 5～10℃;说明与新料摊铺层相比,就地热再生摊铺层在实际施工碾压中,不仅可碾压时间较短,同时其整体碾压温度偏低,很难实现良好的碾压;因此,现有的就地热再生摊铺碾压温度条件能够适用于普通沥青路面的就地热再生,但是对 SMA 路面的就地热再生不具备良好的适用性,验证了前述室内模拟试验的分析结论。

进一步对比图 7-42(a)和(c)中就地热再生摊铺层温度场(140-110)与新料摊铺层温度场[以(165-15)为例]的温度变化规律,可以看出,在初始的 6min 内,(140-110)的路表温度小于(165-15),但层底温度远高于(165-15);而在随后的碾压时间内,(140-110)的整体温度一直大于(165-15),平均温度差值达到 5～10℃;同时以 SMA 的碾压终了温度为要求,相比于(165-15)的可碾压时间 24min,(140-110)的可碾压时间达到了 30min 以上;结合前述对于新料碾压温度场内在规律的分析可知,(140-110)在影响碾压效果的主体阶段,无论是温度效果还是可碾压时间效果都要优于(165-15);如果与其他两种新料摊铺层温度场(145-30)和(150-25)相比,(140-110)的效果更加明显。说明 7.2 节中经过优化的就地热再生加热方式及其获得的摊铺温度场能够良好地适用于 SMA 路面就地热再生。

3. 碾压温度场路表温度计算

基于前面的分析,环境因素以及摊铺层自身的初始温度场状况均会对碾压温度场的分布产生规律性的影响。而摊铺层表面的温度变化不仅能够反映整个摊铺层结构温度场变化的内在规律,同时在实际施工过程中很容易测试,这也是规范以摊铺层表面温度状况控制碾压工艺的一个重要原因。因此,选取环境温度 T_e、下承层初始温度 T_b、摊铺层初始温度 T_s、碾压时间 t 为变化参量,按照表 7-19 的取值规定进行不同参量的组合,计算不同参量组合方案下的碾压温度场分布状况,并取碾压完成后的路表温度进行计算结果分析。

表 7-19　碾压温度场计算时各影响因素的取值

影响参数	取值范围	取值间隔
环境温度(T_e)/℃	0～40	10
下承层初始温度(T_b)/℃	0～100	10
摊铺层初始温度(T_s)/℃	100～160	10
碾压时间(t)/min	0～30	5

基于不同参数组合的计算结果，以路表温度 T 为因变量，以环境温度 T_e、下承层初始温度 T_b、摊铺层初始温度 T_s、碾压时间 t 为自变量，进行数据拟合，如图 7-43 所示，路表温度 T 的拟合计算公式如式(7-12)所示。

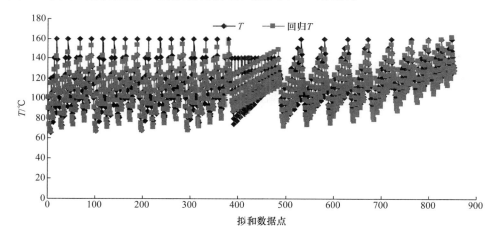

图 7-43　计算结果的拟合曲线

$$T=0.0617T_e+0.1844T_b+0.3760T_s+0.0316t^2-2.0944t+26.3613$$
$$R^2=0.97 \tag{7-12}$$

回归公式(7-12)计算所得数据与月于拟合的原数据复核相关度可以达到 97%，通过观察发现，拟和误差相对较大的数据点主要存在于当碾压时间 $t<5\mathrm{min}$ 和碾压温度 $t>25\mathrm{min}$ 区域。而在实际现场施工中，这两个时间区域出现的概率较小，因此，式(7-12)可以用来预估不同摊铺层温度场以及环境温度条件下，碾压过程中的摊铺层路表温度的变化情况。

由于实际施工过程中，太阳辐射以及风速的实际变化情况相对较为复杂，尤其是风速的变化是一种瞬态变化的过程，不易现场测试获取，在计算过程中没有考虑两种因素变化的影响。由前面的影响因素分析可知，太阳辐射对碾压温度的最大影响程度在 5℃ 左右，风速对碾压温度的最大影响程度在 15℃ 左右，因此当太阳辐射和风速变化程度较大时，可以依据两和影响因素的影响规律分析，对计算结果进行一定的估算调整。

　　由于就地热再生摊铺温度场对其碾压施工质量有着重要影响,同时也是碾压工艺选择与方案设计的重要依据,因此在就地热再生施工前可以根据就地热再生设备的加热效果和环境条件预估碾压实施过程中的路表温度变化规律,从而为试验段的碾压方案设计以及加热工艺调整提供初始依据,进而结合试验段的实施确定最终的就地热再生加热工艺和碾压方案。当然上述公式是基于模拟计算的分析结果,与实际操作中有较大的区别,还需要进一步依据实体工程进行修正。

7.5.3　建议的碾压温度场条件

　　基于就地热再生碾压温度场的分析可知,目前常规的就地热再生摊铺层温度条件(摊铺层路表温度 120℃,层底温度 90℃)很难满足 SMA 路面的就地热再生碾压质量要求。而经过优化的加热工艺所达到的就地热再生摊铺层温度条件(摊铺层路表温度 140℃,层底温度 110℃)能够较好地满足 SMA 路面的就地热再生碾压质量要求。在此基础上,取摊铺层路表温度 130℃,层底温度 90℃,计算其碾压温度场(130-90)的变化规律,并与新料摊铺层碾压温度场(145-30)进行对比分析。两种温度场的变化规律曲线如图 7-44 所示。

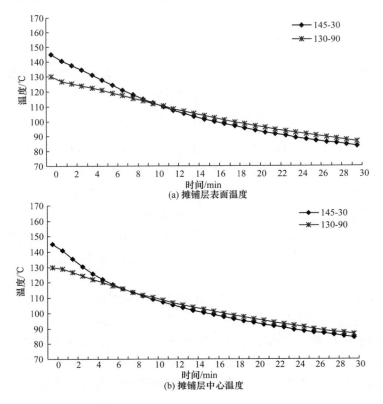

(a) 摊铺层表面温度

(b) 摊铺层中心温度

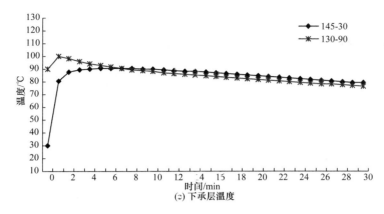

图 7-44　不同摊铺层温度场的变化规律

从图中的对比结果可以看出,在(145-30)的初始温度差异均衡阶段,其路表温度高于(130-90),但层底温度较低;而在层间温度差异均衡完成后的碾压主体阶段,(130-90)的整体温度要略高于(145-30);如果以路表碾压终了温度降低至 90℃为标准,(130-90)的可碾压时间范围可比(145-30)延长约 5min 左右。

因此,尽管(145-30)所代表的新料摊铺层温度场,其初始高温阶段对碾压效果的影响优于(130-90)所代表的再生摊铺层温度场,但是在后期压实效果的主导阶段,再生摊铺层温度场的整体温度分布略优于新料摊铺层,同时其整体可碾压时间较新料摊铺层有所延长。因此,结合普通沥青路面就地热再生的施工经验,在 SMA 路面的就地热再生中如果能够采取合理的碾压工艺,在可碾压时间内保障充足的压实功,应该能够保证 SMA 再生混合料的压实效果。

综合室内模拟成型试验以及数值模拟计算结果,参照普通沥青路面就地热再生实体工程经验,建议 SMA 路面就地热再生碾压成型的最低温度条件为:摊铺层初始温度 130℃,下承层初始温度 90℃。但是该温度条件是最低限制要求,再生层施工质量容易受到其他因素的影响而波动。因此,建议 SMA 路面就地热再生碾压成型的适宜条件为:摊铺层初始温度不低于 140℃,下承层初始温度不低于 100℃。当然不管哪种温度条件,都必须有良好的碾压工艺做保障,且应经过试验段验证。

综上所述,摊铺碾压工艺的温度条件要求与前述拌和工艺的温度条件要求基本一致,因此,对于 SMA 路面就地热再生建议其旧料加热,再生沥青混合料拌和与摊铺温度应控制不低于 130℃,最好能够达到 140℃以上,再生层层底温度应控制不低于 90℃,最好能够达到 100℃以上。而现有的就地热再生工艺经过合理的设计后已经能够达到前述温度要求。当然,由于现场施工的实际影响因素非常复杂,并不会像模拟试验和数值计算控制的如此精确,因此,上述分析结论并不能完全代表现场实际情况,但是仍然为现场施工提供了合理的参考依据。

第8章 工程实践

本章结合 SMA 路面就地热再生试验段的铺筑与路用性能检测,分析 SMA 路面就地热再生的可行性,并重点验证之前提出的配合比设计方法与优化工艺的实用性。

8.1 试验段一

再生 SMA 配合比设计已经在第 6 章中进行了详细的阐述,因此,本节重点分析试验段的铺筑及试验路性能测试。

8.1.1 试验段铺筑

试验路施工现场如图 8-1 所示,采用的就地热再生机组是江苏高速公路养护公司的卡洛泰康就地热再生列车,试验路铺筑过程中重点对现场施工温度进行了检测分析。

图 8-1 SMA 路面现场热再生现场

为了验证加热方式对路面加热效果的影响,在试验路段选择四个横断面埋设了温度传感器,每个横断面内中心处埋设 2 个温度传感器,埋设深度分别为 2cm 和 4cm 以获取加热层中心和层底温度,同时采用温枪测试路表加热温度。

现场测试时,断面 1,采用单台加热器常规直线行走加热,行走速度为 3m/min;断面 2,依然采用常规直线行走加热,但采用两台加热器;断面 3,采用单台加热器按照第 7 章推荐的往复方式行走,行走速度为 6m/min,每次向前走一个机身,后退一个机身,约 20m 长的往返距离,如此往复行走加热;断面 4 采取两台加热器按照第 7 章推荐的往返行走加热方式,第一台加热器直线行走首先对路面进行预热,第二台加热器进行往返加热,行走速度 6m/min,每次向前行走一个机身,后退一个机身,也即往返距离约 20m;实时记录从加热器到达测试断面开始,直到加热器离开测试断面直至开始翻松铣刨前的再生层路表、中心及层底温度。

采用一台加热器进行加热的断面 1 和断面 3 的温度测试结果如图 8-2 所示。由两种不同加热方式的路表温度对比可以看出,当采用连续式加热时,路表温度呈持续增加趋势,但其内部温度上升速度并不快;而往复式加热方式,尽管其实施时间略长于连续式加热方式,但其表面温度明显呈规律的波动状态,且其内部温度上升速度也较快,温度场分布较为均匀;对比可以看出,相比于连续式加热方式,往复式加热方式下,路表温度下降了约 40~100℃,而预处理层内部温度却高出了 20℃左右,验证了前文数值模拟计算中的分析结论以及往复式加热方式的可行性。

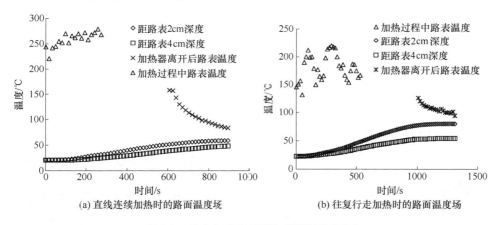

图 8-2　单台加热机路面加热温度场测试

在现场测试中发现两种加热方法底部温度均较低,很难持续上升,因此对埋设传感器的断面进行了开槽观测,发现处理层底部存在明显潮湿现象,且传感器切槽底部明显积水,因此造成 4cm 处温度无法准确获取,同时也在一定程度上影响了整体加热效果。这一现象的存在一来与传感器切槽封缝不良有关;二来与试验段的施工天气有关,施工前连续多天的暴雨天气明显造成路面含水量增加,内部潮湿。

进一步对断面 2 和断面 4 获取的两台加热机不同加热方式的温度场测试结果进行对比分析,相应的现场测试结果如图 8-3 所示。与前述两个断面相同的原因,由于路面内部和传感器切槽处明显湿度较大,因此造成加热测试效果明显降低。从图 8-3(a)可以看出,常规直线行走加热方式获取的整体温度比通常的工程经验温度降低了近 30~40℃,说明内部水分的存在对温度场的影响非常大;而

图 8-3(b)受这一因素的影响相比于预期加热温度也出现了相同的降温现象;但对比可以明显看出,在相同影响因素下,优化的往复加热方式无论是结构层中心温度还是层底温度,都比常规加热方式高出 30～40℃,与前述的模拟计算分析结果基本吻合。

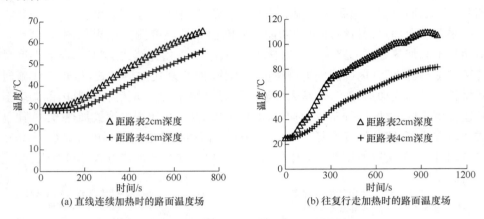

(a) 直线连续加热时的路面温度场　　　　　(b) 往复行走加热时的路面温度场

图 8-3　两台加热机路面加热温度场测试

同时现场观察发现,直线行走连续式加热后的路表有较多的路表烧焦现象出现,如图 8-4(a)所示,而往返间歇式加热后的路表烧焦现象则大大减少,如图 8-4(b)所示,再次验证了间歇式加热方式的优越性。

(a) 连续式加热路段的路面　　　　　　　(b) 往复式加热路段的路面

图 8-4　加热现场路面状况对比

考虑到施工前期连续降雨天气造成的施工当天天气状况不良以及路面内部含水量较大现象,现场对加热方式做了进一步调整:将两台加热机的加热功率在原有基础上进一步加大,并将第二台加热机的往复行走速度由 6m/min 调整至4.5m/min,以提高现场加热温度,保证施工进行。调整后现场温枪测试的加热温度状况见表 8-1,基本达到了第 7 章分析提出的温度场要求。

表 8-1　调整加热方式后的温度测试结果

具体位置	铣刨前路面	铣刨旧料	铣刨层底	摊铺碾压
温度/℃	150～160	130～140	90～100	120～130

8.1.2　试验路性能检测

再生试验段施工过程中,主体分为了两个段落:第一个段落采用常规的直线行走加热方法,修复后的路表外观如图 8-5(a)所示;第二个段落采用往返行走间歇加热方式,修复后的路表外观如图 8-5(b)所示。

　(a) 连续式加热路段的再生路面　　　　　　　(b) 往复式加热路段的再生路面

图 8-5　两种加热方式的再生路表外观

从图 8-5(a)可以看出,常规加热方法由于加热温度相对较低,造成再生 SMA 路面明显压实不足,离析现象也比较严重,现场进行渗水试验时,渗水速度过快,无法满足 SMA 路面性能要求;而调整后的往返行走间歇加热获取的再生 SMA 路面外观明显得到改观,压实状况良好,重点对其路表功能进行了现场检测,相应的检测结果见表 8-2。

表 8-2　试验段路面性能检测

检测指标	断面 1	断面 2	断面 3	断面 4	断面 5	规范要求
纵向平整度/mm	2.1	1.2	0	0.6	1.6	<3
横向平整度/mm	1.6	0.9	0.5	1.8	2	
构造深度/mm	1.1	0.88	0.92	0.95	0.80	≥0.7
渗水系数/(mL/min)	210	150	15	40	60	<200
压实度/%	93.4	95.6	98.9	98	96.9	≥94

表 8-2 为从施工开始到施工结束整个段落内选择的五个断面的表面功能测试

结果。从表中的结果可以看出,断面1由于处于施工起步阶段,没有对加热方式进行良好调整,由前述的加热温度场测试可知,路面含水量过大造成加热效果不良进而造成压实效果较差;断面2处于加热方式的调整阶段,其压实度相对断面1有所提高;而断面3和断面4为加热和施工的稳定阶段,因此表现出良好的压实效果,说明调整后取得了良好的加热效果;而断面5压实度又有所下降,通过路面观察还发现了新旧料拌和不良的情况(图8-6),分析其原因主要是由于前面临时对施工进行调整降低了施工速度,造成施工时间明显延长,而依托工艺设备并没有配备良好的新料保温措施,且施工结尾阶段新料剩余量已较少,导致新料温度相对较低,出现结团现象,影响了再生沥青混合料的拌和温度与拌和效果。

图 8-6　新旧料拌和不均匀造成的路面质量下降

施工结束后,重点对断面3和断面5处进行了取料试验分析,断面5处特意在其新旧料拌和不良处进行了取料,相应的抽提筛分试验结果见表8-3和图8-7。

表 8-3　再生混合料筛分通过百分率

参量	筛分通过百分率/%											油石比/%
	19 mm	16 mm	13.2 mm	9.5 mm	4.75 mm	2.36 mm	1.18 mm	0.6 mm	0.3 mm	0.15 mm	0.075 mm	
规范上限	100	100	85	65	32	24	22	18	15	14	12	—
规范下限	100	90	65	45	20	15	14	12	10	9	8	—
规范中值	100	95	75	55	26	19.5	18	15	12.5	11.5	10	—
设计级配	100	94.1	75.8	56.4	27.8	21.0	17.3	14.8	12.0	10.5	9.1	6.0
断面3	100	93.0	78.6	58.0	26.5	19.7	15.8	13.9	11.9	9.5	8.8	6.1
断面5	100	93.7	70.0	52.7	25.5	16.7	13.9	11.1	9.1	7.9	6.3	5.9

从表8-3和图8-7可以看出,断面3处取料级配与设计级配比较接近,级配和

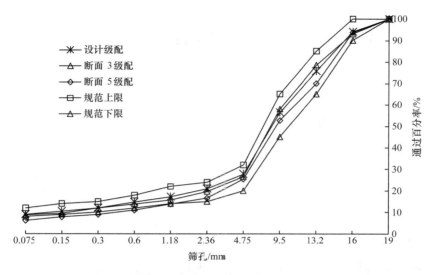

图 8-7 路面取料的级配测试结果

油石比的相对误差均在可接受范围之内,表明其施工状况良好;进一步对其取料进行了室内车辙试验和冻融劈裂试验,试验结果见表 8-4,可以看出,断面 3 处再生混合料具有良好的抗车辙性能和水稳性能,进一步验证了其良好的配合比设计与施工质量。断面 5 处取料级配与设计级配相比出现了明显的偏差,级配曲线相对偏粗,说明新料的抱团拌和不均匀现象对再生沥青混合料级配造成了不良影响,相对较多的新料含量也导致其油石比相对于设计再生沥青混合料有所降低。

表 8-4 断面 3 取料路用性能测试

检验项目	单位	技术要求	试验方法
动稳定度/(次/mm)	4070	>3000	T9719
冻融劈裂残留强度比/%	86	>80	T0729

综上所述,试验段的铺筑验证了之前分析的配合比设计方法与加热工艺的可行性。同时可以看出,实体工程中影响就地热再生施工质量的因素远比室内试验和计算模拟分析复杂,如路面含水量、加热设备的实际加热效率、施工过程中新旧料的保温措施以及现场施工组织等都会对 SMA 路面就地热再生施工质量产生重要影响,必须在施工前做好充分的准备工作,也更加凸显了正式施工前试验段的铺筑与工艺调试工作的重要性。

8.2　试　验　段　二

待处理段落上面层为 4cm SMA13,主要采用就地热再生对 SMA13 上面层进行处治。

8.2.1　再生 SMA 配合比设计

1. 旧路面调查

经现场调查发现(图 8-8),待处理 SMA 路面整体使用状况良好,没有结构性损坏,主要病害是轻微的车辙与反射裂缝,部分段落存在水损害造成的沥青胶结料剥落与松散。进一步对路面进行取料,试验确定了旧料级配、油石比和老化沥青基本性能,相应的试验结果如图 8-9 和表 8-5 所示。

图 8-8　原路面调查

从图 8-9 和表 8-5 的试验结果可以看出,原路面 SMA 油石比相对比较合理,基本处于正常使用范围之内;级配相对偏细,尤其是 4.75mm 和 9.5mm 粒径通过百分率接近规范级配上限;同时沥青性能也出现了明显的老化现象,表现为针入度下降,软化点升高和延度的劣化,但是依然具有良好的再利用性。

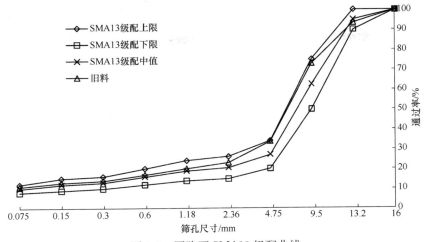

图 8-9　原路面 SMA13 级配曲线

表 8-5　原路面 SMA13 沥青回收试验结果

油石比/%	针入度/0.01mm	软化点/℃	5℃延度/cm
5.9	33.3	69.4	5.5

2. 再生 SMA 材料组成设计

由于原路面使用了 SMA13 混合料类型,因此目标再生沥青混合料类型依然为 SMA13,新沥青选择使用 SBS 改性沥青。

依据现场车辙调查确定新料掺配比例为 10%,由于原路面 SMA 粗集料部分有一定的细化现象,采用控制关键粒径通过百分率恢复的级配设计方法进行再生沥青混合料级配设计,相应的设计结果如图 8-10 所示,由图中的级配曲线可以看

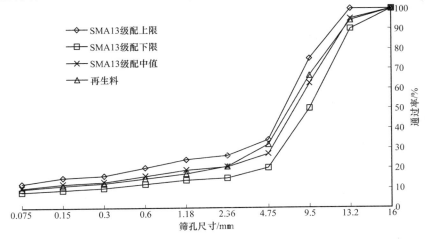

图 8-10　再生 SMA13 级配曲线

出,再生 SMA 的级配符合规范要求,一定程度上修正了旧料的级配细化现象。

选择改性再生剂对老化沥青进行性能恢复试验,确定的合理掺量为 6%,在此基础上通过新料油石比的变化获取三组再生沥青混合料油石比用于马歇尔试验,见表 8-6。

表 8-6　再生沥青混合料马歇尔试验油石比选择

试验编号		掺量/%	油石比/%	沥青含量/%	再生剂/%	总胶结料/%	总集料/%	油石比/%
1	旧料	90	6.1	5.75	6	5.58	94.73	5.89
	新料	10	1.0	0.99				
2	旧料	90	6.1	5.75	6	5.78	94.53	6.10
	新料	10	3.0	2.91				
3	旧料	90	6.1	5.75	6	5.96	94.35	6.30
	新料	10	5.0	4.76				

基于图 8-11 的马歇尔试验结果,结合新料油石比的合理性,选择 6.1% 作为再生混合料的最佳油石比,对 3% 油石比的新料进行析漏试验,发现其析漏试验略大,因此在新料生产过程中加入了 0.2% 的木质纤维,既能够起到良好的新料固油作用,同时也能够对旧料的沥青玛蹄脂起到补充作用。最佳油石比下再生沥青混合料的性能验证结果见表 8-7。由表中的配合比检验结果可以看出,再生 SMA 具有良好的路用性能。

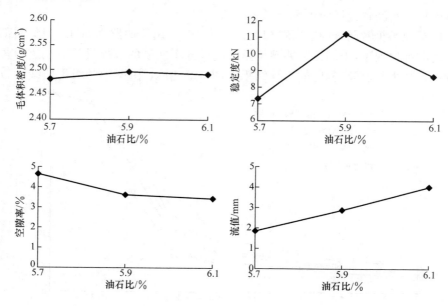

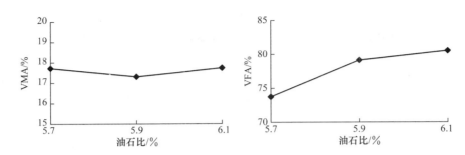

图 8-11　马歇尔试验结果

表 8-7　配合比设计检验试验结果

检验项目	试验结果	技术要求	试验方法
谢伦堡沥青析漏试验的结合料损失/%	0.03	不大于 0.1	T0732
肯塔堡飞散试验的混合料损失/%	3.6	不大于 15	T0733
车辙试验动稳定度/(次/mm)	4900	＞2800	T9719
浸水马歇尔试验残留稳定度/%	92	＞85	T0709
冻融劈裂试验残留强度比/%	86	＞80	T0729
低温弯曲试验破坏应变/με	2960	＞2800	T0715

8.2.2　试验路铺筑与性能检测

1. 试验路铺筑

基于之前试验段所暴露的问题,针对二次试验段的施工设备和施工组织均进行了优化设计,施工现场如图 8-12 所示。

图 8-12　SMA 路面就地热再生施工现场

　　为了提高现场加热和保温效果,此次试验段采用的山东路桥的就地热再生列车配备了三台加热机,且新料在运输和使用过程中都采取了良好的保温覆盖措施。更重要的是该就地热再生列车的铣刨、拌和与摊铺工序不再集成于一台再生主机上,而是离散成了铣刨机、拌和机及摊铺机等可以单独操作的设备,由此可以在每个单元工序完成后按照需要对混合料或者路面进行再次加热,以提高其温度效果。该设备的独特性主要表现在采用了两台铣刨机,且每台铣刨机均配备了加热罩,由此可以对旧路面进行分层(每层 2cm)加热铣刨,不仅可以进一步提高旧料的加热效果,同时具有铣刨均匀,旧料分散性好,避免集料破碎等优点;同时对拌和机的拌缸进行了升级改造,不仅在拌缸中增加了加热保温措施,同时延长了拌缸长度以增加再生沥青混合料的拌和时间,从而可以有效保障再生沥青混合料的拌和温度与拌和时间。可以看出,该设备的工艺改造措施与第 7 章针对关键工艺条件的分析结论基本相符。

　　由于施工时路面初始温度为 36℃,对于 SMA 路面就地热再生施工而言并不是非常理想的环境温度,因此施工过程中的温度控制非常重要,在整个施工过程中对温度进行了全程监控与检测,如图 8-13 所示。

图 8-13　初始路面温度(36℃)加强新料保温措施

　　首先对新料的生产和运输进行了严格控制,新料的出厂温度控制不低于 180℃,严格采用保温料车进行运输,同时加强使用过程控制,注意新料覆盖保温,保证施工过程中新料不过分堆积在摊铺机料斗中,也不出现料斗中新料过少的现象,对于新料表面以及料斗边缘的冷却新料及时清除,从而避免混入再生混合料中,使用过程中的新料温度实时监控表明,新料的温度基本保持在 160℃ 以上,使用质量良好。

　　由于采用了三台加热机,每个加热机配备有两个可调节的加热罩,从而在工艺上实现了对路面的间歇式加热,从图 8-14 中三台加热机加热效果的测试结果可以看出,整个过程中温度控制比较均匀,路表最高温度总体没有超过 220℃,从而达到了热量不断向下传递的同时不烧焦路表的目的;由于采用了两台铣刨机进行分层铣刨,且每个铣刨机后配备有加热设施,可以进一步提高旧料温度,从图 8-14 中可以看出,铣刨后的旧料表面温度维持在 200℃左右,进一步提高了旧料的加热效果;在前述有效加热措施的保障下,再生沥青混合料的拌和温度达到了 150℃以上,摊铺温度达到了 140℃以上,而摊铺前的层底温度也在 90℃以上,路表的碾压终了温度基本在 90℃左右,总体上良好地满足了第 7 章提出的理想工艺条件。

(a) 新料初始温度(177℃)及新料使用过程中温度(160℃)

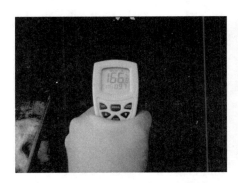

(b) 1#加热机1号加热罩后温度(166℃)及1#加热机2号加热罩后温度(201℃)

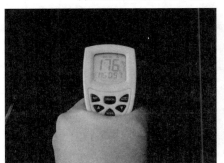

(c) 2#加热机1号加热罩后温度(176℃)及2#加热机2号加热罩后温度(215℃)

(d) 3#加热机1号加热罩后温度(196℃)及3#加热机2号加热罩后温度(222℃)

(e) 1#铣刨机铣刨后表面温度(196℃)及2#铣刨机铣刨后表面温度(215℃)

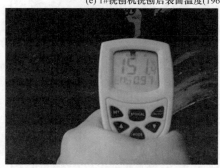

(f) 新旧料拌和温度(151℃)及摊铺前路表温度(90℃)

(g) 摊铺温度(140℃)

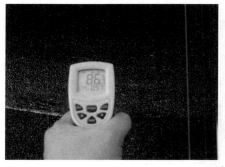

(h) 碾压完成温度(90℃)

图 8-14　施工过程中温度监控

2. 试验路铺筑

　　如图 8-15 所示,就地热再生 SMA 路面整体外观良好。表 8-8 是试验段的路面性能检测,从表中的试验结果可以看出,试验段检测指标能够良好地满足规范对 SMA 路面的检测要求。

(a) 施工后路面总体状况　　　　　　　　　　　(b) 接缝

图 8-15　就地热再生 SMA 路面

表 8-8　试验段路面性能检测

检测指标	断面 1	断面 2	断面 3	断面 4	断面 5	规范要求
纵向平整度/mm	1.3	1.5	0.4	1.1	0.8	<3
横向平整度/mm	1.2	1.3	1.3	1.2	0.9	
构造深度/mm	0.95	0.88	0.87	0.85	0.88	≥0.7
渗水系数/(mL/min)	0	0	0	0	0	<200
压实度/%	98.5	96.8	97.1	98.6	97.7	≥94

　　进一步对就地热再生 SMA 路面进行了现场取料与取芯,从图 8-16 的取料和

取芯外观观察可以看出,摊铺的再生沥青混合料具有良好的拌和均匀性,且粗集料与骨架结构明显,形成了良好的 SMA 骨架密实结构。路面取料的室内级配和性能很好地验证了前述表观观察。从图 8-17 中可以看出,再生路面取料的级配曲线良好,符合规范设计要求范围,验证了之前级配设计的正确性。同时表 8-9 的室内路用性能检测结果与初始设计结果基本相符,且较好地符合了 SMA 的路用性能要求。

(a) 现场取料　　　　　　　　　　(b) 现场取芯

图 8-16　就地热再生 SMA 路面取料与取芯

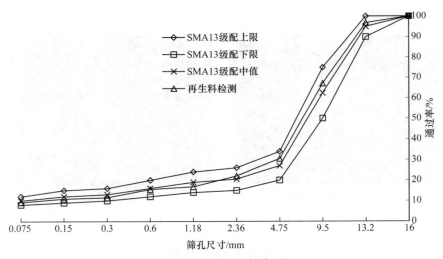

图 8-17　再生路面取料检测级配

表 8-9　路面取料性能试验结果

检验项目	单位	试验结果	技术要求	试验方法
车辙试验动稳定度	次/mm	5300	＞3000	T9719
浸水马歇尔试验残留稳定度	％	88	＞85	T0709
冻融劈裂试验残留强度比	％	84	＞80	T0729
低温弯曲试验破坏应变	$\mu\varepsilon$	2890	＞2800	T0715

可以看出,试验段的铺筑很好地验证了老化 SMA 就地热再生配合比设计方法以及施工工艺的可行性与适用性。当然还需要对试验段进行跟踪观测,以检验再生 SMA 路面的长期性能,验证其长期实用性。

8.3　试 验 段 三

原路面结构为 4cm SMA13＋6cm SUP20＋7cm SUP25,路面结构使用状况良好,主要采用就地热再生工艺对上面层的 4cm SMA13 进行处治,重点是消除车辙病害以及横向裂缝。

8.3.1　旧路面调查

前期调研发现路面的主要病害为车辙与横向裂缝,如图 8-18 所示。

(a) 车辙　　　　　　　　　　　　　　　　　　　(b) 横向裂缝

图 8-18　待处理路面的主要病害

在此基础上参照《公路路基路面现场测试规程》(JTG E60—2008)对旧路面进行钻芯取样,以分析原路面上面层级配、油石比及厚度变化,为了分析路面结构的使用状况以及病害的主要原因,取芯除了在车辙位置外,也针对性地选择了不同类型的裂缝位置进行了取芯,以确定裂缝的破坏深度及程度,原路面部分取芯情况汇总见表 8-10,典型的车辙断面取芯和裂缝断面取芯如图 8-19 所示。

表 8-10 原路面取芯情况汇总

断面编号	层位	厚度/cm				
		左侧标线处	左侧轮迹	中部	右侧轮迹	右侧标线处
1	上面层	4.2	4.0	4.4	—	—
	中面层	6.5	6.0	6.2	—	—
	下面层	6.5	7.0	7.7	—	—
2	上面层	—	—	—	断裂	4.2
	中面层	—	—	—		6.3
	下面层	—	—	—		8.3
3	上面层	4.0	3.8	4.0	4.0	4.0
	中面层	6.3	6.1	6.0	6.0	6.0
	下面层	与中面层接缝断裂	8.0	9.0	8.0	7.5cm 处断裂
4	上面层	4.5	4.2	4.2	3.5	4.2
	中面层	6.0	6.6	6.6	6.0	6.4
	下面层	断裂,未完整取出			6.8	7.0
5(裂缝处)	上面层	—	—	断裂	断裂	断裂
	中面层	—	—			
	下面层					
6	上面层	3.8	3.5	—	—	—
	中面层	6.0	5.6	—	—	—
	下面层	1.0cm 处断裂	3.0cm 处断裂	—	—	—
7(裂缝处)	上面层	—	—	断裂	断裂	—
	中面层	—	—			
	下面层					
8	上面层	4.0	3.6	—	—	3.4
	中面层	6.0	5.5	—	—	6.0
	下面层	4.8	5.4	—	—	6.4
9	上面层	3.5	3.6	3.8	3.0	3.0
	中面层	5.7	5.5	5.7	5.5	6.0
	下面层	7.5	7.5	7.5	8.2	8.0
10	上面层	4.0	4.0	4.0	3.8	4.0
	中面层	5.2	5.7	5.7	6.0	6.5
	下面层	8.8	8.0	8.7	7.5	7.2

图 8-19　车辙断面以及裂缝断面的取芯试样

基于取芯试样不同层位的厚度测量,不同断面的上面层厚度偏差为 0.1～0.8cm,但主要集中在 0.3cm 左右,中面层的厚度偏差为 0.1～0.8cm,也是主要集中在 0.5cm 左右,下面层的厚度偏差为 0.2～1.7cm,部分折断未能取出。结合现场观察,如图 8-20 所示,分析认为路面结构层在荷载作用下进一步密实,主要形成了挤密型车辙,整体车辙深度并不严重。结合取芯观察发现,在裂缝处基本都是形成了上下贯穿的裂缝,基层上有相对应的裂缝出现,结合现场观察可以判断主体均为反射裂缝,然而,由于前期灌缝处治措施实施比较及时,横向裂缝处并没有出现啃边、松散、坑槽以及唧浆等典型水损现象,外观保持比较良好。综上所述,初步判定结构层整体强度满足要求。

(a) 车辙处的压密与玛蹄脂上浮　　　　　　　(b) 非车辙处的粗糙表面

图 8-20　车辙处与非车辙处表面对比

在现场调查的基础上,针对原路面状况选择典型的路段进行切割取样,用以进行旧料性能测试与配合比设计,每处切割取样的面积为 1.2m²(横向长 2m,纵向长 0.6m),横向位置为车道标线处至车道中部。室内对现场取样进行了抽提筛分试验,获得旧料平均级配状况见表 8-11 和图 8-21,回收老化沥青的指标测试结果见表 8-12。

表 8-11　原路面抽提试验结果

级配	油石比/%	筛分通过百分率/%									
		16.0mm	13.2mm	9.5mm	4.75mm	2.36mm	1.18mm	0.6mm	0.3mm	0.15mm	0.075mm
原路面级配	5.94	100	95.4	64.6	28.5	22.7	18.4	15.2	12.7	11.5	9.4
SMA13 上限值		100	100	75	34	26	24	20	16	15	12
SMA13 下限值		100	90	50	20	15	14	12	10	9	8

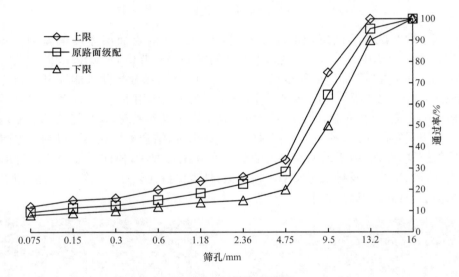

图 8-21　旧料筛分级配

表 8-12　原路旧料沥青回收试验结果

油石比/%	针入度/0.01mm	软化点/℃	5℃延度/cm
5.94	55	68	12

从图 8-21 和表 8-11 的试验结果可以看出,原路面 SMA 的油石比以及级配相对均比较合理,基本处于正常使用范围之内;同时沥青性能尽管出现了一定程度的老化,但老化程度并不严重,相对容易恢复。

8.3.2　配合比设计

1. 原材料

生产配合比所用的各种集料与矿粉的密度试验结果见表 8-13,相应的筛分结果见表 8-14,新沥青为 70 号 SBS 改性沥青,密度测试为 $1.029g/cm^3$,再生剂使用江苏博特新材料股份有限公司生产的改性再生剂。

表 8-13　集料密度试验结果

材料	1#	2#	4#	矿粉
表观相对密度	2.930	2.927	2.912	2.698
毛体积相对密度	2.808	2.793	2.701	—
吸水率/%	2.000	1.600	—	—

表 8-14　各种矿料和矿粉的筛分结果

矿料	通过方孔筛的百分率/%									
	16.0mm	13.2mm	9.5mm	4.75mm	2.36mm	1.18mm	0.6mm	0.3mm	0.15mm	0.075mm
1#	100.0	88.7	12.8	0.9	0.5	0.5	0.5	0.5	0.5	0.5
2#	100.0	100.0	97.8	8.1	1.8	1.0	1.0	1.0	1.0	1.0
4#	100.0	100.0	100.0	100.0	80.7	53.2	32.8	15.4	12.7	9.1
矿粉	100.0	100.0	100.0	100.0	100.0	100.0	100.0	100.0	98.4	91.1

2. 再生剂用量确定

为了确定合理的再生剂掺量,在老化沥青中添加了不同比例的再生剂,测试再生沥青的针入度、5℃延度以及软化点,相应的试验结果见表 8-15。从表 8-15 的试验结果可以看出,随着再生剂用量的增加,再生沥青的针入度提高,延度变大,软化点变化不大。4%的再生剂已经将老化沥青恢复到了规范要求,因此最终确定的再生剂用量为 4%。

表 8-15　再生沥青性能测试

试验项目	老化沥青	掺入不同比例再生剂后的合成沥青			规范要求	试验方法
		2%	4%	6%		
针入度/0.1mm	55	58	61	63	60~80	T0604—2011
5℃延度/cm	12	21	31	48	>30	T0605—2011
软化点/℃	68.0	69.0	70.0	68.5	>60	T0606—2011

3. 再生混合料级配设计

从原路面旧料的抽提筛分结果可以看出,原路面旧料级配并没有出现明显的细化现象,级配状况相对良好,因此从施工操作角度考虑选择添加与原路面级配相

近的 SMA13 级配,并重点通过新料级配的微调重点优化再生沥青混合料 4.75mm
以及 2.36mm 筛孔的通过百分率,使再生混合料级配更接近规范中值级配。根据
现场调查,确定新旧料比例为 15∶85,再生沥青混合料级配设计结果见表 8-16 和
图 8-22,与原路面级配相比,4.75mm 筛孔通过百分率比原路面级配降低 1.5 个百
分点,2.36mm 筛孔通过百分率比原路面级配降低 2.9 个百分点。

表 8-16　再生沥青混合料级配设计结果

级配类型 (1♯∶2♯∶ 4♯∶矿粉)	筛孔通过百分率/%									
	16.0mm	13.2mm	9.5mm	4.75mm	2.36mm	1.18mm	0.6mm	0.3mm	0.15mm	0.075mm
再生料级配 (26∶49∶ 16∶9)	100	97.5	63.7	27.0	19.8	16.7	15.1	12.8	10.6	9.8
原路面旧 料级配	100	95.4	64.6	28.5	22.7	18.4	15.2	12.7	11.5	9.4

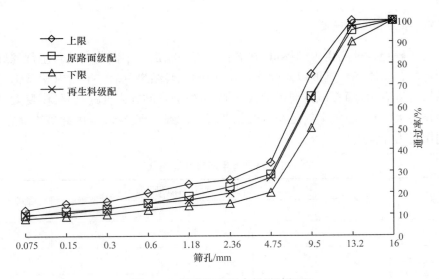

图 8-22　再生沥青混合料设计级配

4. 再生混合料油石比确定

基于设计级配,采用 6.0% 的油石比,进行再生沥青混合料马歇尔试验,测定
马歇尔稳定度、流值及 VMA、VFA 与 VCA$_{mix}$ 等体积指标,测试结果见表 8-17。

表 8-17 再生沥青混合料马歇尔试验结果

测试指标	实测理论最大密度	毛体积相对密度	空隙率/%	VMA/%	VFA/%	VCA_{mix}/%	稳定度/kN	流值/0.1mm
测试结果	2.591	2.498	3.59	16.99	79.23	39.65	12.2	27.3
规范要求	—	—	3～4.5	≥16.5	75～85	≤VCA_{DRC}	宜≥6.0	20～50

由表 8-16 可知,基于前述选择的级配与油石比获得再生沥青混合料各项体积指标均满足规范要求,初步验证了前述级配与油石比的合理性。

5. 性能验证

基于前述的配合比设计,进行谢伦堡析漏试验、肯塔堡飞散试验、水损试验、车辙试验以及低温小梁试验,以验证设计再生沥青混合料的路用性能,相应的试验结果见表 8-18～表 8-24。

表 8-18 析漏试验结果

级配类型	油石比/%	析漏1/%	析漏2/%	析漏3/%	析漏4/%	平均值/%	要求/%
MA13	6.0	0.03	0.05	0.04	0.04	0.04	≤0.10

表 8-19 飞散试验结果

级配类型	油石比/%	飞散率1/%	飞散率2/%	飞散率3/%	飞散率4/%	平均值/%	要求/%
SMA13	6.0	6.5	6.9	7.2	6.8	6.9	≤15

表 8-20 浸水马歇尔稳定度试验结果

混合料类型	非条件			条件			残留稳定度 MS_0/%	要求/%
	空隙率/%	马歇尔稳定度/kN	流值/0.1mm	空隙率/%	马歇尔稳定度/kN	流值/0.1mm		
SMA13	3.56	11.03	23.5	3.67	10.78	29.3	93.6	≥85
	3.49	10.92	22.9	3.89	10.36	28.7		
	3.66	11.95	23.7	3.71	10.59	29.6		
平均值	3.570	11.300	23.4	3.76	10.58	29.2		

表 8-21　冻融劈裂试验结果

混合料类型	非条件		条件		TSR/%	要求/%
	空隙率/%	冻融劈裂强度/MPa	空隙率/%	冻融劈裂强度/MPa		
SMA13	3.64	1.1338	3.78	0.9584	84.3	≥80
	3.72	1.0075	3.67	0.8776		
	3.82	1.1192	3.83	0.9736		
	3.79	1.0911	3.71	0.8570		
平均值	3.74	1.0879	3.75	0.9167		

表 8-22　车辙试验动稳定度

混合料类型	油石比/%	车辙动稳定度/(次/mm)				要求/(次/mm)	变异系数/%
		1	2	3	平均值		
SMA13	6.0	6035	5925	6300	6087	≥3000	3.2

表 8-23　车辙空隙率汇总

试件组数	试件编号	试件毛体积相对密度	实测理论相对密度	空隙率/%
1	1	2.489	2.594	4.05
	2	2.492		3.93
	3	2.496		3.78
	4	2.495		3.82
	平均值	2.493		3.89
2	1	2.487		4.12
	2	2.499		3.66
	3	2.502		3.55
	4	2.506		3.39
	平均值	2.499		3.66
3	1	2.497		3.74
	2	2.491		3.97
	3	2.503		3.51
	4	2.505		3.43
	平均值	2.499		3.66

表 8-24 小梁弯曲试验结果

试件编号	最大荷载/kN	跨中挠度/mm	抗弯拉强度/MPa	劲度模量/MPa	破坏应变/$\mu\varepsilon$	要求/$\mu\varepsilon$
1	1.16	0.578	9.42	3094.0	3043.2	
2	1.14	0.543	9.33	3252.5	2867.0	
3	1.19	0.582	9.46	3062.5	3090.4	
4	1.09	0.541	8.84	3112.1	2840.3	≥2500
5	1.11	0.537	9.10	3218.9	2827.3	
6	1.16	0.566	9.49	3175.1	2988.5	
平均值	1.14	0.558	9.27	3152.5	2942.8	

从前述性能试验中可以看出,设计的再生沥青混合料具有良好的路用性能、水稳性能、抗车辙性能以及低温性能,均能满足技术规范的指标要求。

8.3.3 试验路铺筑

图 8-23 即为施工 SMA 路面就地热再生施工现场以及施工完成后的再生 SMA 路面。前期调试过程中发现使用两台加热机很难达到 SMA 路面再生所需的温度,再生路面质量难以得到保障,因此为了保证现场的施工温度,使用了三台加热机和一台加热铣刨机。在原有两台卡洛泰康加热机的基础上,增加了一台英达就地热再生高效加热装备(图 8-24);并采用了奥新就地热再生列车的加热铣刨装置(图 8-25),该装置不仅能够在加热机加热基础上进一步通过加热提高路面温度,同时能够在加热后及时铣刨并把铣刨料龙成线形堆放,从而减少热量散失的同时加强铣刨料的热量均匀传递。基于前述措施,辅以其他相应的保温措施,施工过程中的拌和温度与摊铺温度均能较好地保证在 140℃以上,有效保障了施工质量。

图 8-23 施工现场以及施工后的再生路面

(a) 卡洛泰康加热机　　　　　　　　　(b) 英达就地热再生加热机

图 8-24　现场加热设备

图 8-25　奥新加热铣刨机

施工过程中对现场进行了取料，并进行了室内抽提筛分试验和马歇尔试验。抽提回收试验获得的油石比与级配筛分见表 8-25，相应的级配曲线如图 8-26 所示。再生 SMA 混合料的马歇尔试验结果见表 8-26。从表和图中的结果可以看出，实际施工获得再生 SMA 混合料与室内混合料配合比设计基本吻合。

表 8-25　新添加沥青混合料的抽提试验结果

级配	油石比/%	筛分通过百分率/%								
		16.0mm	13.2mm	9.5mm	4.75mm	2.36mm	1.18mm	0.6mm	0.3mm	0.15mm	0.075mm
再生新料级配	6.12	100	95.8	63.1	29.3	21.5	20.1	16.6	13.8	12.3	10.4
SMA13 上限值		100	100	75	34	26	24	20	16	15	12
下限值		100	90	50	20	15	14	12	10	9	8

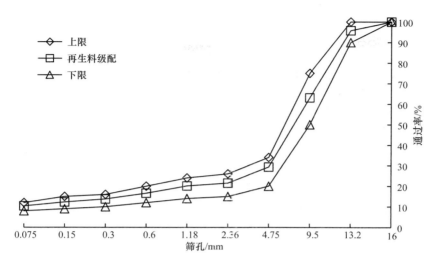

图 8-26 再生料抽提筛分级配

表 8-26 沥青混合料马歇尔试验结果

级配类型	油石比/%	稳定度/kN	流值/0.1mm	空隙率/%	毛体积相对密度	实测理论密度
SMA13	6.12	11.08	25.7	4.00	2.489	2.594
要求		宜≥6.0	20~50	3~4.5	实测	实测

在试验路现场,选择 10 个不同断面对路面性能进行了检测,相应的结果见表 8-27,从表中的检测结果可以看出,就地热再生 SMA 路面施工质量良好,各项指标均能够满足规范技术指标要求。

表 8-27 试验段路面性能检测

检测指标	不同断面										规范要求
	1	2	3	4	5	6	7	8	9	10	
纵向平整度/mm	0.7	1.1	1.4	2.1	1.2	1.7	1.5	0.6	0.8	1.9	<3
横向平整度/mm	0.9	1.4	2.1	1.5	0.7	1.2	1.9	2.2	1.0	1.3	
构造深度/mm	0.85	0.83	0.82	0.88	0.91	0.79	0.85	0.92	0.95	0.77	≥0.7
渗水系数/(mL/min)	0	0	5	0	0	10	0	0	0	0	<200
压实度/%	97.5	97.8	96.3	98.2	99.1	95.4	98.7	97.9	96.7	98.0	≥94

参 考 文 献

[1] 黄晓明,吴少鹏,赵永利.沥青与沥青混合料.南京:东南大学出版社,2002.

[2] 张起森,陈强.沥青路面在美国的应用与发展.国外公路,2001,21(1):1-5.

[3] 沈金安.改性沥青与 SMA 路面.北京:人民交通出版社,1999.

[4] 拾方治,马卫民.沥青路面再生技术手册.北京:人民交通出版社,2006.

[5] 张涛,江文智.沥青路面再生技术手册.北京:人民交通出版社,2003.

[6] 美国沥青再生协会(ARRA).美国沥青再生指南.北京:人民交通出版社,2001.

[7] Morgan R D. Hot and cold recycling of asphalt pavements. US Department of Transportation Federal Highway Administration,1981:27-29.

[8] Epps J A,Terel R L,Holmgreen R J. Guidelines for recycling asphalt pavements. Association of Asphalt Paving Technologists Proceedings,1980,49:12,13.

[9] Huffman J E. Update on asphalt concrete recycling. Reclamation Better Roads,1998,68(7):18-22.

[10] Pedro L C. Evaluation of hot asphalt concrete mixes containing recycled materials as an alternative for pavement rehabilitation. Reno:Master Dissertation of the University of Nevada,1996.

[11] 李中林.现代日本概况.北京:北京航空航天大学出版社,2000.

[12] 樊统江,徐栋良,贾敬鹏,等.沥青砼路面再生技术及其在国外的发展.重庆交通学院学报,2007,26(3):82-86.

[13] 日本道路协会.日本路面废料再生利用技术指南.王元勋,张文魁译.北京:人民交通出版社,1990.

[14] 朱文天.美国及欧洲沥青路面旧料再生技术和设备.交通世界,2007,(4):38-39.

[15] Association Australasian Road Transport and Traffic Agencies. Asphalt Recycling Guide. Sydney:Austroads and Asphalt Pavement Association,1997.

[16] 陈启宗.国外沥青混凝土再生搅拌设备的发展.工程机械与维修,2000,(10):70-75.

[17] 李海军.沥青路面热再生机理及应用技术研究.南京:东南大学博士学位论文,2005.

[18] 拾方治,孙大权,吕伟民.沥青路面再生技术简介.石油沥青,2004,18(5):56-59.

[19] 杨平,聂忆华,查旭东.旧沥青路面材料再生利用调查和评价.中外公路,2005,25(1):98-101.

[20] 杨建明,杨仕教,熊韶峰,等.旧沥青路面再生研究的现状与工艺.南华大学学报(理工版),2003,17(3):11-16.

[21] 吕伟民.沥青路面再生利用的战略性举措.上海公路,2005,(2):59-63.

[22] 杨平.沥青路面厂拌热再生利用研究.长沙:长沙理工大学硕士学位论文,2005.

[23] 任拴哲.沥青路面厂拌热再生利用研究.西安:长安大学博士学位论文,2008.

[24] 沙庆林.高速公路沥青路面早期破坏现象及预防.北京:人民交通出版社,2001.

[25] 郭忠印,李立寒.沥青路面施工与养护技术.北京:人民交通出版社,2003.

[26] 天莹.半刚性基层路面早期损坏.中国高速公路,2004,(10):62-65.

[27] 任靖峰.高速公路沥青砼废料再生应用研究.长沙:长沙理工大学硕士学位论文,2007.

[28] 崔鹏,孙立军,胡晓.高等级公路长寿命路面研究综述.公路交通科技,2006,23(10):10-14.

[29] David E N,Mard B,Ira J H. Concepts of perpetual pavements. Transportation Research Circular,2001,503:4-11.

[30] 黄晓明,赵永利,江臣.沥青路面再生利用试验分析.岩土工程学报,2001,(4):468-471.

[31] 黄晓明,江瑞龄.沥青路面就地热再生施工技术手册.北京:人民交通出版社,2007.

[32] 韩慧仙.沥青路面现场热再生技术的研究.西安:长安大学硕士学位论文,2005.

[33] 陈涛.现场热再生沥青混合料路用性能研究.南京:东南大学硕士学位论文,2009.

[34] Button J,Little D N,Estakhri C K. Hot ir-place recycling of asphalt concrete//NCHRP Synthesis of Highway Practice 1993,TRB,National Research Council,Washington DC,1994.

[35] Materials and Process Procedure Principles for the Hot Recycling Process. German Wirtgen Company,1999.

[36] 郭诚.意大利 MARINI 公司的旧沥青混合料路面再生设备.筑路机械与施工机械化,2000,4:11,12.

[37] 陈启宗.我国沥青路面再生设备开发对策.建筑机械,2001,(3):34-36.

[38] 刘琳琳.沥青路面就地热再生工艺研究.大连:大连理工大学硕士学位论文,2005.

[39] 卫贝尔.沥青路面热再生机组加热系统及装置的研究.西安:长安大学硕士学位论文,2005.

[40] 任义军.沥青混凝土就地再生机械与施工研究.西安:长安大学硕士学位论文,2005.

[41] 杜伟.沥青路面就地热再生机组铣刨与摊铺装置研究.上海:同济大学硕士学位论文,2005.

[42] 周海波.高等级沥青路面就地热再生及其关键技术研究.上海:同济大学硕士学位论文,2003.

[43] 马涛,赵永利,黄晓明.沥青路面厂拌热再生关键设计.南京:东南大学出版社,2015.

[44] Kandhal P S,Mallick P B. Pavement Recycling Guidelines for State and Local Governments Participant's Reference Book No. FHWA-SA-98-042. 1998.

[45] Lynn T,Brown E,Cooley Jr L. Evaluation of aggregate size characteristics in stone matrix asphalt and superpave mixtures. Transportation Research Record:Journal of the Transportation Research Board,1999,(1681):19-27.

[46] Brown E R. Experience with Stone Matrix Asphalt in the United States. NCAT Report No. 93-4. National Center for Asphalt Technology,Auburn University,Auburn,1993.

[47] 沈金安,李福普.SMA 路面设计与铺筑.北京:人民交通出版社,2003.

[48] 李爱国,郭平,郝培文.SMA 路面施工与病害防治技术.北京:人民交通出版社,2012.

[49] 赵永利.沥青混合料的结构组成机理研究.南京:东南大学博士学位论文,2005.

[50] 交通部公路科学研究所.JTG F40—2004　公路沥青路面施工技术规范.北京:人民交通出版社,2004.

[51] 卢永贵.沥青玛蹄脂碎石混合料研究.西安:长安大学博士学位论文,2001.

[52] Traxler R N. Asphalt,Its Composition,Properties & Uses. New York:Reinhold Pub Co,1961.

[53] 沈金安.沥青及沥青混合料路用性能.北京:人民交通出版社,2001:4-24,185-200.

[54] 叶奋,黄彭.强紫外线辐射对沥青路用性能的影响.同济大学学报(自然科学版),2005,

　　　　33(7):909-913.

[55] 杨荣臻,肖鹏. 基于红外光谱法的 SBS 改性沥青共混机理分析. 华东公路,2006,6:78-81.

[56] 耿九光,常青,原健安,等. 用 GPC 研究 SBS 改性沥青交联结构及其稳定性. 郑州大学学报,2008,2(6):14-17.

[57] 张倩,赵洁,史梦琪,等. 自然因素作用下沥青老化化学机理分析. 西安建筑科技大学学报,2004,36(4):45,450.

[58] 栗培龙. 道路沥青老化行为与机理研究. 西安:长安大学博士学位论文,2007.

[59] 杨小莉. 原油沥青质膜和胶质膜性质研究. 北京:石油化工科学研究院博士学位论文,1998.

[60] 耿九波. 沥青老化机理及再生技术研究. 西安:长安大学硕士学位论文,2008.

[61] Daranga C. Characterization of aged polymer modified asphalt cements for recycling purposes. Baton Rouge:PhD Dissertation of the Louisiana State University,2005.

[62] 杨军. 聚合物改性沥青. 北京:化学工业出版社,2007.

[63] 陈华鑫. SBS 改性沥青路用性能与机理研究. 西安:长安大学博士学位论文,2005.

[64] Cortizo M S,Larsen D O,Bianchetto H,et al. Effect of the thermal degradation of SBS copolymers during the ageing of modified asphalts. Polymer Degradation and Stability,2004,86(2):275-282.

[65] Yetkin Y. Polymer modified asphalt binders. Construction and Building Materials,2007,(21):66-72.

[66] Herrington P R. Thermal decomposition of asphalt sulfoxides. Fuel,1995,74(8):1232-1235.

[67] 钟世云,许乾慰,王公善. 聚合物降解与稳定化. 北京:化学工业出版社,2002.

[68] 徐鸥明,韩森,李洪军. 紫外线对沥青特征官能团和玻璃化温度的影响. 长安大学学报(自然科学版),2007,727(2):16-20.

[69] Peterson J C,Barbour F A,Dorrence S M. Catalysis of asphalt oxidation by mineral aggregate surfaces and asphalt components. Proceedings of Association of Asphalt Paving Technologists,1974,43:162-177.

[70] 封基良. 纤维沥青混合料增强机理及其性能研究. 南京:东南大学博士学位论文,2006.

[71] 陈华鑫,王秉纲. 改性沥青的动态力学性能. 华南理工大学学报,2007,35(3):37-40.

[72] 张昌祥,张玉贞. 两种典型道路沥青化学组成与抗老化性能的比较研究. 石油炼制与化工,1990,(2):14-21.

[73] 吕伟民,严家汲. 沥青路面再生技术. 北京:人民交通出版社,1989:5-20.

[74] 杨彦海,张书立,王鸿鹏. 再生沥青性能分析与评价. 东北公路,2003,26(4):9-12.

[75] 杨彦海. 道路再生沥青性能分析与评价. 沈阳:沈阳建筑工程学院硕士学位论文,2004:24-38.

[76] 郝元恺,肖加余. 高性能复合材料学. 北京:化学工业出版社,2004:70-79.

[77] Soleymani H R. Viscoelastic characterization of blended binders for asphalts pavements recycling. Saskatchewan:PhD Dissertation of the University of Saskatchewan,1998.

[78] 江臣. 高等级沥青路面再生技术及工程应用研究. 南京:东南大学硕士学位论文,1999.

[79] Karlsson R, Isacsson U. Laboratory studies of diffusion in bitumen using markers. Journal of Materials Science, 2003, 38(13):2835-2844.

[80] Karlsson R, Isacsson U. Application of FTIR·ATR to characterization of bitumen rejuvenator diffusion. Journal of Materials in Civil Engineering, 2003, 15(2):157-165.

[81] 周谦,杨彦海. 北方地区沥青路面再生技术及应用实例. 北京:人民交通出版社,2015.

[82] 侯睿. 沥青抽提方法评价与就地热再生技术研究. 南京:东南大学硕士学位论文,2005.

[83] 马卫民,刘红,许志鸿. 集料级配对沥青混合料空隙率的影响. 华东公路,2000,4:3,4.

[84] 张晋炮. 沥青路面就地再生维修法实用性的评价. 国外公路,1996,(10):55-58.

[85] 董平如,沈国平. 京津塘高速公路沥青混凝土路面就地热再生技术. 公路,2007,(1):124-130.

[86] 柏丽敏,张宏国. 长营高速公路沥青路面的就地热再生. 吉林交通科技,2007,(2):6-11.

[87] 屈朝彬,从保华,郭永辉,等. 旧沥青路面现场热再生技术在石安高速公路上的应用. 公路交通科技(应用技术版),2005,(8):28-30.

[88] 赵利明. SBS 改性沥青路面现场热再生试验研究. 大连:大连理工大学硕士学位论文,2007.

[89] 刘振兴. 海南省现场热再生沥青路面施工工艺及质量控制研究. 长沙:长沙理工大学硕士学位论文,2005.

[90] 江燕青. 沥青路面就地热再生技术的研究. 西安:长安大学硕士学位论文,2006.

[91] 顾兴宇,倪富健. AC+CRCP 符合式路面温度场有限元分析. 东南大学学报,2006,36(5):805-809.

[92] 郑健龙,周志刚. 沥青路面抗裂设计理论与方法. 北京:人民交通出版社,2002.

[93] 李辉. 沥青路面车辙形成规律与温度场关系研究. 南京:东南大学硕士学位论文,2007.

[94] 胡珊,任瑞波. 具有碎石基层半刚性沥青混凝土路面的非线性有限元分析. 公路,2003,(10):50-54.

[95] 宋福春,才华. 沥青路面非线性瞬态温度场的分析. 沈阳建筑工程学院学报,2003,19(4):264-267.

[96] 宋存牛. 层状路面结构体非线性温度场研究概况. 公路,2005,(1):49-53.

[97] 贾璐. 沥青路面高温车辙数值分析和试验研究. 长沙:湖南大学硕士学位论文,2004.